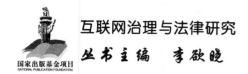

互联网治理与法律研究
丛书主编 李欲晓

个人信息保护法研究

崔聪聪　巩姗姗　李　仪　著
杨晓波　王　融　何培育

北京邮电大学出版社
www.buptpress.com

内 容 简 介

本书从个人信息在大数据时代所面临的威胁着手,通过梳理国外个人信息保护立法的最新趋势,提出以个人信息控制权为核心,使个人信息保护理念由重归属向重应用转变,设置科学的个人信息损害赔偿机制和技术保护机制,以实现个人信息安全和网络产业发展之间的平衡。

本书可供立法机关工作人员、互联网监管机构工作人员和网络信息安全从业者参考使用,并可作为法学、信息安全、计算机网络、信息系统工程等专业的本科高年级或研究生的参考用书。

图书在版编目(CIP)数据

个人信息保护法研究 / 崔聪聪等著. -- 北京:北京邮电大学出版社,2015.10(2022.6重印)
ISBN 978-7-5635-4223-9

Ⅰ. ①个… Ⅱ. ①崔… Ⅲ. ①隐私权—法律保护—研究—中国 Ⅳ. ①D923.04

中国版本图书馆 CIP 数据核字(2014)第 277877 号

书　　　名	个人信息保护法研究
著作责任者	崔聪聪　巩姗姗　李仪　杨晓波　王融　何培育　著
责 任 编 辑	王琴秋
出 版 发 行	北京邮电大学出版社
社　　　址	北京市海淀区西土城路 10 号(邮编:100876)
发　行　部	电话:010-62282185　传真:010-62283578
E-mail	publish@bupt.edu.cn
经　　　销	各地新华书店
印　　　刷	北京玺诚印务有限公司
开　　　本	720 mm×1 000 mm　1/16
印　　　张	11.25
字　　　数	226 千字
版　　　次	2015 年 10 月第 1 版　2022 年 6 月第 2 次印刷

ISBN 978-7-5635-4223-9　　　　　　　　　　　　　　　　定　价:29.80 元

· 如有印装质量问题,请与北京邮电大学出版社发行部联系 ·

前　言

大数据时代,个人信息已成为国家的战略资源,个人信息控制权也因此成为网民在网络时代的基本权利。大数据虽然赋予了我们洞察未来的能力,但分散和分布式网络环境给个人信息保护带来了新的挑战,大量的个人信息不仅可能在今天被滥用,在几年甚至几十年后仍然可能被滥用。因此,迫切需要现行个人信息保护立法做出调整,以应对日益严峻的数据安全问题。

中国目前尚无形式意义的个人信息保护法,有关个人信息保护的法律规范散见于《刑法》《消费者权益保护法》和《居民身份证法》等法律中。本书通过梳理个人信息在大数据时代所面临的安全威胁,总结国外个人信息立法的最新趋势,分析我国现行个人信息保护立法的不足,提出完善我国信息保护立法的建议,期冀能够为中国出台形式意义上的个人信息保护法提供支撑。

本书分为7章。第一章向读者介绍云计算、物联网、移动互联网等网络新技术和新应用对个人信息保护提出的挑战。第二章和第三章介绍域外个人信息保护立法及其最新立法趋势。第四章厘清了个人信息控制权的法律属性为人格权,并阐述了个人信息控制权的内容。第五章分析了个人信息再利用的风险及其安全保障机制。第六章介绍了经规划的隐私保护机制(Privacy by Design)及其对中国的启示。第七章提出应从实体和程序两个层面完善我国个人信息损害赔偿机制。

本书是中国博士后科学基金"大数据时代个人网上行为信息安全的法律保障"(编号:2013M541499)的阶段成果,同时受国家出版基金资助,在此表示感谢。

本书各章撰写分工如下:

第一章、第六章由北京邮电大学互联网治理与法律研究中心研究人员杨晓波编写；第二章由重庆理工大学知识产权学院副教授、法学博士何培育编写；第三章由中国信息通信研究院政策与经济研究所法律研究部副主任王融编写；第四章及第五章第一、三节由重庆三峡学院副教授、法学博士李仪编写；第五章第二节、第七章由华东政法大学博士后研究人员、北京邮电大学互联网治理与法律研究中心副教授崔聪聪与石家庄经济学院法政学院讲师、法学博士巩姗姗编写。

目 录

第一章 相关技术场景下的个人信息安全风险 … 1

第一节 云计算场景 … 1
一、中国云计算发展现状 … 2
二、云计算与个人信息安全风险 … 3
三、物理层面的个人信息安全风险 … 5
四、网络和传输层面的个人信息安全风险 … 6
五、应用层面的个人信息安全风险 … 8
六、管理层面的个人信息安全风险 … 8

第二节 物联网场景 … 9
一、中国物联网发展现状 … 10
二、物联网与个人信息安全 … 11
三、感知层面的个人信息安全风险 … 12
四、网络层面的个人信息安全风险 … 15
五、应用层面的个人信息安全风险 … 16
六、管理层面的个人信息安全风险 … 16

第三节 移动互联网和智能终端场景 … 16
一、中国移动互联网和智能终端发展现状 … 17
二、移动互联网、智能终端与个人信息安全 … 18
三、移动互联网终端层面的个人信息安全风险 … 19
四、移动互联网网络层面的个人信息安全风险 … 20
五、移动互联网应用层面的个人信息安全风险 … 20

第二章 域外个人信息保护立法考察 … 24

第一节 美国个人信息保护立法 … 24
一、《公平信用报告法》 … 24
二、《隐私法》 … 25

三、《电子通讯隐私法》 …… 26
四、《全球电子商务政策框架》 …… 27
第二节　加拿大个人信息保护立法 …… 27
　　一、《隐私权法》 …… 27
　　二、《个人信息保护与电子文件法》 …… 29
第三节　欧盟个人信息保护立法 …… 31
　　一、1981年《有关个人数据自动化处理之个人保护公约》 …… 31
　　二、《关于涉及个人数据处理的个人保护及此类数据自由流动的指令》 …… 32
　　三、《欧盟数据保护基本条例》 …… 34
第四节　德国个人信息保护立法 …… 35
　　一、《联邦数据保护法》概述 …… 35
　　二、《联邦数据保护法》的内容 …… 36
　　三、《联邦数据保护法》的最新修订 …… 38
第五节　日本个人信息保护立法 …… 39
　　一、日本个人信息保护立法进程 …… 39
　　二、《个人信息保护法》 …… 41
第六节　我国港澳台地区个人信息保护立法 …… 43
　　一、香港地区 …… 44
　　二、澳门地区 …… 46
　　三、我国台湾地区 …… 49

第三章　个人信息保护法的最新进展和趋势 …… 52

第一节　全球个人信息保护立法的总体态势 …… 52
　　一、立法在如火如荼进行 …… 52
　　二、新技术、新业务助推个人信息保护立法 …… 53
　　三、新一轮立法风潮的主要特征 …… 54
第二节　全球个人信息保护立法的最新进展 …… 55
　　一、欧洲联盟 …… 55
　　二、个人信息保护法更加细化 …… 60
　　三、强化对儿童等特殊敏感信息的保护 …… 61
　　四、位置信息纳入法律保护视野 …… 61
　　五、数据泄露通知制度被立法广泛采纳 …… 62
　　六、信息跨境流动规则进一步明晰 …… 62
第三节　欧美之间的分歧与妥协 …… 62

一、欧美个人信息保护立法政策主要差异 …………………………… 63
　　二、政策差别背后的深层次原因 …………………………………… 63
　　三、欧美个人信息保护政策之间的妥协与发展趋势 ……………… 64
　第四节　个人信息保护立法之前沿问题 ………………………………… 65
　　一、大背景：悄然变化的网络世界与隐私观念 …………………… 65
　　二、现行个人信息保护制度的执行障碍 …………………………… 66
　　三、前沿立法问题 …………………………………………………… 67

第四章　个人信息控制权 ……………………………………………… 76

　第一节　美国法考察 ……………………………………………………… 76
　　一、隐私权 …………………………………………………………… 76
　　二、公开权 …………………………………………………………… 79
　　三、制度的实施机制 ………………………………………………… 82
　第二节　欧盟 ……………………………………………………………… 87
　　一、保护理念 ………………………………………………………… 87
　　二、基础制度 ………………………………………………………… 94
　　三、实施机制 ………………………………………………………… 96
　第三节　美欧（德）立法模式对我国立法的启示 ……………………… 97
　　一、美国与德国模式的异同 ………………………………………… 98
　　二、对美国与德国模式的取舍 ……………………………………… 99
　第四节　中国个人信息权的立法取舍 …………………………………… 101
　　一、个人信息权的法律性质 ………………………………………… 101
　　二、个人信息权的内容 ……………………………………………… 104

第五章　个人信息利用的法律问题 …………………………………… 109

　第一节　个人信息再利用的功能定位与风险分析 ……………………… 109
　　一、个人信息权再利用的功能 ……………………………………… 109
　　二、个人信息权再利用引发的风险 ………………………………… 110
　　三、欧美应对信息安全风险的经验 ………………………………… 111
　第二节　网络产业发展与个人信息安全的冲突与调和 ………………… 113
　　一、个人信息安全与网络产业发展的冲突 ………………………… 113
　　二、从归属到利用：平衡安全与发展的重要考量因素 …………… 114
　　三、删除权与技术保护机制：调和的制度设计 …………………… 115
　第三节　消费者个人信息增值利用的困境及立法应对 ………………… 118

一、困境解析：消费者需求实现之障碍 …………………………………… 118
　　二、应对思路的梳理：增值利用之立法规制 ………………………………… 119
　　三、思路实现：以需求衍生相应规则 ………………………………………… 120

第六章　Privacy by Design——经规划的隐私 ………………………………… 123

第一节　个人信息保护与企业效益的关系 ……………………………………… 123
　　一、传统观念——"此消彼长" ………………………………………………… 123
　　二、个人信息保护能为企业带来效益 ………………………………………… 123

第二节　Privacy by Design 与 Privacy by ReDesign ………………………… 127
　　一、Privacy by Design——经规划的隐私 …………………………………… 128
　　二、Privacy by ReDesign——再规划的隐私 ………………………………… 132
　　三、PbD 理念的国际发展 ……………………………………………………… 132

第三节　Privacy by Design 的基本原则及实施 ……………………………… 135
　　一、积极主动防御 ……………………………………………………………… 135
　　二、隐私保护作为默认设置 …………………………………………………… 135
　　三、寓隐私保护于设计中 ……………………………………………………… 137
　　四、全部功能——正和而非零和 ……………………………………………… 137
　　五、遍及全程的保护 …………………………………………………………… 138
　　六、能见及透明——保持开放 ………………………………………………… 139
　　七、确保以用户为中心 ………………………………………………………… 139

第四节　PbD-PIAs 和 PETs ……………………………………………………… 140
　　一、PbD 隐私影响评估 ………………………………………………………… 140
　　二、隐私增强技术 ……………………………………………………………… 151

第五节　Privacy by Design 对中国的启示 …………………………………… 153
　　一、PbD 为中国企业带来效益 ………………………………………………… 154
　　二、PbD 对中国个人信息保护体系建设的启示 ……………………………… 154
　　三、PbD 理念对中国个人信息保护框架设计的启示 ………………………… 158
　　四、PbD 促使中国个人信息保护同国际接轨 ………………………………… 159
　　五、PbD 可提升中国公民的权利意识 ………………………………………… 159

第七章　侵害个人信息的民事责任 ……………………………………………… 161

第一节　大数据时代的个人信息安全危机 ……………………………………… 161
　　一、个人信息安全危机 ………………………………………………………… 161
　　二、个人信息保护的困境 ……………………………………………………… 162

第二节 个人信息损害赔偿立法及其理论 …………………………… 163
　一、现行立法及其缺陷 …………………………………………… 163
　二、学者观点及其评述 …………………………………………… 165
　三、域外立法、司法实践及启示 ………………………………… 165
第三节 个人信息损害赔偿额及其程序机制 ……………………… 166
　一、个人信息损害赔偿额 ………………………………………… 166
　二、损害赔偿实现的程序机制 …………………………………… 168

第一章　相关技术场景下的个人信息安全风险

云计算、物联网、移动互联网以及大数据技术是时下信息技术产业最前沿和最具发展潜力的几个方向。互联网作为20世纪最伟大的发明之一，改变了人类社会生活的各个方面。云计算、物联网和移动互联网等的发展，是对传统互联网的一次变革。云计算将改变互联网的技术基础，甚至会影响整个产业格局；物联网让传统的人与人之间的互联拓展到人与物、物与物之间的互联，世界信息产业发展的第三次浪潮正在进行；移动互联网将移动通信与互联网相结合，正在逐步渗透到人们生活、工作的各个领域。中国国民经济和社会发展第十二个五年规划中也将云计算、物联网和移动互联网等新一代信息技术作为重要的领域和方向进行发展。但是，上述技术的发展也可能对个人用户的信息安全带来威胁，这些威胁有许多是在传统互联网环境中所不存在的。因此，我们在此对这几个信息技术场景中的个人信息安全风险进行分析，并借此挖掘中国信息技术环境下个人信息保护方面存在的问题。

第一节　云计算场景

云计算（Cloud Computing），是对基于网络的、可配置的共享资源计算池能够方便地、随需访问的一种模式。这些可配置的共享资源计算池包括网络、服务器、存储、应用和服务。[①] 其最终目标是将计算、信息服务和应用作为一种公共设施提供给公众，使人们能够像使用水、电、煤气和电话那样使用网络信息资源。[②] 作为一种新型的应用模式，云计算自诞生以来就备受国际关注，近年来更是被视为新一代信息技术变革和商业模式变革的核心。咨询机构Gartner发布的报告显示，2013年全球最终用户的公共云服务开支达到1310亿美元；而到2015年，公共云

[①] 雷万云，朱近之，薛峰等．云计算：技术、平台及应用案例［M］．北京：清华大学出版社，2012：7.

[②] 周昕．"云计算"时代的法律意义及网络信息安全法律对策研究［J］．重庆邮电大学学报（社会科学版），2011，23（4）：39-47.

服务市场规模将超过1800亿美元。①

一、中国云计算发展现状

在国家产业政策扶持方面，2010年10月国家发改委联合工业和信息化部印发了《关于做好云计算服务创新发展试点示范工作的通知》，确定在北京、上海、深圳、杭州、无锡五个城市先行开展云计算服务创新发展试点示范工作。短短几年间，中国云计算产业发展迅猛，北京和上海先后推出了"祥云工程"和"云海计划"，各地也纷纷建立起云计算基地和云计算产业中心。同时，中国的"十二五"规划中也将云计算列为新一代信息技术产业的重点领域和战略性新兴产业，并将重点推进云计算技术研发的产业化。国家发改委、工信部、财政部等部委带头扶持云计算产业发展。

在发展规模方面，从2009年到2012年，云计算的市场规模从92.23亿元增长到了606.78亿元。而根据赛迪智库提供的数据，到2013年，云计算市场规模达到1174亿元。② 但是中国云计算市场在世界范围内所占的比例只有3％。③

在发展特点方面，中国云计算主要呈现出以下六个特点：（1）处于应用的初级阶段，云计算技术与设备已经具备一定的发展基础。（2）大型互联网企业是目前中国主要的云计算服务提供商，业务形式以IaaS（Infrastructure as a Service，云基础设施即服务）加PaaS（Platform as a Service，平台即服务）形式的开放平台服务为主，其中PaaS服务相对较为成熟，其服务初具雏形。（3）信息通信技术制造商在云计算专用服务器、存储设备以及企业私有云解决方案的技术研发上具备了相当的实力。（4）软件厂商逐渐转向云计算领域，开始提供SaaS（Software as a Service，软件即服务）服务，并向PaaS领域扩展。（5）电信运营商依托网络和数据中心的优势，主要通过IaaS服务进入云计算市场。（6）互联网数据公司依托自己的机房和数据中心，将IaaS作为云服务切入点，目前已能提供弹性计算、存储与网络资源等IaaS服务。④

在具体应用方面，中国目前云计算服务有：电子商务云、中小企业云、医疗

---

① Gartner. 预计2015年公共云市场规模将超1800亿[EB/OL]. (2013-12-14)[2013-12-18]http://www.cniteyes.com/saas/2013/1214/104571.html.

② 赛迪顾问. 2013年云计算市场规模将达1174亿元[EB/OL]. (2012-02-16)[2013-04-20] http://www.eeo.com.cn/2012/0216/220889.shtml.

③ 周文，井明洋，等. 中国云计算产业结构和商业模式[J]. 上海大学学报（自然科学版），2013，19（1）：26-30.

④ 工业和信息化部电信研究院. 云计算白皮书2012 [R/OL]. (2013-04：9-11) [2013-06-27] http://www.catr.cn/kxyj/qwfb/bps/201212/P020121204616814780528.pdf.

云、教育云等 SaaS，应用引擎等 PaaS，存储云、虚拟机租用服务等 IaaS。①

二、云计算与个人信息安全风险

虽然云计算的应用和推广在如火如荼进行，但从诞生开始，云计算的安全就一直是各方担心的问题。当所有的计算行为和数据存储都散布在虚无缥缈的"云"中时，人们会产生云是否会泄露自己的个人信息、损害自己权益的质疑。云计算中的数据安全、平台稳定性以及传统网络安全问题在云计算场景中的蔓延等，都成为阻碍云计算快速发展的重要因素。

自云计算服务出现以来，发生的大量安全事件已经引起了各界的广泛关注。2011 年 3 月，谷歌邮箱发生大规模用户信息泄露事件，约 15 万 Gmail 用户受到影响。2011 年 4 月，由于 EC2 业务的漏洞和缺陷，亚马逊公司爆出了史前最大的云计算数据中心宕机事件。同月，黑客利用亚马逊 EC2 云计算服务，对索尼 PlayStation 网站进行了攻击，造成了用户信息大规模泄露。② 2012 年 8 月，盛大云服务器因磁盘损坏而导致部分用户的个人信息丢失。③

目前已有许多研究组织或机构对云计算场景中的个人信息安全风险进行了体系性的研究。如美国国家标准技术研究所（National Institute of Standards and Technology，NIST）就对公有云面临的安全与隐私问题进行了分析，其发现的威胁涉及应急响应、架构、身份管理与访问控制、软件隔离、数据保护、管治、合规、信任、可用性 9 个方面（如图 1.1 所示）。云安全联盟（Cloud Security Aliance，CSA）从对云的不良使用、不安全接口与 API、恶意的内部人员、共享技术问题、信息泄露与丢失、账户或服务劫持、未知的风险 7 个方面分别对 IaaS、PaaS 和 IaaS 进行了分析（如表 1.1 所示）。咨询机构 Gartner 则认为，云计算中的安全风险包括 7 类：特权用户接入、可审查性、数据位置、数据隔离、数据恢复、调查支持、长期生存性。④

---

① 中国电子技术标准化研究院. 云计算标准化白皮书 2012［R/OL］.（2012-08-27：30-31）［2013-06-27］http://cesi.gov.cn/cesi/guanwanglanmu/biaozhunhuayanjiu/2012/0827/10153.html.

② 工业和信息化部电信研究院. 云计算白皮书 2012［R/OL］.（2013-04：9-11）［2013-06-27］http://www.catr.cn/kxyj/qwfb/bps/201212/P020121204616814780528.pdf.

③ 仲浩. 盛大云致数据丢失用户：谁让你在云主机之外不做备份的？［EB/OL］. CSDN 资讯，(2012-08-07)［2013-04-03］http://www.csdn.net/article/2012-08-07/2808269.

④ Gartner. 云计算技术存在的七大风险分析［EB/OL］. 凤凰网，(2010-12-03)［2013-04-22］http://tech.ifeng.com/it/special/cloud-computing/content-4/detail_2010_12/03/3342519_0.shtml.

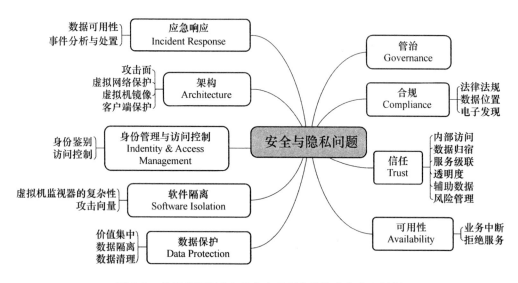

图 1.1 美国 NIST 列出的公有云面临的隐私和安全问题

表 1.1 CSA 对云计算安全的分析

安全威胁	云计算服务模型		
	IaaS	PaaS	SaaS
对云的不良使用	√	√	×
不安全的接口与 API	√	√	√
恶意的内部人员	√	√	√
共享技术问题	√	×	×
信息泄露与丢失	√	√	√
账户或服务劫持	√	√	√
未知的风险	√	√	√

云安全包含多个方面的内容，个人信息安全只是其中一个比较重要的部分。我们认为，虽然上述各种类型的威胁也会涉及个人信息安全，但云计算场景中个人信息问题的关键在于用户数据的安全。在用户将数据托管给云服务商后，实际的数据控制权转移，对数据享有优先访问权的不是用户，而是云服务商。这种控制权旁落的状况无疑会对个人信息安全构成极大风险。[①] 云中数据可以分为静态数据和动态数据，而个人信息正包含于这些数据类型中。对云计算场景中的个人信

---

① 云计算安全政策与法律工作组．中国云计算安全政策与法律蓝皮书［R］．西安：西安交通大学信息安全法律研究中心，2012-10-12：28．

息安全风险的分析可以参考数据安全的思路，从网络结构分层、管理制度等角度去分别论述（如图1.2所示）。国际标准化组织提出了OSI模型，将网络分为七层：物理层、数据链路层、网络层、传输层、会话层、表示层和应用层。其中，物理层面会涉及数据是如何存储和保护的；网络和传输层面事关数据在网络中的传输安全；应用层面与数据的处理密切相关。因此，这里主要对这几个层面中的个人信息安全风险进行分析。此外，对数据管理不当也可能导致用户个人信息泄露，所以也将数据管理作为一项独立的内容进行分析。

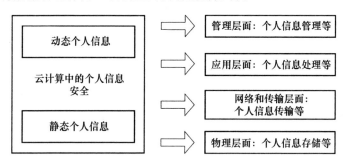

图1.2　云计算场景中的个人信息安全分析思路

三、物理层面的个人信息安全风险

云计算物理层面的个人信息安全风险主要来自云服务器的物理环境、个人信息存储、个人信息销毁、个人信息恢复等几个方面。物理层面的个人信息安全主要是指静态个人信息的安全。

（一）云服务器的物理环境安全隐患

用户的各类个人信息都被存放于云端，云端并非虚无缥缈之概念，而是实际之物——云服务器。云服务器放置环境的安全（免于自然灾害、人为破坏等）是云计算安全最基本的保障，只有建立在环境安全的基础之上，才有可能对其他的安全风险进行分析。

（二）个人信息存储位置具有不确定性[①]

与传统的信息服务相比，云计算中数据的流动更具有灵活性且更难以控制，用户无法得知其个人信息确定的存放位置，甚至在多个数据中心的情况下，云服务提供商也无法获知某一特定时刻个人信息存储的具体位置，这显然对用户是十分不利的。同时，云内数据存储的这种特点将可能带来法律适用上的冲突，从而给利益相关者带来不利的法律后果。如由于文化、制度等的不同，当事人的一则

---

① 云计算安全政策与法律工作组．中国云计算安全政策与法律蓝皮书［R］．西安：西安交通大学信息安全法律研究中心，2012-10-12；28-31．

信息在本国属于个人信息法律保护的内容；而它存放在外国的云服务器上，根据该外国法律，这一信息不属于法律保护范畴，于是，法律冲突问题随之产生。

此外，在多用户共享资源的情况下，云内个人信息安全风险往往与API、IP动态分配、资源共享等技术特征相关，云服务商通常将用户数据集中存储，缺乏数据隔离措施和安全的API控制，很可能产生个人信息混同和个人信息丢失情况。技术云服务商承诺数据是安全可靠的，但对于用户而言，目前缺乏有效的声明或审计证实这种可靠性的存在。这些都将不利于用户的个人信息保护。

因此，对个人信息的加密存储是非常重要的，CSDN泄密事件就充分反映了这一点。如果对云内数据采用明文存储的形式，那么用户个人信息泄露的风险将成倍增加。

（三）个人信息销毁存在不彻底性[①]

对于不用的或使用目的达成的个人信息，应当尽早删除并销毁。这种销毁应当是彻底的、有效的。但是，个人信息销毁的具体方法，目前并不一致。简单的删除操作仅仅是将个人信息占用的空间标记为可用，即便是空间被其他数据覆写多次后，删除的个人信息依旧是可以恢复的。为实现个人信息销毁的目的，应当考虑物理销毁或其他措施，但这些措施通常是用户无法核实的。

云服务商为了提高服务的可靠性，需要对云内数据做多个备份，并且可能将这些备份数据分布在不同的服务器上。当用户要求云服务商删除其个人信息时，如果云服务商没有完全删除所有的数据及备份（如覆写失败、备份以往），个人信息的安全性便会受到威胁。

为满足协助执法的要求，各国法律通常会规定服务商的数据存留期限，并强制要求服务商提供明文的可用数据。但在实践中很少受到收集限制原则的约束，公权力与个人信息保护的冲突也是用户选择云服务需要考虑的风险点。

（四）物理性云故障将导致个人信息无法恢复

该点与前面提到的云内个人信息"难以销毁"并不矛盾。"难以销毁"是从用户主动希望删除之目的的实现出发，而"难以恢复"是站在用户主动希望恢复的角度。用户将数据存于云端，一般情况下不会将数据备份在本地，如果云端服务器发生物理性损毁，那么数据（包括其中的个人信息）将无法恢复。

四、网络和传输层面的个人信息安全风险

云计算网络和传输层面的个人信息安全风险主要来自中间人攻击、个人信息保密性、个人信息完整性、非授权接入、个人信息可用性等方面。网络层面的个

---

① 云计算安全政策与法律工作组. 中国云计算安全政策与法律蓝皮书［R］. 西安：西安交通大学信息安全法律研究中心，2012-10-12；31-32.

人信息安全主要指动态个人信息的安全。

（一）中间人攻击

在用户与云服务器进行数据交换的过程中，各个服务器节点和各层软件都可能存在中间人攻击的情形。攻击者同时在用户与服务器之间建立连接，并伪装成服务器与用户进行交互，伪装成用户与服务器交互，并且获得两端交互的私密信息，如密钥等。[①] 如此，就极有可能使个人信息落入中间攻击者手中，从而导致个人信息泄露的风险。

（二）个人信息传输过程中的保密性和完整性

传输过程中的个人信息安全风险首先体现为是否保证了传输个人信息的保密性和完整性。传输的个人信息有可能没有采取加密措施或采用的是极为简单的加密措施；同时，在传输过程中有可能受到病毒影响或黑客攻击，从而对个人信息的完整性造成影响。

（三）非授权接入和非法访问

在传统的网络安全模型中，针对网络终端用户的安全接入和访问控制有成熟的解决方案，但云计算环境下数据传输将更为开放和多元化，传统物理区域隔离的方法无法有效保证远距离传输的安全性，电磁泄漏和窃听成为更加突出的安全威胁。特别是在 IaaS 中，服务商为每个用户提供服务管理界面，需要针对不同类型的租户提供差异化的用户身份认证管理授权策略，确保"合法"用户访问正确的服务器，同时也需要在用户访问行为的日志记录和安全事件的报告分析方面提供差异化的解决方案，用户认证、网关、授权、审计方面因为差异性的存在而更加难以管理。薄弱的用户验证机制，或者是简单的用户密码验证很可能产生个人信息安全隐患，而按需服务所具有的潜在安全漏洞又将导致各种未经授权的非法访问，从而产生新的安全风险。[②]

（四）拒绝服务攻击

云计算场景中的拒绝服务攻击（DoS），是指在某一时刻，利用多台主机耗尽目标云服务器的网络带宽和处理能力，使云无法正常提供服务，用户无法进行数据交互。拒绝服务攻击是传统网络安全中最严重的威胁之一。[③] 在云计算环境下，它让个人信息的可用性受到严重的影响，一定程度上阻碍了用户对其个人信息的支配和控制。

[①] 张逢喆，陈进，陈海波等．云计算中的数据隐私性保护与自我毁灭［J］．计算机研究与发展，2011，48（7）：1155-1167．

[②] 云计算安全政策与法律工作组．中国云计算安全政策与法律蓝皮书［R］．西安：西安交通大学信息安全法律研究中心，2012-10-12：29．

[③] 徐国爱，张淼，彭俊好．网络安全（第二版）［M］．北京：北京邮电大学出版社，2010：77．

五、应用层面的个人信息安全风险

云计算应用层面的个人信息安全风险主要源自对云端个人信息的利用和处理，其中涉及的个人信息安全既包括动态个人信息安全，也包括静态个人信息安全。

（一）数据处理时的个人信息安全风险

首先，数据在上传到云端时进行了加密处理，即使在存储阶段发生了泄露，也无法获取这些数据的具体内容。但是在大多数情况下，数据并不仅仅是用于存储，绝大多数情况下会参与运算，尤其是在大数据技术风生水起的背景下，对云端数据的运算更是变得普遍。然而，对于加密的数据，在参与运算前需要进行解密操作，这就意味着在数据的整个生命周期里，至少有一部分的时间是以明文的形式存在。[①] 那么，在此阶段发生的数据泄露将直接对用户个人信息造成影响。

其次，底层资源的共享也可能会在数据处理过程中发生一定的个人信息安全风险。如云服务商所拥有的IP地址资源是有限的，当用户不再使用IP地址时，其他用户将获取该IP地址的使用权，同时由于DNS释放IP地址存在时延，用户有可能通过该IP地址访问之前的云内数据，并导致个人信息泄露。

（二）云服务商的非法收集、利用和共享行为

云计算应用层面存在的另一个个人信息安全威胁就是来自云服务提供商的非法收集、利用和共享行为。云服务商可能在未获得用户知情且同意的情况下：通过云服务软件或应用对用户终端上的个人信息进行收集；对用户置于云端的个人信息（包括敏感的个人信息）进行分析处理，并进而推出具有针对性的利用形式；将用户云端的个人信息与第三方主体进行共享。在云计算环境中，由于服务设计的缺陷和对敏感信息的依赖，有大量云服务存在这些问题。这无疑为云中的用户个人信息保护提出了严峻的挑战。

（三）第三方软件安全的非法行为

某些云计算服务需要用户通过第三方浏览器访问，此时第三方软件的安全性就成为分析云内个人信息安全的一个重要指标。第三方软件也可能在用户未知的情况下对用户的云操作行为进行监控，对云端传输到终端的个人信息进行收集和利用等。

六、管理层面的个人信息安全风险

云计算管理层面的个人信息安全风险主要来自内部恶意行为、个人信息保护政策透明性、安全标准等方面。

---

① 张逢喆，陈进，陈海波等. 云计算中的数据隐私性保护与自我毁灭[J]. 计算机研究与发展，2011，48（7）：1155-1167.

（一）内部恶意行为

内部恶意行为主要指来自云服务商中部分内部工作人员和部分特权用户的恶意行为。这些恶意行为包括对用户个人信息的修改、对个人敏感信息的解密和泄露、出售个人信息等。一般而言，云对外部具有不透明性，因此，用户很难了解到云的员工情况、访问权限、安全管理体系、特权用户情况等。而云中的部分工作人员或云服务特权用户在云中拥有较高级别的权限，他们能够轻易地接入底层物理资源或低权限用户的信息，不能排除他们会为了利益而去侵犯或篡改其他用户的个人信息。

（二）个人信息保护政策透明性问题

对于多数云计算服务的用户来说，云服务的个人信息保护政策是不透明的。个人信息保护政策的不透明将直接导致用户对个人信息安全威胁和风险存在认识上的缺失，并在风险发生时不能及时做出相应的保护措施。个人信息保护政策中应明确表述以下几点，否则将带来严重的风险：用户的个人信息是否会同第三方进行共享；用户个人信息的存储情况如何，是否会跨境存储；跨境传输或存储过程中发生纠纷的法律适用机制如何；云内个人信息的利用情况以及相应的通知/获取同意机制怎样；采用了哪些安全保护措施等。

（三）云计算个人信息安全标准的缺失

保障传统 IT 信息系统安全的标准并不缺乏。然而，由于云计算的新颖度和截然不同的运算理念，针对云计算架构的安全模型和标准却并没有配套的安全标准，更不用提单独的云计算个人信息安全标准。如何更好地规避个人信息安全风险，同时在风险发生时如何应对，从而将损失降到最低，目前也多是经验之谈，尚无成型的标准。所以，在标准缺失的情况下，云计算场景中的个人信息安全更加难以保证。

第二节 物联网场景

物联网（The Internet of Things），是指通过射频识别、传感器、全球定位系统、激光扫描器等信息传感设备，按照约定的协议，把任何物体与互联网连接起来，进行信息交换和通信，以实现智能化识别、定位、跟踪、监控和管理的一种网络。物联网是"物物相连的互联网"，它的核心和基础仍是互联网，是在互联网基础上延伸和扩展的一种网络。[1] 但同互联网比较而言，它又具有全面感知、可靠传送和智能处理等基本特征。据美国权威咨询机构 Forrester 预测，十年内物联网

---

[1] 黄玉兰. 物联网射频识别（RFID）核心技术详解（第2版）[M]. 北京：人民邮电出版社，2012：3.

就将大规模普及,到2020年,世界上物物互联的业务,跟人与人通信业务的比例将达到30∶1,物联网将会发展成为一个上万亿规模的高科技市场。①

一、中国物联网发展现状

在国家产业政策扶持方面,2009年8月,温家宝总理在视察中科院无锡物联网产业研究所时,对物联网应用提出了一些看法和要求。明确要求尽快建立中国的传感信息中心,或者叫"感知中国"中心。2010年,国务院在《关于加快培育和发展战略性新兴产业的决定》中将物联网作为一项战略性新兴产业进行培育和发展。2011年,物联网又被作为新一代信息技术的重点领域被纳入到中国"十二五"规划中。

在发展规模方面,根据工信部发布的《中国物联网"十二五"发展规划》,无线射频识别(Radio Frequency Identification,RFID)产业市场规模超过100亿元,其中低频和高频RFID相对成熟。中国有1 600多家企事业单位从事传感器的研制、生产和应用,年产量达24亿只,市场规模超过900亿元,其中,微机电系统(MEMS)传感器市场规模超过150亿元。通信设备制造业具有较强的国际竞争力。建成全球最大、技术先进的公共通信网和互联网。机器到机器(M2M)终端数量接近1 000万,形成全球最大的M2M市场。据不完全统计,我国2010年物联网市场规模接近2 000亿元。

在发展特点方面,总体上而言,中国物联网发展与全球同处于起步阶段,初步具备了一定的技术、产业和应用基础:(1)物联网应用仍以闭环应用居多。(2)物联网应用规模逐步扩大,以点带面的局面逐渐出现。(3)基于RFID的物联网应用相对成熟,无线传感器应用仍然处于试验阶段。②(4)物联网技术研发和标准研制取得突破,在部分领域成为国际标准化组织(ISO)传感器网络标准工作组WG7的主导国之一。③

在具体应用方面,中国物联网在安防、电力、交通、物流、医疗、环保等领域已经得到应用,且应用模式正日趋成熟。在安防领域,视频监控、周界防入侵等应用已取得良好效果;在电力行业,远程抄表、输变电监测等应用正在逐步拓展;在交通领域,路网监测、车辆管理和调度等应用正在发挥积极作用;在物流领域,物品仓储、运输、监测应用广泛推广;在医疗领域,个人健康监护、远程

---

① 乔梦瑶. 物联网发展现状及安全问题初探[J]. 科技创新与应用,2013(4):36.
② 工业和信息化部电信研究院. 物联网白皮书2011[R/OL]. (2011-05-14-16)[2013-01-21] http://www.catr.cn/kxyj/qwfb/bps/201212/P020130613320960127218.pdf.
③ 工业和信息化部. 中国物联网"十二五"发展规划[N/OL]. 中国网,(2011-11-28)[2013-02-22] http://www.china.com.cn/policy/txt/2012-02/14/content_24632205.htm.

医疗等应用日趋成熟。除此之外，物联网在环境监测、市政设施监控、楼宇节能、食品药品溯源等方面也开展了广泛的应用。①

二、物联网与个人信息安全

同互联网的安全问题一样，物联网安全也永远会是一个被广泛关注的话题。

在物联网应用领域，中国目前尚未发生大规模个人信息泄露事件。但国外发生的一些类似事件，值得引起对物联网场景中个人信息安全风险的关注。2007年1月，美国零售商TJX公司宣布计算机系统被黑客入侵。该系统用于信用卡和借记卡交易，部分美国、英国和爱尔兰客户的资料被盗，其中包括2003年9个月里的交易信息。当年3月28日，美国证券交易委员会公布了TJX公司递交的文件，文件里承认，由于公司计算机系统存在安全漏洞，从2005年开始，黑客就已开始不断实施行为进入计算机数据库，导致至少4570万顾客的信用卡和借记卡信息被泄露。同时，有超过45万名退货的顾客，包括驾驶证号码在内的个人信息被盗取。②2012年，美国德克萨斯州一名高中生因拒绝佩戴学校要求的嵌有RFID的标牌而被学校勒令退学，学生诉诸地方法院寻求帮助。该地方法院随即颁布一项临时禁令，维护该学生继续待在学校的权利。然而，该事件远非如此简单。随后，一名美国地区法官表示，该学生以宗教信仰为由拒绝佩戴标牌理由不充分。③ 由此可见物联网应用个人信息问题的复杂性。

物联网个人信息安全问题属于物联网安全的一部分。关于物联网安全，有研究人员分析认为，物联网系统的安全和一般IT系统的安全基本一样，主要涉及8个方面：读取控制、隐私保护、用户认证、不可抵赖性、数据保密性、通信层安全、数据完整性、随时可用性。前4个方面主要处在物联网的应用层，后4个方面主要发生在物联网的传输层和感知层。④ 而物联网中又存在一些特有的安全问题，如Skimming、Eavesdropping、Spoofing、Cloning、Killing、Jamming、Shielding等。⑤

---

① 工业和信息化部.中国物联网"十二五"发展规划[N/OL].中国网,(2011-11-28)[2013-02-22] http://www.china.com.cn/policy/txt/2012-02/14/content_24632205.htm.

② 子琦.美国零售业巨头TJX公司4500万顾客资料外泄[EB/OL].新浪网,(2007-03-30)[2013-01-20] http://news.sina.com.cn/w/2007-03-30/145112655775.shtml.

③ Rutherford. Key Cases: Andrea Hernandez[EB/OL]. The Rutherford Institute,(2012-09-07)[2013-01-21] https://www.rutherford.org/key_cases/key_cases_andrea_hernandez/.

④ 周洪波.物联网：技术、应用、标准和商业模式[M].北京：电子工业出版社,2011：163.

⑤ Skimming指在末端设备或RFID持卡人不知情的情况下，信息被读取；Eavesdropping指在一个通信通道的中间，信息被中途截取；Spoofing指伪造复制设备数据，冒名输入到系统中；Cloning指克隆末端设备，冒名顶替；Killing指损坏或盗走末端设备；Jamming指伪造数据造成设备阻塞不可用；Shielding指用机械手段屏蔽电信号让末端无法连接。(周洪波.物联网：技术、应用、标准和商业模式[M].北京：电子工业出版社,2011：164.)

物联网场景中的个人信息安全风险同云计算一样，都可以参考数据安全的分析方法。分析物联网场景中的个人信息安全威胁，也可以通过分析其网络体系架构来开展（如图1.3所示）。一般来说，物联网的体系架构可以分为三层：感知层、网络层和应用层。感知层通过感知技术（如RFID技术、传感器控制技术等）采集相关的数据和信息。网络层通常以现有的互联网或移动通信网为基础，该层上的感知数据管理与处理技术是实现物联网功能的核心技术。应用层负责信息处理和人机交互，提供各种各样的应用给用户，把个人或行业信息化需求与物联网技术相结合，以达到应用的智能化、广泛化。各个分层中都存在着潜在的个人信息安全风险，如感知层中的RFID系统的安全性问题、网络层中个人信息传输时的泄密性问题、应用层中的个人信息非法利用问题等。感知层的个人信息安全风险是物联网场景区别于其他场景的地方，在网络层和传输层，其面临的个人信息安全威胁与云计算并无太大差别。

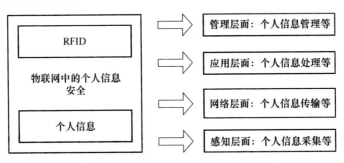

图1.3 物联网场景中的个人信息安全分析思路

三、感知层面的个人信息安全风险

物联网感知层面主要是对感知数据进行收集，这些收集到的数据中可能包含个人信息，如位置信息、行为轨迹、金融账号等。感知层面的个人信息安全风险主要来自于RFID技术及其系统。

（一）RFID个人信息安全威胁

1. RFID工作原理

射频识别（RFID）系统由电子标签、读写器、天线、计算机系统几个部分组成（如图1.4所示）。其工作原理是：(1)读写器通过天线发射射频信号，当标签进入读写器工作区域时，其天线产生感应电流，标签获得能量被激活，并向读写器发射自身编码信息。(2)读写器接收来自标签的载频信号，对接收信号进行解调和解码，并送至计算机系统处理。(3)计算机系统根据逻辑运算判断标签的合法性，并进行数据处理和逻辑控制，发出指令信息。(4)标签的数据解调单元从接收的射频脉冲中解调出数据并送至控制逻辑，完成指令存储、发送数据和其他操作。①

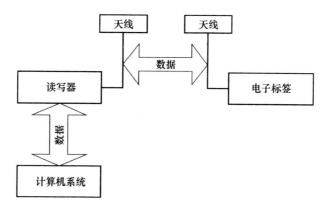

图 1.4　RFID 系统构成

RFID 技术利用无线射频方式在读写器和电子标签之间进行非接触双向数据传输，以达到目标识别和数据交换的目的。与传统的条形码、磁卡及 IC 卡相比，电子标签具有非接触、阅读速度快、无磨损、不受环境影响、寿命长、便于使用的特点和具有防冲突功能，能同时处理多张卡片。在国外，射频识别技术已被广泛应用于工业自动化、商业自动化、交通运输控制管理等众多领域。但是由于在最初的 RFID 应用设计和开发过程中没有考虑安全问题，安全问题日益凸显。

物联网安全的关键在 RFID 系统，而 RFID 系统安全的关键又可以说在于电子标签。

2. 电子标签本身存在个人信息安全风险

电子标签同传统标签相比，存储信息容量更大，且具有更高的数据处理效率，这就使人们可以把更多的数据集中存储在电子标签中。然而，将更多的功能集中于一个嵌有 RFID 标签的设备上，人们可以同时使用一个设备购物、上班、停车、加油等，这将导致各种数据（包括个人信息）过于集中，一旦数据泄露，会对个人信息安全造成巨大威胁。

另一方面，中国已将 RFID 标签广泛应用于身份识别（包括身份证、护照、门禁卡等）、公共交通管理（公交卡、驾照等）和物流管理等领域，这些应用类型会涉及个人身份、交通路线轨迹、消费数据、收货地址、手机号码、位置信息等个人信息。个人的行踪和位置完全处于可随时定位的状态，一旦泄露，后果将不堪设想。

---

① 黄玉兰. 物联网射频识别（RFID）核心技术详解（第 2 版）[M]. 北京：人民邮电出版社，2012：20-21.

3. 电子标签被伪造

电子标签作为信息载体，其中的信息可能被篡改。不法目的者可能通过篡改标签中的数据，伪造出假的电子标签，进而在具体的应用中盗用他人的身份，从而开展个人信息侵犯活动。如通过伪造门禁卡身份进入私人住宅等。从技术上而言，这种篡改行为是可以实现的。如通过软件，利用微处理器的通用通信接口，通过扫描标签和响应读写器的探询，寻求安全协议、加密算法以及它们实现的弱点，进而删除标签内容或篡改、重写标签内容。①

4. 电子标签中的个人信息被窃听或截取

虽然RFID系统也会采用一定的加密措施，但破解技术也随之出现和发展。电子标签中的个人信息也可能被窃听或截取：利用读写器，在电子标签安全机制不够完善的情况下，读写器可直接与标签进行通信，从而读取其他标签的信息；同时，非授权的读写器在安全机制不足的情况下也可能截取到数据。其对个人信息的侵犯体现在可对个人的行为信息、喜好兴趣信息、位置信息等进行跟踪或披露。

5. 电子标签中的个人信息被破解

标签与读写器之间数据安全的保护手段就是加密和密钥管理机制，在读写器发送密码解锁之前，在安全机制完善的情况下，应确保标签数据一直处于锁定的状态，这样才能保证标签读取的唯一性。但是，对标签进行加密就会使标签的处理能力大大降低，同时还会增加标签成本，因此标签制造商往往不愿意采用较为复杂的加密措施。这就导致不法目的者破解标签加密措施的难度降低，从而可以十分容易地获取数据内容（包括个人信息）。

6. 电子标签被干扰

电子标签也有可能受到各种干扰，从而使其中的个人信息处于不可用或完整性丢失的状态。如通过广播干扰、信息阻塞等方法来扰乱合法处理器的正常工作，使处理器产生故障、拒绝服务信号，从而干扰到标签中的信息数据。

7. RFID系统可能成为不法目的者攻击物联网的工具

RFID系统可以说是物联网的核心，所以该系统的安全性也成为整个物联网安全的关键。假设一名黑客进入一家商店，购买了一个贴有电子标签的商品并将其带回了家，接着他撕下标签并贴上另一个包含了恶意代码的标签，他回到商店并让收银台重新扫描一下这件商品，这样，恶意代码就进入了商店的计算机系统，更改产品的价格和销售数据，或者创建一个登录口允许外部访问者进入商店的个人信息库。随着RFID芯片的功能越来越复杂，它们受到攻击的危险也越来越高。新一代计算机通常更复杂、功能更多，引发的安全问题日益突出。

---

① 杨海东，杨春. RFID安全问题研究 [J]. 微计算机信息，2008，24 (32)：238-240.

（二）无线传感器网络的个人信息安全威胁

无线传感器网络（Wireless Sensor Network，WSN）是由部署在监测区域内大量的廉价微型传感器节点组成，通过无线通信方式形成的一个多跳的自组织的网络系统。在军事、环境、医疗健康、智能家居、城市车辆监测和跟踪等众多领域具有广泛的应用前景，甚至在空间探索和灾难拯救等特殊领域也有得天独厚的技术优势。但无线传感器网络也存在着比有线网络和传统无线网络更严重的安全问题。一方面，无线通信方式、部署环境的开放性、恶劣性和网络的自组织性使其更容易遭受包括窃听、身份伪造、节点被俘、强大的攻击点的破坏等攻击；另一方面，传感器节点的CPU计算能力较差、内存容量低、采用电池供电且无法更换、缺乏节点部署的先验知识、网络拓扑结构动态变化等特点又使得现实传感器网络安全面临巨大的挑战。

在个人信息安全风险方面，无线传感器在医疗健康、智能家居和城市车辆检测跟踪等领域的应用，可能会涉及个人的健康状况信息、具体生活消费信息、位置信息等，这些信息同样存在被篡改、泄露、非授权访问等侵犯情形。

四、网络层面的个人信息安全风险

物联网网络层面的个人信息安全风险主要发生于读写器与计算机系统的数据交互过程中。

（一）中间人攻击

在物联网与云计算（不论公有云或私有云）相结合的条件下，RFID读写器与计算机系统之间、计算机系统与云端之间的数据交互过程，都可能存在中间人攻击的情形。攻击者可能通过这种攻击行为获取数据密钥，从而对个人信息构成威胁。

（二）拒绝服务攻击

在RFID系统中，读写器的作用范围通常有多个电子标签，如果同时要求通信，多个电子标签将同时占用信道，这会使发送的数据发生冲突。某些不法目的者可能会通过伪造电子标签的形式，同时向读写器发送数据，使合法电子标签无法正常运行。

（三）个人信息传输过程中完整性和秘密性风险

标签中的数据在由读写器向计算机系统、由计算机系统向云端传输的过程中，都会存在如何保证数据完整性和秘密性的问题。在传输过程中，可能感染病毒或受到黑客截取，从而对数据的完整性和秘密性造成影响，而这两项是个人信息安全的重要保障。

（四）计算机系统个人信息库的非法访问

该风险主要表现为黑客对存储各类感知个人信息的数据库的攻击行为。在计算机系统没有采取严格安全保护措施的前提下,黑客极有可能侵入这些存储有个人信息的数据库,并对其中的个人信息进行篡改、泄露、销毁等操作行为。

五、应用层面的个人信息安全风险

物联网应用层面的个人信息安全风险主要体现为对收集到的各类个人信息,尤其是个人敏感信息的非法利用和共享。由于物联网数据库并不为个人信息主体所使用,故风险主要来自于信息收集者。

(一)数据处理时的个人信息安全风险

与云计算中的数据类似,计算机系统中的各类感知数据也经常被利用。如沃尔玛超市通过对其收集到的各类消费数据来制定合理的销售模式。在利用和分析过程中,个人信息一般是以明文形式存在的,这个间隙中可能会发生泄露风险。

(二)非法利用和共享行为

在物联网应用中收集到的与个人身份相关联的信息,其利用和共享应该获得被收集个人的知情和许可。一般情况下,如果收集到的数据是直接或间接都无法指定特定个人,仅是简单地用以从整体上分析态势、走向等,不属于非法使用或共享。但是,如果这些数据包含了直接或间接的身份属性,就必须按照个人信息的使用和共享规则来处理。在现实中,很少有物联网应用提供商会制定出个人信息保护政策,或就相关的事项做出声明,个人根本无法知晓这些数据的使用和走向。

(三)数据管理软件漏洞

传输到计算机系统中的数据通过相应的软件进行管理,如果该软件存在安全漏洞,将直接导致个人信息被非法访问或泄露。

六、管理层面的个人信息安全风险

管理层面,物联网场景所存在的个人信息安全风险同云计算场景相同,即包括来自内部的恶意泄露和篡改行为、物联网个人信息安全标准的缺失、物联网应用提供商的个人信息保护政策不透明等(事实上,我们在调研中发现,物联网应用商几乎没有制定或公开个人信息保护政策)。

第三节 移动互联网和智能终端场景

移动互联网,是以移动网络作为接入网的互联网及服务,它包括3个要素:移动终端、移动网络和应用服务。[①] 智能终端,指具备开放的操作系统平台(应用程

---

① 工业和信息化部电信研究院. 移动互联网白皮书2011[R/OL].(2011-05:1)[2013-02-09] http://www.catr.cn/kxyj/qwfb/bps/201212/P020130613318746955259.pdf.

序的灵活开发、安装与运行），PC级的处理能力，高速接入能力和丰富的人机交互界面的终端，包括智能手机和平板电脑等。① 智能终端与一般终端的区别主要体现在智能性上。这种智能性包括具有高速的中央处理器、开放式的操作系统、网络接入能力、各种各样的交互式应用等。移动互联网的发展与移动智能终端的广泛普及关系密切。

一、中国移动互联网和智能终端发展现状

在国家产业政策扶持方面，移动互联网被作为一项重要内容列入"十二五"规划中。工业和信息化部于2010年出台的《关于下一代互联网"十二五"发展建设的建议》中将移动互联网与云计算、物联网一并作为重点产业和领域进行推动。工业和信息化部总工程师王秀军在2011年的"第五届移动互联网研讨会"上也表示，"将不断加大政策扶持力度，积极引导和推进移动互联网产业快速健康发展"。② 2012年5月，工信部发布《互联网行业"十二五"发展规划》，其中明确提出加快移动智能终端操作系统平台协作研发，推进操作系统、智能终端、应用服务、移动互联网标准化等工作进展。

在发展规模方面，工业和信息化部电信研究院总工程师余晓辉表示，2012年，中国3G用户达到2.3亿，移动基站207万个，智能手机出货量2.58亿部。2012年，中国移动产业规模超过9 000亿元，相当于国民生产总值的1.8%。中国互联网络信息中心（CNNIC）发布的报告显示，截至2012年6月，中国手机网民规模达到3.88亿，占到了整体网民比重的72.2%，首次超越台式电脑网民数，成为中国第一大上网终端。③ 智能手机、平板电脑等智能移动终端呈现井喷式增长，其中尤其是智能手机的普及率快速上升。

在发展特点方面，总体上而言，中国移动互联网产业处于发展初期，具有巨大的发展潜力：(1) 在发展速度上，移动互联网以6个月为周期快速迭代，它的发展速度要快于计算机和传统互联网；(2) 智能终端操作系统格局彻底颠覆，Android操作系统占据主导地位；(3) 移动智能终端成为历史上渗透速度最快的终端产品；(4) 移动互联网与传统互联网应用组织和盈利模式的差异化仍在继续，核

---

① 工业和信息化部电信研究院. 移动终端白皮书2012[R/OL]. (2012-04:1)[2013-02-09] http://www.catr.cn/kxyj/qwfb/bps/201212/P020121204616817257504.pdf.
② 陈静. 工信部将加大政策扶持力度推动移动互联网发展[N/OL]. 新华网,(2011-11-01)[2013-02-10] http://news.xinhuanet.com/fortune/2011/11-01/c_122222724.htm.
③ CNNIC.中国手机网民上网行为研究报告[R/OL].（2011-03/2）[2012-11-08] http://www.cnnic.net.cn/hlwfzyj/hlwxzbg/201108/P020120709345274527429.pdf.

心移动应用平台化成为中国移动互联网业务发展的新模式;①（5）智能终端发展向高集成度、高性能、高效操作系统、多交互方式、人性化用户体验等方向发展；（6）物联网、云计算等技术与移动互联网和智能终端融合发展。②

二、移动互联网、智能终端与个人信息安全

2006年，中国山盟乳业公司给24名销售人员配备了GPS卫星定位手机，并通过安装在公司电脑中的软件对24名销售人员在限定时间内进行定位、跟踪。其中一名销售人员以侵犯隐私权为由将公司起诉。③ 2011年，一款名为CIQ的间谍软件被曝光。该软件会暗中收集用户的个人信息（包括短信、地理位置等），甚至每按下一个键盘都会被秘密记录。据报道，大约有1.41亿部智能手机预装了CIQ软件。④

移动互联网安全是传统互联网安全在移动网络中的延伸，在具体的表现形式上具有承继性。但由于移动终端和网络自身的特点，移动互联网安全也存在与传统网络安全不同的地方，包括：（1）由于移动终端的计算和存储能力的限制，一些安全防护技术的开发存在很大局限性，如不可能采用复杂的加密算法、无法存储较大的病毒库等；（2）移动终端上恶意软件的传播途径更加多样化，隐蔽性也更高；（3）移动终端的"时刻在线性"让窃听、监控和攻击行为更加容易；（4）移动终端的电池电量有限，因此在有限的能源下开展的安全防护措施也是有限的；⑤（5）传统互联网对用户的身份难以进行确认，而移动互联网中这却并非难题。因此，移动互联网对网络安全有着更高的要求，更强调保护用户的行为及个人信息不受干扰。⑥ 在移动互联网中，用户面临的个人信息安全风险通常有：通信业务被盗用、冒名使用等，包括用户密码在内的用户个人信息泄露；存储在终端中的用户个人信息（包括通信录、通话记录、收发的短信、彩信、IMEI号、SIM卡内信息、用户文档、图片、照片等）被非法获取、公开或销毁等。

我们认为，移动互联网与智能终端具有密不可分的联系，可以将这两个场景纳入一个模型进行个人信息安全风险分析（如图1.5所示）。在分析思路上，我们

---

① 工业和信息化部电信研究院．移动互联网白皮书2013［R/OL］.（2013-03:1-17）［2013-03-10］http://www.catr.cn/kxyj/qwfb/bps/201303/P020130301397809834073.pdf.

② 中国电子技术标准化研究院．智能终端白皮书2012［R/OL］.（2012-08-27）［2013-03-10］http://www.cesi.ac.cn/cesi/guanwanglanmu/biaozhunhuayanjiu/2012/0827/10154.html.

③ 宋治礼．手机定位可能侵犯隐私权的法律思考［J］.湖北经济学院学报：人文社会科学版，2009，6（5）：88-90.

④ 360doc. 1.41亿部手机装有间谍软件！CIQ泄密事件惊动美国国会［EB/OL］.360doc,（2011-12-05）［2013-02-12］http://www.360doc.com/content/11/1205/08/2633_169750203.shtml.

⑤ 罗军舟,吴文甲,杨明．移动互联网:终端、网络与服务［J］.计算机学报,2011,34(11):2029-2051.

⑥ 马军,马慧．移动互联网安全问题分析及建议［J］.现代电信科技,2009（7）:46-49.

仍然采取体系架构分层的模式。移动互联网和智能终端场景可以分为三层：物理层（智能终端）、网络层（移动互联网、互联网）和应用层（移动应用）。每一层面都会存在个人信息安全问题，但重点体现在终端层面和应用层面。

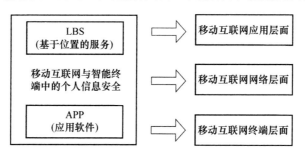

图 1.5　移动互联网与智能终端场景中的个人信息安全分析思路

三、移动互联网终端层面的个人信息安全风险

移动互联网终端层面的个人信息安全风险主要来自智能终端本身设计和智能终端生产商非法行为两个方面。

（一）终端缺少个人信息保护措施

智能终端[①]（尤其是智能手机终端）中往往保存有大量的个人信息，且与电信资费紧密相关。同传统电脑安全威胁相比，智能终端中的威胁套取用户费用的机会大大增加，这也给非法操作和恶意攻击带来了更大的经济利益驱动。因此，终端（尤其是智能终端）应当对常见的病毒、木马、钓鱼和针对操作系统、应用程序漏洞的攻击具备一定的防范能力。

首先，智能终端应当通过国家的相关认证，符合国家关于信息安全、网络安全的相应标准，如电信终端设备应当符合工信部的通信入网认证等。其次，智能终端应提供一些最基本的个人信息保护功能，如提供屏幕锁定密码保护、程序锁、敏感个人信息加密存储等功能或预装安全软件。如果没有最基本的个人信息保护措施，那么在终端离开用户控制后（如被盗、丢失等），其个人信息将很容易被泄露。近年来不断流出的"艳照门"事件就反映了这种风险。

（二）终端设备生产商的非法个人信息收集和监控

终端设备生产商作为终端的设计者、制造者以及后续服务提供者，可能会通过在终端中设置相应程序以持续收集用户各类信息。由于每个终端设备都会有唯一的 IMEI 号，那么在设备生产商对用户进行了身份登记的情况下，其能够收集到

---

① 移动互联网中的智能终端一般包括智能手机、平板电脑、PDA（个人数字助理）、上网本等具备联网功能的智能移动设备。

的所有信息都是具有识别性的。在这种情况下，终端设备生产商可能会在用户不知情的情况下，对其个人信息进行非法收集并使用，或者对终端的位置进行跟踪，从而达到监控用户的目的。同时，设备生产商也有可能与第三方共享或买卖这些信息。这些都属于对用户个人信息的侵犯情形。

四、移动互联网网络层面的个人信息安全风险

移动互联网网络层面的个人信息安全风险主要存在于数据的传输过程中，其中的具体风险类型与云计算和物联网类似。

（一）恶意攻击行为

个人信息在网络层中可能遭受各种恶意攻击行为，包括中间人攻击、拒绝服务攻击、会话劫持、非经授权接入等。这些攻击行为将直接或间接对个人信息的秘密性、完整性和可用性造成影响，进而侵害用户权益。

（二）个人信息传输过程中的完整性和秘密性

这是针对移动互联网内信息自身的安全性的分析。信息自身安全主要指在传输时网络所提供的必要的隔离和保密以及接入网络所涉及的用户注册信息安全。但是在实际的网络中，保密措施做得并不太理想。如移动通信网中定义了空口加密算法，但是中国无论是 2G 网络还是正在部署的 3G 网络都没有严格实施。多数 Wi-Fi 接入网也没有实施加密。[1] 这就又增加了网络层面的个人信息安全风险。

五、移动互联网应用层面的个人信息安全风险

移动互联网应用层面的个人信息安全风险主要来自应用服务提供商，它们可能存在非法的个人信息收集、使用或共享行为。

（一）终端应用（APP）的个人信息安全问题

首先，Android 系统智能终端存在诸多个人信息安全隐患。目前智能移动终端上的操作系统主要有 IOS、Android、Windows Phone 和 Symbian 等，其中 Android 迅速占领全球市场。应用方面，2012 年 5 月，谷歌宣布 Google Play 的应用总数为 62.7 万，下载量已经超过 150 亿次。[2] Android 系统安全架构的核心设计是，在默认设置下，所有应用都没有权限对其他应用、系统或用户进行较大影响的操作，在安装软件应用时要求获得某些权限，其中包括读写用户个人信息（联系人或通话记录）、读写其他应用文件、访问网络等。软件应用可以根据自身提供的功能要求合理的权限。其中的个人信息安全风险在于，用户在进行安装操作时，

---

[1] 魏亮. 移动互联网安全框架 [J]. 中兴通讯技术, 2009, 15 (4): 28-31.
[2] 佚名. Google Play 应用商店下载量超 150 亿次 [EB/OL]. 网易,（2012-05-09）[2012-09-25] http://mobile.163.com/12/0509/11/812FEOGO00112K8G.html.

很少会去了解或分析一款应用所要求的权限。[①]而很多 Android 应用会要求获得一些与其应用功能实现并无关联的权限（如图 1.6[②] 所示），这就致使应用开发商在貌似获取同意的情况下获得了许多额外的个人信息。个人信息保护领域提倡的个人信息收集限制和目的明确原则很少得到落实。

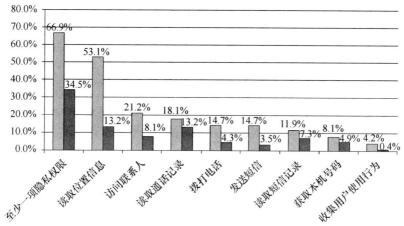

图 1.6 2013 年移动应用隐私安全测评报告：存在获取隐私数据权限的应用在总应用数量中的占比

其次，应用开发商对于收集到的个人信息的处理情况是不透明的。多数的应用开发商并没有完善的个人信息保护政策，所以用户根本无从得知其被收集之个人信息到底是如何进行利用、是否与第三方共享、采用何种安全保护措施等。在这种不透明的前提下，信息处理的用户同意机制更难以建立。这些都是终端应用给个人信息保护带来的难题。

（二）位置信息服务（LBS）应用的个人信息安全问题

位置信息是一种比较特殊的个人敏感性信息，是随着物联网和移动互联网的发展而诞生的新型个人信息类型。随着智能终端设备和移动互联网的迅猛发展，各类位置信息服务快速崛起。据互联网数据中心 2013 年发布的报告显示，75.1%

[①] 据中国互联网络信息中心调查显示，用户下载安装应用软件时，44.4%的人会仔细看软件权限授权说明，40.7%的人不会仔细看，14.9%的人表示"不好说"。同时，40.5%的人会留意使用手机软件的风险，35.6%的人不会留意。

[②] DCCI. 2013 移动应用隐私安全测评报告［R/OL］．2013［2013-08-09］http：//wenku.baidu.com/link?url=MVCuk_waGeKK9fJCpTXyUbUd9Y9XKxNsiI8NcewOGWTbr1JgYYtj24jZ03tjHrZ4k8AaT6FPqAa3JpmzjfqN8_MS8vN6pS651-Bxm-_c2pW.

的移动应用对位置信息的读取是不必要的。① 由于移动互联网中的位置信息问题比较特殊，因此在此单独进行表述。

位置信息服务（Location Based Services，LBS）是移动互联网中比较重要的一种服务类型，不少应用或软件中添加了位置信息服务功能，如人人网应用让用户在发布状态或照片时可以选择添加位置信息；手机微信和 QQ 应用中都添加了查找附近的人的模块；某些地图服务类应用会将个人的行程轨迹绘制出来等。这种类型功能的添加提升了用户的使用体验，方便了个人的生活；甚至在一些灾害事故中，位置信息的共享还为救援行动提供了莫大的帮助。然而，因位置信息泄露而导致的个人信息安全问题也逐渐浮出水面。

位置信息服务带来的风险包括但不限于以下几个方面：

首先，位置信息的不当共享和利用。当用户同意对其位置信息进行收集后，大多数情况下，用户无法获知其个人位置信息的具体使用情况。也就是说，对位置信息的利用是不透明的。这些信息是否与第三方进行了共享，第三方对个人信息的具体使用情况如何，这些问题用户都无法提前了解，因此对其中所存在的风险也无从获知。用户在完全不知道风险的情况下做出了同意共享其个人位置信息的决定。

其次，对用户行为进行跟踪。由于手机正在成为人们日常工作和生活中不可缺少的重要工具，个人随时都携带着手机设备。因此可能存在设备商或应用商在用户不知情的情况下对用户的行为轨迹信息进行收集的情况。而这些信息经分析过后，很容易得出个人的爱好、偏好、日常生活等私密信息。

再次，增加了身份盗窃的可能性。身份盗用是指个人身份或金融账号、密码等被盗用，进而发生财产诈骗或其他犯罪行为。当个人敏感信息（如个人位置信息）被泄露，犯罪分子极有可能通过这些位置信息，分析出个人的地址、兴趣、同事、朋友等，同时结合其掌握的其他个人信息，盗用个人的身份。

最后，因位置泄露而遭受人身或财产损害。某些不法分子可能通过泄露或共享的个人位置信息（加入该位置信息中包含了个人身份信息），对个人实施不法行为，既包括故意伤害、诱拐儿童等对人身权的加害行为，也有可能是实施抢劫等财产性质的违法犯罪行为。

（三）恶意软件、病毒、木马等有害程序的破坏

传统互联网中的恶意软件、病毒、木马等有害程序也在向移动互联网转移。据腾讯移动安全实验室发布的报告，2013 年 5 月，基于腾讯手机管家安全产品服

---

① DCCI. 2013 移动应用隐私安全测评报告［R/OL］. 2013［2013-08-09］http：//wenku.baidu.com/link？url＝MVCuk_waGeKK9fJCpTXyUbUd9Y9XKxNsiI8NcewOGWTbr1JgYYtj24jZ03tjHrZ4k8AaT6FPqAa3JpmzjfqN8_MS8vN6pS651-Bxm-_c2pW.

务的腾讯移动安全实验室截获的手机病毒包总数为71 969个，Android系统截获病毒包69 178个，Symbian系统截获病毒包2 791个。据统计，在Android系统所截获的病毒包中，25.39%是专门为个人信息获利之目的。[①] 手机病毒、木马或恶意程序的传播和爆发可能会造成用户个人信息泄露、信息丢失、设备损坏、话费损失等，同时，信息数据的完整性和精确性也可能受到影响。

（四）手机安全软件的威胁

手机安全软件，其功能在于保护移动终端和移动互联网的安全。因此，同其他软件或应用相比，手机安全软件在接触用户终端上的数据信息（包括个人信息）方面更具有合法的正当性。中国目前主流的手机安全软件包括360手机助手、腾讯手机管家等。这些手机安全软件在提供病毒查杀服务的同时，也提供加密存储、访问控制等安全服务。在将近58%的手机应用都存在信息泄露问题的背景下，[②] 手机安全软件在保护用户个人信息方面发挥着重要作用。然而，手机安全软件厂商在对用户各种个人信息具有控制权的情况下，是否会存在在用户不知情的前提下对这些信息进行使用的情况？3Q大战中腾讯QQ和奇虎360安全卫士就因擅自监控和扫描用户终端而备受质疑，这种情况是否会延伸到移动互联网终端上？安全软件在个人信息收集、传输和利用等方面是不透明的，用户在使用安全软件时也鲜有相关的个人信息保护政策做出说明。因此，在安全软件行业监管机制尚未成熟的背景下，这方面的风险也是必须予以考虑的。

当然，在移动互联网和智能终端场景中，也存在对于相关数据库的管理层面的问题。鉴于在分析云计算和物联网场景中的隐私风险时已对此部分进行过详细论述，在此不做赘述。

[①] 腾讯安全实验室. 腾讯移动安全实验室2013年5月手机安全报告［R/OL］.（2013-06-23）［2013-07-12］http://m.qq.com/security_lab/news_detail_178.html.

[②] TechWeb. 315晚会曝58%手机应用窃取隐私，用户只能任人宰割？［EB/OL］. TechWeb，（2013-03-16）［2013-07-12］http://www.techweb.com.cn/hotnews/2013-03-16/1283435.shtml.

第二章　域外个人信息保护立法考察

第一节　美国个人信息保护立法

美国个人信息保护立法体系主要由 1974 年通过的《隐私法》以及一些特殊领域一系列的专门法所构成的。《隐私法》可以视为美国保护隐私权的基本法，是美国行政法中保护个人隐私的重要法律，对政府机构收集、使用、公开个人信息和个人信息保密制定了详细的规范，明确"隐私权为联邦宪法所保障的基本人权"。另外，美国在一些特殊领域，如金融数据、电子通讯领域等，采取分散立法形式保护个人信息，如《公平信用报告法》《电子通讯隐私法》《全球电子商务政策框架》等。

一、《公平信用报告法》

《公平信用报告法》在美国个人信息保护立法体系中具有重要地位。随着信贷业务的繁荣与发展，消费者信用信息的商业价值越来越受到重视，从而催生了大量的消费者信用调查与报告机构。这些机构在制作调查报告的过程中，需要从各种渠道获取公民的消费信息。消费者信用调查与报告机构所获取的部分信息是通过合法渠道获取的，而通过非法渠道获取的情况则不胜枚举。联邦贸易委员会于 1971 年制定的《公平信用报告法》（Fair Credit Reporting Act，FCRA）正是在这样的背景下诞生的。

《公平信用报告法》主要用于调整征信和授信业务链中的个人信息利用与保护问题，规范的对象主要是那些提供消费者信用调查服务的单位和机构，并严格限制其做出的个人信用报告的使用范围。根据《公平信用报告法》，消费者本人有权随时查阅本人的信用报告，不需要经过事先特别批准。除了信息主体本人之外，下列主体符合法定情形的情况下也有权合法使用消费者个人信用报告：（1）委托信用调查机构做出信用调查报告的委托人；（2）以加强对应聘者了解为目的使用个人信息的用人单位；（3）在考量是否提供保险服务过程中的保险公司；（4）负责颁发各类执照或者社会福利待遇的行政部门；（5）获得了法院调阅合法授权的单位或个人。《公平信用报告法》立法初期，仅允许上述5类主体使用个人信用报告。但随着立法完善，又有三类主体获得立法授权，分别是：依法催收债务的联邦政府相关部门；以维护国家安全为目的的联邦调查局；经当事人本人同意，并获得其书面授权的单位和个人。

立法对通过违法手段获取他人信用信息的主体规定了严格的法律责任，例如，凡以欺骗手段获取他人资信调查报告的，将被处以一年以下监禁，并处罚款5 000美元。[①]《公平信用报告法》对于保障公民个人信息不被随意查阅、使用起到了重要的作用，但是随着侵犯个人信息的行为越发多样化，涉及的行业、领域越来越广泛，更多的保护个人信息的法律规范纷纷生效。

二、《隐私法》

美国保护个人信息最重要的法律是于1974年制定的《隐私法》。该法主要针对联邦行政机构的行政执法行为而制定，规定了联邦政府搜集与利用个人信息方面应当遵循的程序与规则，防止行政机关滥用行政权力侵犯公民个人隐私。其主要内容为对个人信息的收集、持有、储存以及传输的相关原则与具体程序做出了详细规定。[②]

该法的主要内容包括如下方面：

（1）适用范围。该法规范的对象主要包括联邦部、会级以上级别的行政机关在行使行政职权的过程中可能侵犯公民个人信息的行为。

（2）保护客体。该法保护的客体是政府机关在履行行政职务过程中掌握的个人信息记录。

（3）个人权利。美国《隐私法》明确规定了公民个人的权利基础是基于其隐私权投射于信息上而产生的信息隐私权。该权利主要包括决定权、知情权、更正权三项核心内容。决定权是指信息所有权人有权决定个人信息是否公开以及利用方式等问题。知情权是指信息主体有权了解自己的个人信息全部内容，也有权了解行政机关如何使用个人信息。更正权是指当信息主体通过某种渠道了解到行政机关掌握的个人信息存在瑕疵或错误时，有权要求行政机关就瑕疵或者错误的信息予以更正的权利。上述三项权利内容在世界范围内具有很强的立法示范意义。

（4）行政机关的义务。行政机关的义务主要表现为以下几个方面：

第一，向本人收集义务。为了保证公民个人的知情权，行政机关在收集个人信息的过程中，尽量向信息主体直接收集信息，尤其是在利用公民个人信息做出

---

① 畅秀平．公平信用报告法（FCRA）对我国信用建设的启示［J］．会计之友，2009（10）：108．
② Department of Justice. Overview of the Privacy Act of 1974［EB/OL］．（2010-06-30）［2014-06-08］http：//www.doncio.navy.mil/ContentView.aspx? ID=1935.

对公民重要的决定的过程中更是如此，确保公民知晓个人信息被收集、使用的事实，保障公民的知情权与自由选择权。

第二，向本人告知义务。行政机关在向公民个人收集个人信息的过程中，需要向公民明确告知收集个人信息的用途，保障公民的知情权。行政机关收集公民个人信息需要向社会公开，接受社会监督。

第三，收集必要性义务。行政机关只有在确有必要的情况下才收集保存个人信息，收集的过程应当严格遵守法律规定，不得超出法律规定范围或者违反法律规定的程序收集个人信息。

第四，保密义务。行政机关收集个人信息之后需要严守保密义务，不得无端泄露。

第五，保证正确义务。行政机关需要及时对改变的个人信息进行更正，特别是公民一些负面信息在发生变化后应当及时调整，避免对公民带来进一步的负面影响。

第六，安全保障义务。行政机关需要保证公民个人信息不被不当泄露及不当使用。行政机关应当使用相应的信息安全技术保障公民个人信息安全。

由于政府掌握了大量的公民个人信息，防范政府部门滥用或者侵犯公民个人信息具有至关重要的意义。美国的《隐私法》对于保护公民个人信息不受政府机关侵犯起到了至关重要的作用。

三、《电子通讯隐私法》

美国较早的关于电子通讯领域个人信息方面的立法是1984年的《电缆通讯政策法》（Cable Communications Policy Act, 42 U.S.C §551），要求电缆通讯公司向用户通告个人信息的收集和使用情况，除非为了正当的商业活动，通讯公司不得披露用户的查阅习惯。之后美国国会于1986年制定了《电子通讯隐私法》（Electronic Communications Privacy Act, 18 U.S.C §2510-22, 2710-11, 3121-27）。《电子通讯隐私法》是适应通讯技术的迅猛发展，对电话有线监听的相关管制的适应与完善，其目的在于禁止未经授权的第三方截取或泄露个人通讯信息，主要是来防止政府未被允许监听私人的电子通讯。

从内容上来看，《电子通讯隐私法》的第一篇规范有线、口头通信在传输上的安全保障。该法对于颁发搜索令状的条件进行了严格限制，以防止行政权力滥用。《电子通讯隐私法》的第二篇是《储存通讯记录法》（Stored Communications Act, SCA），其规范通信上的电子储存的安全保障。《电子通讯隐私法》的第三篇禁止监视记录器（Pen Register）与/或追踪装置（Trap And Trace）在未有搜查令时，记录传递有线或电子通讯的过程中之通话、路由、定位、讯号资讯。

《电子通讯隐私法》的重要意义在于，该法规定了在没有法院的命令之下不能实施政府之通讯监察，而第三方在没有合法的授权时也不可去截取通讯讯息，从而保障了个人的通讯信息安全。然而，当震惊世界的"9·11"事件发生以后，出于保护国家安全的需要，《电子通讯隐私法》被2001年《美国爱国者法案》（USA PATRIOT Act）以及2006年《美国爱国者法再授权法案》（USA PATRIOT Act Reauthorization Act）所修正。①

四、《全球电子商务政策框架》

美国政府于1997年发布了《全球电子商务政策框架》。该报告针对电子商务迅猛发展以及网络环境下消费者个人信息岌岌可危的态势，特别强化了私营企业在网络环境下对个人信息的保护力度，主要调节网络交易行为中的个人信息保护问题。该框架中提出了两项保护网络隐私权的重要的基本原则：

（1）告知原则。收集公民个人信息时，应当向公民说明信息收集的相关情况，以便公民在充分了解相关信息情况下决定是否可以提供个人信息。如果在未充分告知的情况下收集公民个人信息，或披露不完整、不准确、过时的个人信息，则涉嫌侵害了公民的网络隐私权，需要承担相应的法律责任。

（2）选择权原则。公民对与自己相关的个人信息的使用目的、方式等有完全的自主决定权。由于政府鼓励自由竞争，发展行业自律，因此民事领域产生的各种问题尽可能依靠市场调节解决，避免对市场造成不适当的限制，这也促使了各行业自律组织不断发展。②

第二节　加拿大个人信息保护立法

在加拿大，联邦个人信息保护法律主要包括《隐私权法》和《个人信息保护与电子文件法》（Personal Information Protection and Electronic Documents Act，PIPEDA）。此外，加拿大一些省还对某些方面的个人信息保护进行了专门立法，如阿尔伯塔省、萨斯喀彻温省、曼尼托巴省和安大略省就对医护服务提供者和其他医疗机构收集、使用和披露个人健康资料进行了专门立法。

一、《隐私权法》

加拿大《隐私权法》生效于1983年，主要是规范加拿大联邦政府部门和机构收集、使用和披露个人信息的行为。在对个人信息定义方面，《隐私权法》规定法

---

① 罗杰、孔令杰. 美国信息隐私法的发展历程［J］. 湖南社会科学，2008（12）：156.
② 郎庆斌. 国外个人信息保护模式研究［J］. 信息技术与标准化，2012（1）：22-24.

律保护的个人信息是指以任何形式记载的可识别的个人的信息,同时还通过列举的方式进一步明确了民族、种族、血型、指纹、个人看法和观点等一些个人信息的具体类型。

加拿大《隐私权法》规定了五项原则：一是行政目的原则,即政府机构只能收集与开展的行政活动直接相关的个人信息,并且使用、保留和披露个人信息都必须符合行政目的的需要,严格禁止行政机关超越职权范围收集公民个人信息。二是直接收集原则,即除法定情形外,政府机构应直接向信息关系人收集信息,并告知信息关系人收集的目的。三是限制使用、保留和披露原则,即未经授权或依照法律规定,政府机构不得使用和披露所持有的个人信息,个人信息必须保留合理的期限,以便信息关系人索取。四是准确性原则,即政府机构应采取适当措施确保所持有个人信息尽可能地最新、准确和完整。五是允许访问原则,即政府机构必须编制个人信息数据库索引,以供公众查询。除依法豁免披露的情形外,政府机构应允许个人信息关系人索取和更正其个人信息。[1]

加拿大《隐私权法》规定了对于政府控制的档案记录,在一些特殊情况下可以不经过许可披露个人信息：(1)为政府机构获取或搜集该个人信息的目的或与之相一致的目的披露；(2)议会的任何其他法律条款授权披露；(3)依据法院以及有权强制提供信息的机构或个人发出的传票、授权令或做出的命令,或依据法院关于提供信息的规定；(5)为执行国家及地方法律或实施法律而向调查组织披露；(6)本国政府或政府机构依据协议或合同为执行法律或实施法律调查的目的向地方政府、外国政府、国际组织或者它们的下设机构披露；(7)为了便于选举,将与选民有关的信息向议员披露；(8)为了审计的目的向政府机构的官员或者雇员、审计长办公室以及条文规定的任何其他个人或组织披露；(9)为统计和研究的目的,以不可识别的方式用书面做出不扩散承诺的任何从事统计、研究的个人或组织披露；(10)用以帮助本国人民拟定索赔条款；(11)用以收回信息关系人拖欠国家的债务或者兑现政府应付给信息关系人的款项；(12)只要政府机构的首长认为披露个人信息是公共利益的需要,而这种利益明显超过由此而构成的对信息关系人隐私权的侵害,或者披露个人信息将对信息关系人明显有益,就可以为任何目的的披露个人信息。在这种情形下,政府职能部门应当立即通知隐私事务专员,隐私事务专员在认为合适的情况下将该情况通知信息关系人本人；(13)为档案实务向公共档案馆披露；(14)已由政府机构为保存历史资料转入公共档案馆的个人信息,可以为研究或统计目的参照议会的其他法律条款向任何机构或个人披露。

---

[1] 徐春尧.加拿大个人信息保护法律制度及借鉴[J].韶关学院学报,2008(11):17-20.

另外,《隐私权法》还规定了向未经授权的人披露个人信息会导致明显的危害或者违反法律的情况下,应当对一些特殊信息授权豁免披露。豁免披露的信息包括强制性豁免以及自由裁量豁免。"强制性豁免"即无条件豁免,包括:(1) 从外国政府、国际组织或地方政府及其下设机构秘密获得的信息;(2) 国家骑警队在执行地方治安工作时获得的秘密信息。"自由裁量豁免"是指具备豁免披露条件,但披露与否可由政府机构负责人自由斟酌确定,包括:(1) 披露可能导致妨碍政府实务处理的信息;(2) 披露可能导致妨碍国际事务处理,威胁本国及盟国的防务,影响预防、侦查和镇压敌对活动的信息;(3) 最近 20 年由政府部门或其分支机构在对特定活动进行调查时所用的信息;(4) 披露可能不利于国家或地方的法律实施与调查活动的信息;(5) 披露可能危及执法机构安全的信息;(6) 有调查机构为确定授予机要人员涉密资格所使用的信息,披露可能会暴露向调查机构提供信息者的身份;(7) 正在服刑者要求得到的有关本人的信息,此类信息可能对此人的关押、释放和强制监督的执行产生干扰,或者可能暴露信息来源;(8) 披露可能危及人身安全的信息;(9) 有关他人的信息,以及《隐私权法》第 8 条规定的允许披露范围以外的信息;(10) 受律师和当事人特权保护的信息,如律师意见;(11) 向本人披露会有损于此人利益的载有此人身心健康状况的医疗记录。①

在机构设置上,加拿大联邦的个人信息保护专门机构是加拿大隐私专员办公室,《隐私权法》授权设立"隐私事务专员",接受并调查申诉。同时各省也设立隐私专员办公室或类似机构,但各省隐私专员与联邦隐私专员之间并没有隶属关系。联邦隐私专员是由加拿大总督与参、众两院的各政党领导人协商后提名,并经两院批准任命的,任期七年。隐私专员的职责主要有:(1) 受理和调查个人信息侵权投诉;(2) 对私营部门和政府机构的个人信息保护政策措施进行审计;(3) 向加拿大政府机构和私营部门就个人信息保护问题提供咨询;(4) 开展个人信息保护政策措施的研究;(5) 向加拿大议会提交个人信息保护情况的年度报告和特别报告。②

二、《个人信息保护与电子文件法》

加拿大《个人信息保护与电子文件法》于 2000 年颁布。考虑到不同行业领域之间的特殊性,《个人信息保护与电子文件法》非常有特色地分为 2001 年 1 月、2002 年 1 月和 2004 年 1 月三个阶段逐步生效。该法的主要目的在于规范加拿大私营企业和组织在商业活动过程中收集、使用或披露个人信息的行为。按照《个人信息保护与电子文件法》,个人信息是指除姓名、职务以及作为一个组织雇员的办

---

① 周建. 加拿大《隐私权法》与个人信息的保护 [J]. 法律文献信息与研究, 2001 (1): 2.
② 徐春尧. 加拿大个人信息保护法律制度及借鉴 [J]. 韶关学院学报, 2008 (11): 17-20.

公地址或电话号码外,所有的可识别的个人的信息。通过对比可以得出,《隐私权法》保护的个人信息没有涵盖尚未形成记录的个人信息。

  《个人信息保护与电子文件法》关于个人信息保护规定了十项基本原则:(1)个人信息保护责任制原则,即任何持有个人信息的组织都必须指定专人负责本组织依法应当履行的个人信息保护义务,保护本组织所持有的和为处理的需要而转移给第三方的个人信息,并制定和实施本组织个人信息保护的政策和措施。(2)个人信息收集目的确定原则,即在收集个人信息时或在此之前必须有明确的目的,包括收集原因、如何使用以及必要性,并告知信息关系人。(3)个人信息关系人同意原则,即任何组织在收集个人信息时或在此之前都必须以有效的方式告知信息关系人收集、使用和披露个人信息的目的,并取得信息关系人的同意。此外,当所收集的个人信息用于新的用途时则必须再次取得同意。(4)个人信息收集限制原则,即禁止随意收集个人信息以及禁止通过欺骗、误导信息关系人来收集个人信息。(5)个人信息限制使用、披露和保留原则,即除非获得授权,否则只能为了收集信息的目的或按《个人信息保护与电子文件法》的规定使用或披露个人信息;保留个人信息必须遵循必要性原则,应及时销毁不符合使用目的或法律要求的匿名信息;为对个人做出某种决定而保留个人信息的,必须在合理的时间内做出决定,并允许当事人在事后索取和补充、修正个人信息。(6)个人信息保护相关措施有效保障原则,即采取适当措施确保所持有的个人信息安全,不被遗失、盗窃以及未经授权的访问、披露、复制、使用或修改。(7)个人信息准确原则,即除有明确的限制规定外,必须及时更新和完善所收集的个人信息,保证信息的准确性和完整性。(8)个人信息保护政策开放原则,即以容易被理解和获取的方式,向顾客、客户和员工开放本组织的个人信息保护方面的政策措施。(9)个人信息允许访问原则,即当个人申请索取其个人信息时,除有法定例外情形,有义务告知本组织所持有的本人全部信息以及使用、披露给第三方的情况,允许信息关系人对被收集信息的准确性和完整性进行更正和修改。同时,在适当的位置注明有争议的部分,并告知有争议的第三方。(10)个人信息侵害救济原则,即必须建立简单易行的投诉机制,并告知信息关系人本组织、本行业协会、监管机构以及加拿大隐私专员办公室等各种救济途径。负责个人信息保护的相关行政部门对收到的投诉应当迅速、积极开展调查,并采取适当措施纠正本组织错误的个人信息保护政策措施。①

---

  ① Office for the Privacy Commissioner of Canada. Privacy Impact Assessments [EB/OL]. [2013-12-01] http://www.priv.gc.ca/.

第三节　欧盟个人信息保护立法

基于欧盟的法律传统与政治架构,欧盟个人信息保护法律体系由一系列的指令、原则、准则、指南等法律文件组成,包括欧盟统一立法和欧盟成员国国内立法两个层面的法律规范。欧盟要求各成员国建立统一的个人隐私保护法律、法规体系,保证个人数据在成员国之间自由流通。欧盟有关个人信息保护立法的理论基础是源远流长的人格权理论,特别强调对信息关系人人格利益的精神权益保护,这也与欧洲悠久的民事法律传统十分契合。

一、1981 年《有关个人数据自动化处理之个人保护公约》

欧洲理事会成员国于 1981 年在斯特拉斯堡签署了第 108 号条约《有关个人数据自动化处理之个人保护公约》。该公约的目的在于确保各缔约国领域内的每个人,不论其国籍或者住所,其权利和基本自由得到充分的尊重,特别是针对个人的隐私权保护。按照《有关个人数据自动化处理之个人保护公约》的规定,个人数据是指有关识别或者可以识别个人(数据主体)的任何信息;对个人信息的自动化处理是指通过数据储存,对数据进行逻辑和/或算数运算,数据修改、删除、恢复或者传播等自动化方式对数据进行全部或者部分处理。

欧盟《有关个人数据自动化处理之个人保护公约》的适用对象既包括公共机构,也包括团体、协会、基金会、公司、企业和其他直接或间接由个人组成的机构的信息保护。在数据的处理方面,公约要求对个人数据进行处理的过程中要做到:(1)公正、合法地获取与处理;(2)以明确、合法的目的进行储存,并不得以不符合这些目的的方法使用;(3)处理数据的行为必须适度,且没有超越行为目的的范围;(4)数据必须准确无误,且要及时更新;(5)数据要以特定形式存储,可以允许对数据主体进行与数据保护目的相适应的识别。

该公约授权自然人对个人的数据享有如下权利:(1)信息关系人有权随时确认自动化个人数据档案是否建立,确认此档案的主要目的和档案控制人的身份、经常居住地或者主要营业地;(2)信息关系人有权在合理的期限内确认在自动化档案中是否存有与其相关的数据,同时有权要求以易于理解的形式将这些数据的信息传递给其本人;(3)信息关系人有权在个人数据处理主体违反公约关于数据质量和特殊类别数据要求的情况下,要求数据处理修改或者删除与其相关的数据;(4)在个人数据确认、信息传递或者删除的请求被拒绝时,信息关系人有权要求救济。上述四项内容构成了欧盟《有关个人数据自动化处理之个人保护公约》完整的个人信息关系人权利体系。①

二、《关于涉及个人数据处理的个人保护及此类数据自由流动的指令》

欧洲议会和欧盟理事会于1995年10月24日发布了《关于涉及个人数据处理的个人保护以及此类数据自由流动的指令》(95/46/EC)，简称《个人数据保护指令》，并于1998年正式生效。该指令绪言（3）明确了指令的目的：考虑到欧盟内部市场的建立和运行，根据条约（建立欧洲共同体条约）第7a条，为保证货物、人员、服务和资金在该市场自由流动，不仅要求个人资料可以在成员国之间自由流动，还要求个人的基本权利得到有效保护。《个人数据保护指令》第1条规定：(1) 根据本指令，各成员国应该保护自然人的各项基本权利和自由，特别是他们与个人数据处理相关的隐私权；(2) 各成员国不得以第1款规定的相关保护理由来限制或者禁止成员国之间个人数据的自由流动。指令的适用范围较为广泛，包括自然人、企业、行政机关等从事个人资料处理的主体。该指令首先明确了保护自然人的基本人权和自由，特别是个人数据处理隐私权的保护。该指令将"个人数据"定义为，与一个身份已被识别或身份可识别的自然人（数据主体）相关的所有信息。身份可识别的人是指其身份可以直接或间接，特别是通过身份证件号码或者一个或多个与其身体、生理、精神、文化或社会身份有关的特殊因素来确定的人。该指令界定的"个人数据处理"，是指对个人数据进行的任何操作或者一系列操作，而无论该操作是否是以自动化方式进行，例如收集、记录、组织、储存、改编或者修改、恢复、查询、使用，通过传播、分发或者其他使个人数据可以被他人利用的方式披露、排列或者组合、贴标隔离、删除或者销毁。

《个人数据保护指令》对个人信息与隐私权的区分并不十分清晰。欧盟1995年指令在定位个人信息保护的对象时，规定应包括"基本权利""自由"与"隐私"（fundamental rights and freedoms, notably the right to privacy）。②与《有关个人数据自动化处理之个人保护公约》相区别的是，在《个人数据保护指令》中，个人数据处理包括自动或非自动的处理方式。

《个人数据保护指令》确立了个人信息保护的基本原则。这些基本原则包括个人数据管理者的责任和义务以及个人数据主体所享有的权利两个方面。

个人数据管理者的责任和义务包括：(1) 数据质量原则。个人数据处理应做到：a. 公正、合法的收集和处理；b. 基于特定、明确、合法的目的；c. 个人数据

---

① 郎庆斌. 国外个人信息保护模式研究 [J]. 信息技术与标准化, 2012 (1): 22-24.
② 王利明. 论个人信息权的法律保护——以个人信息与隐私权的界分为中心 [J]. 现代法学, 2013 (4): 62.

的收集和处理必须充分和相关联,且必须是适当、相关而不过量的;d. 必须完整、准确,并保持最新状态,考虑到收集或者随后处理个人数据的目的,必须采取一切合理的措施以确保哪些不准确或者不完整的数据被删除或者更正;e. 以可识别的数据主体允许的形式保存。(2)数据处理合法化原则。个人数据处理必须做到:a. 经个人数据主体明确同意;b. 符合法定义务;c. 保护个人数据主体的重大利益。(3) 告知原则。个人数据收集(直接收集、间接收集)应将相关信息告知个人数据主体,这些相关信息具体包括:a. 个人数据管理者的识别;b. 数据处理的目的;c. 数据收集者(接受者);d. 个人数据主体不提供数据的后果;e. 查询和更正的权利。(4) 特殊类型数据处理原则。禁止处理涉及种族、政治、宗教信仰、工会会员及健康、性生活等的个人数据。但在下列情形下例外:a. 数据主体明确对上述类型数据之处理表示同意,除非成员国的法律规定数据主体的同意也不能违反法律的强制性禁止;b. 为数据主体控制人在劳动法领域履行义务以及行使具体权利之目的所必需的数据处理,但应在规定有适当保护措施的国内法的授权范围内;c. 在数据主体因为身体上的或者法律上的原因而不能做出同意时,为保护数据主体或者其他人的重大利益所必需的数据处理;d. 在以政治、哲学、宗教或工会为目的的基金会、协会或者任何其他非营利机构的合法活动过程中实施的并有适当担保的数据处理,如果数据处理仅仅与上述机构的成员或者与该机构进行符合其目的的长期联系的人员有关,以及在没有数据主体的同意的情形下数据不得向第三方披露;e. 涉及数据主体明确公开的数据的数据处理或者为法律要求的确立、行使或者抗辩所必需的数据处理。

  该指令同时系统地规定了个人资料权的内容体系,具体包括以下方面:(1) 获取权。指令第 12 条规定,资料主体可以随时免费地获取个人信息,并有权对信息的内容予以确认或者更正。(2) 自主决策权。根据该指令第 15 条,在依据一个自然人的个人信息对其工作、生活当中的重大事项做出决策的情况下,行政机关应当赋予该自然人对其使用其个人信息予以否决的权利。(3) 拒绝使用权。个人资料主体有权对他人对其资料的收集、传输与使用予以拒绝,并对他人的非法使用行为有权追究法律责任。(4) 获得救济权。该指令第 23 条明确规定,未经许可或者违法使用他人个人资料的,资料权人有权主张侵权人承担经济赔偿等民事责任。

  该指令要求商业机构收集个人信息必须事先获得个人的明确同意。欧盟《个人数据保护指令》除了对个人资料收集、利用过程予以明确规定之外,还通过大量篇幅对个人资料的跨国传输法律问题予以明确。该指令确定了个人资料在欧盟区域内传输需要具备的相关条件。

  随着社会发展、经济一体化,特别是科学技术的进步,人格利益具有了更多、更直接的商业价值和经济利益,反映出人格利益的商品化和多元化。欧盟有关个人信息保护的相关立法也会随着社会的不断发展而逐渐更加完善。

三、《欧盟数据保护基本条例》

2013年爆发的"棱镜门"事件引爆了世界范围内关于信息安全的广泛讨论，各国民众和政府普遍对网络环境下的个人信息保护深表忧虑。欧洲议会公民自由、司法与内政事务委员会于 2013 年 10 月 22 日通过了最新的《欧盟数据保护基本条例》（Datenschutz-Grundverordnung），正式回应社会逐渐高涨的要求建立更加严格的数据保护制度的呼声。新的数据保护条例的实施，目的是在欧盟范围内构建一套适应网络信息环境的统一的保护个人信息的立法体系。该条例的最大亮点在于赋予数据主体在个人信息受到侵犯时，可以通过条例规定的多种途径寻求救济。

（一）数据主体的"删除权"

根据《欧盟数据保护基本条例》的规定，数据主体可以在满足条例规定条件的情形下要求数据控制人删除与其有关的信息或者停止该信息进一步传播：（1）此信息不再有被收集或者以其他方式处理的必要；（2）数据主体不再同意其信息为实现一个或多个具体目的被处理；（3）数据主体可以在任何时候由于自身特别情况的原因提出拒绝处理其个人信息，除非该处理对于保护数据主体的基本权益至关重要，或者是履行公共利益的活动所必需的，或者对于信息的处理是数据掌管者行使国家权力；（4）欧盟范围内的一个法庭或者监督机关已经做出了相关数据必须删除的最终裁定；（5）相关数据被非法处理。数据主体一旦根以上情况提出反对，数据控制者应当立即停止对其个人信息的使用和处理，防止损害扩大。

（二）向专门监督机关提起控诉

根据《欧盟数据保护基本条例》第六章的规定，欧盟每个成员国应当设立至少一个独立的监督机关，该机关的任务是监督基本条例在本国内的实施情况并为欧盟范围内的统一实施服务。根据该条例第 73 条的规定，在不影响其他行政救济或者司法救济的情况下，当认为对其相关的个人信息的处理没有遵守基本条例时，数据主体有权向成员国的监督机关提出控诉。监督机关因数据主体控诉权的行使，有权在合理范围内做出调查，并应在合理的期限内（3 个月）告知数据主体控诉的进展与结果。

监督机关在查明事实后，对于没有履行基本条例规定的义务的，可以做出以下行政处罚：（1）如果是第一次且非故意违反，可以提出书面警告；（2）定期数据保护审查；（3）最高处以 1 亿欧元或者企业每年全球营业额 5% 的罚金，按照数额较大的金额予以处罚。

数据主体向监督机关提起控诉后，如果监督机关未对数据主体的控诉做出合理保护裁决的，或者保护裁决没有按照第 52 条第 1 款第 b 项的规定在 3 个月内使数据主体知道时，为了使监督机关履行积极的作为义务，数据主体可以行使司法救济权，起诉监督机关。对监督机构提起的诉讼程序，由欧盟各成员国监督机构所在地法院管辖。

(三) 向司法机构提起诉讼

数据主体除了可以向监督机构申请救济之外，还可以针对数据控制者向司法机构提起诉讼。如果数据主体认为数据控制者违反数据保护基本条例有关收集与处理个人信息方面的规定时，数据主体有权针对数据控制者提起诉讼。就案件的性质而言，如果收集与处理个人数据的主体为私人身份的企业或个人，案件为民事诉讼；如果收集与处理个人数据的主体为行政机关，案件性质则为行政诉讼。数据主体既可以向数据收集与处理者所在地的法院提起诉讼，也可以向成员国内其经常居住地的法院提起诉讼。[①]

第四节　德国个人信息保护立法

德国个人信息保护水平始终处于世界前列。世界第一部个人信息保护立法就是德国黑森州于 1970 年颁布的《黑森州资料保护法》。随后，德国联邦议会于 1970 年起着手制定《联邦个人资料保护法草案》，经过长达 6 年的反复讨论与修改，最后于 1976 年获得通过，1977 年生效。该法的正式名称为《联邦数据保护法》（Bundesdatenschutzgesetz），又称为《联邦资料保护法》。德国《联邦数据保护法》是大陆法系有代表性的一部个人资料保护立法。德国是对个人信息保护采取统一立法模式的典型国家，以信息自决权为宪法基础、一般人格权为民法基础，对个人信息给予保护。[②]

一、《联邦数据保护法》概述

1977 年《联邦数据保护法》共有 6 章 47 个条文，分为总则、公务机关的资料处理、非公务机关为自己目的的资料处理、非公务机关为他人目的的营业性资料处理、罚则、过渡与例外条款。该法第一次系统地阐释了个人信息的法律保护，并将个人信息的属性明确定位为民事权利。[③]

1977 年《联邦数据保护法》的主要立法目的是控制国家对公民个人信息的不

---

① 李翔. 浅谈欧盟个人信息保护的法律救济体系——以新通过的欧盟数据保护基本条例为视角 [J]. 法制博览，2014 (3): 26.
② 齐爱民. 拯救信息社会中的人格——个人信息保护法总论 [M]. 北京大学出版社，2009: 48.
③ 王利明. 论个人信息权的法律保护——以个人信息与隐私权的界分为中心 [J]. 现代法学，2013 (4): 62.

当处理，但是否应当对非国家机关对个人信息的处理行为进行规范曾经引发了学界重大的争议。

有学者认为，只有国家机关行政行为才可能对公民的个人信息造成实质性伤害，而非国家机关的行为只能归于经济生活的一部分，对公民不会造成实质性的影响，因此非国家机关对公民信息的处理应当被排除在法律调整的范围之外。[①] 该观点并未得到很多学者的支持，大部分学者还是认为无论是国家机关抑或是非国家机关，其针对公民个人信息的处理行为都应当被纳入法律调整范围之内。但就两种主体的信息处理行为如何规范的问题，学界又产生了不同的观点。一种观点认为，虽然在当时的历史条件下，公众了解个人信息被侵犯的事件主要是由国家行政机关造成的，但是事实上由于市场经营者掌握的消费者个人信息甚至比政府部门掌握的信息更加全面，而其侵犯个人信息的行为更加的隐蔽，往往难以被消费者发现。如果放任市场经营者侵犯个人信息的行为，那么将会给个人信息保护带来极为严重的后果。[②] 另一种观点一方面支持将市场经营者对个人信息处理行为纳入法律调整范围，另一方面认为个人资料保护立法最为重要的任务应当是通过对大量个人信息遭受侵权案件的分析，总结和抽象出个人信息保护的一般原则和规则，从而能够在更加广泛的范围内进行适用。另外还有一种观点认为，虽然国家行政机关与市场经营者的行为应当受到立法调整，但同时应当看到两者的实质性区别，不能将两者整齐划一，而是应当结合具体的情形而有区别地加以探讨，甚至可以考虑对两者进行分别立法。[③]

1977年《联邦数据保护法》最终对国家机关与市场经营者对公民个人信息的获取与利用分别予以了规定，但同时规定了一些共同的基本规则，即除非获得公民个人同意，否则禁止采集他人个人信息等内容。同时，1977年《联邦数据保护法》还规定了一些例外条款，例如在信息主体缺乏意思表示能力时，或者信息处理者的信息处理行为是为了履行公共职能时，信息收集可以不经信息主体授权而进行。从前述的内容不难看出，德国1977年《联邦数据保护法》对个人信息的收集采用一种相对较为严苛的态度，对个人信息起到了有力的保护作用。

二、《联邦数据保护法》的内容

1977年《联邦数据保护法》生效后，学界对该法的争议并未停止，特别是德

---

① Schimmel/Steinmueller, Rechtspolitische Problemstellung des Datenschutzes//Dammann/Karhausen/Muller/Steinmueller（Hrsg.）. Datenbank und Datenschutz, Frankfurt/New York, 1974.

② Podlech, Prinzipien des Datenschutzes, in: Killian/Lenk/Steinmuller（Hrsg.）, Datenschutz, 10. Brunnstein in Hoffmann/Tietze/Podlech, Numerierte Burger, Wuppertal, 1975.

③ 蒋舸. 个人信息保护立法模式的选择——以德国经验为视角[J]. 法律科学, 2011（2）: 116.

国 1983 年发生的"人口普查法案"宪法诉讼，又将该部法律推上了风口浪尖。1983 年，德国议会通过了《人口普查法》，根据该法，人口普查的登记事项包括自然人的民族、职业、住址以及就业情况等内容。虽然政府部门面向社会全面收集公民信息的动机具有很强的正当性，但是当时的社会背景下，公民的基本权利意识高涨，再加上呼吁加强个人信息安全保护的呼声日益强烈，《人口普查法》在这个特殊的历史时刻受到广泛质疑，甚至最终演变为要通过德国联邦宪法法院来审判该法是否违反了德国宪法。德国联邦宪法法院在对该案的审判中，历史性地明确了公民的"信息自决权"，即每个公民原则上都享有自主决定是否提供其个人信息以及如何利用其个人信息的权利，从而将该案演变为德国个人信息保护发展史上具有里程碑意义的事件。更重要的意义在于，该案将信息自决权从一项普通的民事权利上升为宪法意义上的基本人权，从而确立了个人资料保护的宪法基础。

　　受到联邦宪法法院 1983 年判决影响，德国个人资料保护法被再一次修订，于 1990 年 12 月完成修正并公布。修正后条文削减到 5 章 44 条，但对个人信息保护的色彩更加浓厚。在该次立法修订的过程中，将经济生活中的个人信息收集、利用的问题单独规定的观点被学者重点关注，在市场经营中的信息收集者和信息主体双方互负权利义务，信息主体的信息自决权不容忽视，但是信息收集者同样享有意思自治、经营自由等私权，两种性质的信息收集与利用行为的性质显然有别，因而应当分别立法。[①] 该观点获得了一些学者的支持，并在立法修订过程中得到了一定的采纳。虽然最终未能够将国家机关与市场主体的个人信息收集与利用问题分别立法，但在《联邦数据保护法》中却得到分别规定，体现了立法的进一步细化和完善。1990 年德国《联邦数据保护法》分为五部分，第一部分"一般条款"为总则，第二部分到第五部分为分则。第二部分为"公务机关的资料处理"，第三部分为"非公务机关和参与竞争的公法上的企业的资料处理"，第四部分为"特别规定"，第五部分为"最后条款"。

　　1990 年德国《联邦数据保护法》第 3 条第 1 项规定，"个人资料是指可以直接或间接识别自然人的任何资料"。由此条可以看出，德国《联邦数据保护法》保护的对象仅针对自然人的个人信息，而把法人的信息资料排除在外。依据德国立法精神，只有自然人信息才纳入《联邦数据保护法》保护的范围，企业信息资料保护应当被纳入商业秘密保护法或者不正当竞争法调整的范围。就"识别自然人的任何资料"而言，既包括公民自然信息，例如姓名、性别、年龄、血型、肖像等，还包括其他社会信息，例如职业、收入、存款、消费记录等等。上述信息共同构成了个人信息的范畴。1990 年德国《联邦数据保护法》将个人资料的使用分为三

[①] Zoellner, RDV 1985. 转引自：蒋舸. 个人信息保护立法模式的选择——以德国经验为视角 [J]. 法律科学，2011（2）：116.

个阶段：信息收集、信息处理与信息利用。"信息收集"是指取得自然人的个人信息。"信息处理"是指个人资料的归纳整理、输入系统、拷贝、传输、备份等。"信息利用"是指通过对个人信息的分析、对比为决策提供依据。在权利内容方面，《联邦数据保护法》规定信息主体对个人信息享有一系列的权利，主要包括个人资料告知权、个人资料修正权、个人资料删除权等内容。其他主体侵犯了公民的个人资料权，应承担相应的法律责任。在归责原则方面，《联邦数据保护法》规定行政机关侵犯了个人资料权适用无过错责任原则，在赔偿金额上设定了最高限额；其他民事主体侵犯了公民个人资料权的情形下，适用过错责任原则，在赔偿标准方面则根据受害人实际损失确定赔偿金额。

三、《联邦数据保护法》的最新修订

欧盟委员会较早于1990年颁布了《资料保护指令草案》，经过数轮讨论与修改，1995年10月24日，欧洲议会和欧洲委员会通过了95/46/EC《关于个人数据处理中的个人保护和此类数据的自由流动的指令》。按照该指令，欧盟成员国应当在三年以内将指令中的相关要求转化为国内法。与该指令相比，德国1990年版的《联邦数据保护法》对私人领域信息收集、利用行为规制力度不够，且保护标准仍有待继续提高，因此，欧盟责令德国尽快修改国内法以满足欧盟《资料保护指令》的相关要求。按照欧盟的要求，德国立法机关着手对1990年《联邦数据保护法》进行修订，并于2003年1月1日通过了修改后的《联邦数据保护法》。相较于1990年《联邦数据保护法》，2003年《联邦数据保护法》的主要特点是扩大了个人信息保护法的适用范围，首次将非公有领域的、非商业性的信息行为纳入调整范围。适用范围的扩大还表现在加强规范力度方面，具体而言是指将禁止收集原则、直接收集原则、目的特定原则的适用范围从国家机关扩大到了非国家机关。《联邦数据保护法》的主要目的在于防止个人隐私权在个人数据处理中受到伤害，适用范围包括联邦公共机关，以及州公共机关，或者私人机构。

《联邦数据保护法》分为六编，第一编为普遍的和共同的规定，主要规定了该法的目的和适用范围，公共机关与私人机构的界定，数据收集、处理和使用许可的规则，个人数据向国外以及跨国或者国际机构的传输规则，数据保护官及其职责，损害赔偿等内容。第二编为公共机关的数据处理，主要规定了公共机关的数据收集规则，数据储存、修改和适用规则，向公共机关传输数据的条件，向私人机构传输数据的条件，联邦政府实施的数据保护，数据主体的权利，联邦数据保护专员制度等内容。第三编为私人机构和参与竞争的公法企业的数据处理，规定了数据处理的法律基础，数据主体的权利，监管机构等内容。第四编为特殊规定，主要包括对处于专业保密下或者官方特别保密下的个人数据的使用限制，研究机构对个人数据的处理和适用，媒体对个人数据的收集、处理和使用等内容。第五编为最后条款，规定了违反《联邦数据保护法》的行政责任与刑事责任。第六编为过渡性条款。2003年《联邦数据保护法》第7节、第8节就损害赔偿问题做出了明确的规定。按照2003年《联邦数据保护法》，如果数据控制人收集、处理、使用了该法或其他数据保护规定不允许或不当的个人数据而侵害了数据主体的利益，数据控制人或者其负责机构有义务赔偿该个人的损失。如果数据控制人尽到了法律规定的具体情形下应尽的注意义务，则可以免除损害赔偿义务。如果数据控制人通过不为该法或者其他数据保护规定所允许的或者不正确的数据自动收集、处理和使用而侵害了数据主体的利益，该数据主体控制人的责任机构无论其是否存在过错，均有义务赔偿数据主体的损失。在严重损害数据主体人格权的情况下，对数据主体的精神损害也应当给予适当的金钱赔偿。在自动化处理数据的情况下，如果数个机构同时储存被违法使用的个人数据，但是受害人无法确定实际储存人的，涉及被侵权个人信息处理的相关机构都应当承担法律责任这样的规定加强了数据储存机构对个人信息的安全保障义务。

在美国"9·11"恐怖袭击之后，德国以反恐为名扩大了国家机关收集或处理个人信息的权限，相关规定主要体现在《打击恐怖主义法》《打击恐怖主义补充法》与《电信监视法》等法律之中，上述法律与《联邦数据保护法》一道共同构成了德国个人信息保护法律体系。[①]

第五节　日本个人信息保护立法

日本的信息化技术发展程度居于世界前列，同时引发的个人信息保护问题也是层出不穷，这也促使日本政府积极推进个人信息保护立法工作的进程。日本的学习能力一向为世界所称道，这点在个人信息保护立法上也有鲜明的体现。从日本个人信息保护模式来看，日本借鉴了欧盟的立法模式，但从具体规则的设计来看，则吸收了很多美国的先进经验，[②]这也构成了日本个人信息保护立法的独有特色。

一、日本个人信息保护立法进程

日本个人信息保护问题最初起源于电子化政府的活动当中。电子化政府是指运用电子化手段所实施的国家行政管理工作，包括政府内部核心政务电子化、信

---

① 蒋舸.个人信息保护立法模式的选择——以德国经验为视角[J].法律科学，2011(2)：116.
② 郎庆斌.国外个人信息保护模式研究[J].信息技术与标准化，2012(1)：25.

息公布与发布电子化、信息传递与交换电子化、公众服务电子化等。[1] 政府在实施电子化政务的过程中，常常会涉及对个人信息的收集、存储、加工和传输，也必然会产生侵害个人信息的风险。因此，个人信息保护问题越来越受到政府和民众的关注。在政府部门制定正式的法令之前，日本地方共同团体已经充分认识到个人信息保护的重要意义，并制定了相关的个人信息保护规范，1975年日本东京都国立市制定的第一个个人信息保护条例就是范例。截至目前，日本国内大多数地方政府均制定了本地区的个人信息保护条例。

1988年，日本颁布了《行政机关电脑处理个人情报保护法》，对行政机关处理个人信息的行为予以规范，并于1989年10月开始实施。1988年3月，日本信息处理开发协会（JIPDEC）制定了《关于民间部门个人信息保护指导方针》，1989年经济产业省制定了《关于民间部门电子计算机处理和保护个人信息的指导方针》，1991年总务省制定了《关于电气通信事业保护个人信息的指导方针》。之后根据1995年10月的欧盟指令，日本政府又分别于1997年3月和1998年12月修改了上述两个指导方针，完善了关于个人信息保护的行政法规。1998年11月，高度信息化通信社会推进战略本部制定的"向高度信息化通信社会推进的基本方针"中具体明确了保护个人隐私的具体措施，1998年12月《有关行政机关电子计算机自动化处理个人信息保护法》被颁布并于次年实施。1999年11月，高度信息化通信社会推进战略本部提出了一份题为《个人信息保护体系的存在方式》的报告，详细提出了政府部门与民间组织保护个人信息的具体措施，在立法方面建议采取欧盟的立法模式，确立个人信息保护的调整范围适用于公共部门和非公共部门的基本原则。同时，日本还借鉴美国的做法，就特别需要保护的领域制定个别法，并鼓励非公共部门进行自律。2000年9月，战略本部设置的"个人信息保护法制化专门委员会"提出了《关于个人信息保护基本法大纲草案》，2001年3月，《个人信息保护法》被提交国会审议。由于2001年5月12日日本全国律师协会就该法案提出异议，致使2002年该法未能审议通过。2003年，联合执政党提出个人信息保护立法修正草案，同年3月，与个人信息保护相关联的《个人信息保护法》《关于保护行政机关所持有之个人信息的法律》《关于保护独立行政法人等所持有之个人信息的法律》《信息公开与个人信息保护审查会设置法》《对〈关于保护行政机关所持有之个人信息的法律〉等的实施所涉及的相关法律进行完善等的法律》五项法案终于在议会获得通过。至此，日本有关个人信息保护的立法体系基本完成。[2]

---

[1] 齐爱民，侯巍. 电子化政府与个人信息的法律保护[M]. 法律出版社，2005：62.
[2] 谢青. 日本的个人信息保护法制及启示[J]. 政治与法律，2006（6）：152-153.

二、《个人信息保护法》

2001年,在日本《行政机关电脑处理个人情报保护法》的基础上制定的日本《个人信息保护法》被提交国会审议,并于2005年被通过颁布施行。该法第一章规定了立法目的,主要内容是保护公民个人权利以及促进个人信息的合理利用。另外,在第一章中明确了该法的适用对象包括行政机关与民间行业两个方面。该法保护的信息主要针对被编辑的数据库或者情报档案,而非零散的个人信息。另外该法保护自然人的个人信息,死者的个人信息不受该法保护,同时,企业的信息也被排除在立法保护的范围之外。日本《个人信息保护法》的全面实施,标志着日本个人信息保护法律体系有了新的突破。除《个人信息保护法》外,日本还有对国家机关、地方公共团体、行政机关、独立行政法人等主体分别适用的法律和法规。《个人信息保护法》的立法目的主要是促进个人信息的有效利用与个人信息保护,其重要意义在于确立了个人信息保护的基本原则,并且明确了国家及地方公共团体的责任义务,以及使用个人信息的企事业单位应遵守的各项义务。

日本《个人信息保护法》共分6章:第一章规定了制定本法的目的、基本理念;第二章规定了国家和地方公共团体的责任和义务;第三章是有关个人信息保护对策的规定;第四章规定了个人信息处理事业者的义务;第五章是法律适用的例外;第六章是罚则。考虑到不同领域的情况差别,政府将该法的实施分成了两阶段:第一阶段以2003年5月为起点,针对政府等公务机关实施第一章到第三章的规定,主要考虑到在日本《个人信息保护法》实施之前公务机关处理个人信息的行为曾长期受到其他法律文件的规范,具有一定的基础,比民间企业情况更容易掌控,因此先于针对民间企业的规定实施。对于民间企业而言,政府给予2年的缓冲期用于企业自身的制度建设,并于2005年4月开始全面实施。

(一)个人信息的范围界定

日本学界有关隐私权保护理论的主流观点倾向于"个人信息控制权"论。按照该学说,隐私权是"个人自由地决定在何时、用何种方式、以何种程度向他人传递与自己有关的信息的权利主张",表现为个人对私人事务和私人信息的控制力上,个人信息隐私权就是指个人对自身可识别信息的控制权。[1] 对隐私权保护的重点从传统意义上尚不为人所知、不愿或者不便为人所知的个人"私事",逐步扩展到了识别出或者可以识别出的个人的所有信息上。隐私权也从传统的"个人生活安宁不受干扰"的消极权利演变成为具有积极意义的"信息隐私权"。在立法过程中,隐私权与个人信息的差异越来越受到关注。《个人信息保护法》第2条对个人

---

[1] [日]奥平康宏. 知情权[M]. 东京:岩波书店,1981:384.

信息做出如下界定：个人信息就是指有关活着的个人的信息，根据该信息所含有姓名、出生年月以及其他一些描述，能把该个人从他人中识别出来的与该个人相关的信息（包含能简单地查对其他的信息，根据那些信息来识别个人的东西）。由这些个人信息组成的集合物形成个人信息数据库。日本《个人信息保护法》对个人信息的描述采用概括性的立法方式，与列举式的立法模式相比涵盖的内容更加广泛，能够更灵活地适应飞速发展的网络技术。

（二）民间企业的个人信息保护义务

企业所掌握的信息一般包括企业经营机密和消费者个人信息。企业掌握的通过调查问卷、顾客咨询及维修信息等获得的信息中的顾客个人信息以及公司内部的人事信息，属于公司的商业秘密，具有很高的商业价值。日本《个人信息保护法》第四章对民间企业保证个人信息的安全性提出了明确而严格的要求，并对民间企业涉及消费者个人信息的处理制定了若干义务性的基本原则。它们分别是：（1）个人信息收集、使用目的明确原则。《个人信息保护法》第15条和第16条分别规定了利用目的特定及限制利用目的义务。（2）个人信息利用限制原则。《个人信息保护法》第23条规定不经本人同意，不得向第三人提供。（3）个人信息收集限制原则。《个人信息保护法》第17条规定不得以不正当手段获取信息。（4）个人资料内容完整正确原则。《个人信息保护法》第19条规定必须努力保持信息内容的正确完整。（5）个人信息安全保护原则。《个人信息保护法》第20、21和22条分别规定必须设立安全管理的必要措施，对从业者和委托者采取必要的监督。（6）个人信息收集、使用公开原则。《个人信息保护法》第18条和第24条分别规定取得个人信息必须公布利用目的、利用目的必须让信息本人知晓。（7）个人参加原则。《个人信息保护法》第25、26和27条分别规定本人对信息有确认、修订和利用停止的权利。（8）责任原则。《个人信息保护法》第31条规定企业根据上述原则并结合各自企业的特点设立"自律规范"，管理者对取得的个人信息负有管理责任，违反应承担的管理义务需要承担法律责任。这些原则和世界经济合作与发展组织（OECD）的《对个人数据隐私和跨界流动保护准则》（Guidelines on the Protection of Privacy and Transborder Flows of Personal Data）所规定的8项基本原则基本一致。

根据日本《个人信息保护法》的要求，企业应将个人信息的保护放在重要位置予以考虑，如在制定企业安全管理对策的过程中，应当对企业外主体使用的电脑和个人信息加强管理，使用者要主动进行自我检查；对对外业务委托方的信息管理情况进行调查与安全评估，并将此作为考量业务合作可行性的重要标准；制定个人信息保护的企业内部自律规范。除此之外，对企业的产品实行产品安全保障，保护消费者的个人信息以免发生泄露或被修改。

（三）个人信息争议的纠纷处理

在涉及个人信息纠纷的解决上，按照日本《个人信息保护法》的规定，对于非公务部门引发的个人信息侵权,行政机关可以针对其违法或不当的个人信息处理行为发出劝告或者命令,同时法律还允许设立各种民间团体参与纠纷的处理。其主要原因在于,设立个人信息保护机构有可能极大限制非公部门的经营管理自由,这与其行政体制改革以及放宽对市场主体管制的改革思路相悖,因此主张建立有效的事后救济体系,防止对市场竞争主体经营行为的过分干预。

(四)侵害个人信息的法律责任

日本较早的有关个人信息保护立法针对侵犯他人隐私权的行为仅规定了民事责任。2000年7月,信息安全对策推进会制定了《信息安全政策指导方针》,同年12月又制定了《重要基础设施网络袭击对策特别行动计划》。这两项规定对侵害他人个人信息行为的法律责任类型在民事责任的基础上另外增加了行政责任与刑事责任。例如对行为人违法采集、使用个人信息的行为,当事人可以根据侵权人使用个人信息所获得的收益,或信息权利人受到的损失请求赔偿,侵权人获得的收益或者受害人的损失难以确定的,应当根据情节承担民事赔偿责任;行政机关滥用职权或者超过法律授权范围收集、使用公民个人信息,构成侵权及情节严重的,可以通过行政处罚予以制裁;对侵犯他人个人信息情节严重,或造成恶劣社会影响的,应当追究其刑事责任。《个人信息保护法》详细规定了处罚的原则与具体指导规范,凡违反政府和地方公共团体的政策法规以及违反主管大臣的改善、终止命令者,都承担相应的法律责任。

(五)民间个人信息保护的自律机制

在不断完善个人信息保护体制方面,日本还借鉴了美国的民间认证制度配合政府的执法保障。1999年,日本工业标准(JIS)制定了《关于个人信息保护管理体制要求事项》(又称JISQ15001),该要求事项现已广泛适用于诸多行业。2001年3月,日本废除了《信息处理服务产业安全对策实施事业所认定制度》,制定了更为重视管理的《安全管理系统评估制度》(ISMS制度),并启用了ISO/IEC17799-1(BS7799)国际标准。这些制度制定的目的在于授予那些对个人信息保护高度重视、卓有成效的企业一个良好的评价,获得上述安全认证的企业可据此提升自身社会形象和商业信誉。鉴于社会公众对个人信息的关注度不断升温,因此该措施受到企业的广泛重视,并积极推进企业的个人信息保护机制不断完善。[1]

第六节 我国港澳台地区个人信息保护立法

由于历史原因,我国港澳台地区与大陆地区的法律制度有所差别,但港澳台

---

[1] 谢青.日本的个人信息保护法制及启示[J].政治与法律,2006(6):152-153.

地区针对个人信息保护领域均制定了较为完备的法律体系,其立法成果同样值得大陆的立法机关考察与借鉴。

一、香港地区

我国香港特别行政区于 1995 年 8 月制定了《个人资料(私隐)条例》,并于 1996 年 12 月 20 日起正式实施,同时成立香港个人资料私隐专员公署负责该条例的监察执行。《个人资料(私隐)条例》的条文主要以 1994 年 8 月香港法律改革委员会发表《保障个人资料的法律改革报告书》的建议为根据,旨在确保个人资料(私隐)权获得适当的保障,以及避免其他司法管辖区限制个人资料自由流通到香港的风险。[①] 为了进一步完善个人信息保护的法律依据,2006 年 6 月,香港个人资料私隐专员公署成立了内部的条例检讨工作小组,向政府提出全面的法例修订建议。工作小组经过一年半的工作,收集了各方面的意见,于 2007 年 12 月向政府提交超过 50 项修订建议。香港政制及内地事务局考虑有关建议并履行法定程序之后,于 2009 年 8 月 28 日发出了检讨《个人资料(私隐)条例》咨询文件,通过咨询会、研讨会等多种渠道,广泛面向社会各界收集意见,而后经过整理于 2010 年 10 月 18 日公布了《检讨〈个人资料(私隐)条例〉的公众咨询报告》。

按照香港地区《个人资料(私隐)条例》,个人信息的定义一般有概括型和列举识别型两种。我国香港地区和澳门地区采概括型定义,香港《个人资料(私隐)条例》第 2 条中将"个人资料"(personal data)定义为符合以下说明的任何资料:a. 直接或间接与一名在世的个人有关的;b. 从该资料直接或间接地确定有关的个人的身份是切实可行的;c. 该资料的存在形式令予以查阅及处理均是切实可行的。

我国香港地区《个人资料(私隐)条例》适用的主体包括任何控制个人资料的收集、持有、处理或使用的人士(资料使用者),同时也包括私营机构、公营机构及政府部门。该条例适用的对象是任何直接或间接与一名在世人士(资料当事人)有关的资料、可切实用以确定有关人士身份的资料,以及其存在形式令查阅及处理均是切实可行的资料。另外,该条例第八部专门规定了"豁免"情形,这些情形主要包括:(1)因为家居用途或消闲目的而持有的个人资料可获豁免,无须受该条例的条文所管限;(2)某些与雇佣有关的个人资料,可免受当事人查阅规定所管限;(3)在引用该条例中关于当事人查阅要求及限制资料用途的规定时,如私隐权益可能对若干公众或社会利益构成损害,则无须受有关规定所管限。这些利益包括保安、防卫及国际关系、罪案的防止或侦查、评税或收税、统计与研究,以及新闻活动及健康方面的利益。

---

① 香港政制及内地事务局. 检讨《个人资料(私隐)条例》的公众咨询报告[R],香港政制及内地事务局,2010:144.

(一)香港个人信息保护立法体例

香港《个人资料(私隐)条例》共分为十部七十三条,还包括六个附表。第一部为"导言",包括释义、适用范围、保障资料原则和生效日期等;第二部为"执行",包括个人资料私隐专员职位的设立、专员的任职和职能、个人资料(私隐)咨询委员会的设立等方面内容;第三部为"实务守则";第四部为"资料使用者申报表及资料使用者登记";第五部为"个人资料的查阅及更正";第六部为"个人资料等的核对程序及转移";第七部为"视察、投诉及调查";第八部为"豁免";第九部为"罪行及补偿";第十部为"杂项条文"。六个附表分别为保障资料原则、专员的财务事宜等、订明资讯、规定须进行或准许进行的核对程序所根据的各条例的条文、订明事宜、授权个人资料私隐专员在不告知有关资料使用者的情况下进入指明处所的手令。

(二)香港个人信息保护基本原则

《个人资料(私隐)保护条例》第4条及附表1规定了个人信息保护的六项原则,即收集个人资料的目的及方式原则、个人资料的准确性及保留期间原则、个人资料使用原则、个人资料保安原则、资讯提供原则、查阅个人资料原则。

(1)收集个人资料的目的及方式原则。该原则具体包括目的原则和方式原则。目的原则,是指个人资料是为了直接与将会使用该等资料的资料使用者的职能或活动有关的合法目的而收集,资料的收集对特定目的是必需的或直接与特定目的有关。方式原则,主要是指个人资料须以合法并且适当的方法收集。作为方式原则的细化,该条例还对资料收集的步骤做了详细规定。第一,在收集该资料之时或之前,须以明确或暗喻方式而告知资料当事人:资料当事人是有责任或是可自愿提供该资料,如果属于有责任提供而不提供时会承受的后果。第二,在该资料被收集之时或之前,明确告知资料当事人:该资料将会用于什么目的和该资料可能转予什么类别的主体。第三,在该资料首次用于被收集的目的之时或之前,应明确告知资料当事人:资料当事人要求查阅该资料及要求改正该资料的权利。

(2)个人资料的准确性及保留期间原则包括准确性原则和保留期间原则。准确性原则是指:a.资料管理者须确保在顾及有关的个人资料被使用于或会被使用于的目的(包括任何直接有关的目的)下,该等个人资料是准确的;b.如果有合理理由相信在顾及有关的个人资料被使用于或会被使用于的目的(包括任何直接有关的目的)下,该等个人资料是不准确时,该等资料不得使用于该目的或被删除;c.依法向第三者披露的个人资料,在顾及该等资料被使用于或会被使用于的目的(包括任何直接有关的目的)下,在要项上是不准确的或该等资料在如此披露时是不准确的,应当告知第三者,并向其提供所需详情,以使其能在顾及该目的下更正该等资料。保留期间原则,是指个人资料的保存时间不得超过将其保存以贯彻该等资料被使用于或会被使用于的目的（包括任何直接有关的目的）所需的时间。

（3）个人资料使用原则。该原则是指如无有关的资料当事人的明确同意，个人资料不得用于收集该等资料时会将其用于的目的或直接与该目的有关的目的。

（4）个人资料保安原则。该原则是指须采取所有切实可行的步骤，以确保资料使用者持有的个人资料（包括采用不能切实可行地予以查阅或处理的形式的资料）受保障而不受未获准许的或意外的查阅、处理、删除或其他使用所影响，尤其须考虑下列情形：a. 该等资料的种类及如该等事情发生便能造成的损害；b. 储存该等资料的地点；c. 储存该等资料的设备所包含（不论是借自动化或其他方法）的保安措施；d. 为确保能查阅该等资料的人的良好操守、审慎态度及办事能力而采取的措施；e. 为确保在保安良好的情况下传送该等资料而采取的措施。

（5）资讯提供原则。该原则是指须采取所有切实可行的步骤，以确保任何人能确定资料使用者在个人资料方面的政策及实务、能获告知资料使用者所持有的个人资料的种类、能获告知资料使用者持有的个人资料是为或将会为什么主要目的而使用。

（6）查阅个人资料原则。该原则是指资料当事人有查阅资料使用者所持其个人资料的权利。这些权利包括：确定资料使用者是否持有其资料当事人的个人资料；要求在合理时间内查阅；要求在支付并非超过适度费用下查阅；以合理方式查阅；资料使用者提供的查阅方式应该是清楚明确的形式；若拒绝资料当事人查阅须提供理由；资料当事人有反对拒绝查阅理由的权利；资料当事人有要求改正个人资料的权利。[1]

二、澳门地区

我国澳门地区的个人信息保护立法主要体现为《个人资料保护法》。该法第4条第1款第1项规定，个人资料是指与某个身份已确定或身份可确定的自然人（资料当事人）有关的任何资讯，包括声音和影像，不管其性质如何以及是否拥有载体。所谓身份可确定的人，是指直接或间接地，尤其透过参考一个识别编号或者身体、生理、心理、经济、文化或社会方面的一个或多个特征，可以被确定身份的人。

我国澳门地区《个人资料保护法》第3条"适用范围"规定，该法适用主体包括一切全部或部分以自动化方法对个人资料处理，以及以非自动化方法对存于或将存于人手操作的资料库内的个人资料处理的主体，如政府部门、公用事业机构、银行、电信公司和个人等。该法适用的对象即为一切自动化处理（电脑处理）的

---

[1] 齐爱民，陈星. 海峡两岸及港澳地区个人信息保护立法比较研究[J]. 经济法论坛，2013（1）：140-152.

个人资料和非自动化处理（人工处理）的个人资料，除了文字资料外，还包括对可以识别身份的人的声音和影像进行的录像监视等，但是该法禁止处理与世界观或政治信仰、政治社团或工会关系、宗教信仰、私人生活、种族和民族本源以及与健康和性生活有关的个人资料、遗传资料等敏感个人资料，除非法律有特别规定。《个人资料保护法》适用的例外主要有第3条规定的情形，即该法不适用于对于自然人在从事专属个人或家庭活动时对个人资料的处理。

（一）立法沿革

澳门立法机构曾在1998年对在澳门地区施行的1966年《葡萄牙民法典》进行修改、调整与编排，制定新的法典，也即当前实施的《澳门民法典》。该法典以1966年《葡萄牙民法典》为蓝本制成，但是在个人信息保护方面又体现出完全不同的特点。例如，1998年《澳门民法典》第79条用三款规定了"个人资料保护"，明确了当事人对其个人资料的知情权、更新或更正请求权与限制收集原则，同时规定任何个人在查询或使用第三人的个人资料时须取得负责监察个人资料的收集、储存及使用的公共当局（即后来成立的个人资料保护办公室）的许可。另外，《澳门民法典》第81条还规定了"个人资料真实权"，即"任何人均有权受保护，以免被他人指称某一虚假事实与其本人或其生活有关，即使该事实不侵犯其名誉及别人对其之观感，又或不涉及其私人生活亦然"。但是，《澳门民法典》针对个人信息保护的条文主要为原则性的规定，有待进一步的细化。为了适应网络信息时代给个人信息保护带来的冲击，加强公民的隐私权保护，澳门特别行政区2005年制定了《个人资料保护法》，该法于2006年2月正式生效。2007年3月，澳门特区行政长官批示设立个人资料保护办公室的专门机构，行使《个人资料保护法》所赋予的职权，负责监察、协调对该法律的遵守和执行，以及订定保密的相关制度和监察其执行。

出于落实澳门地区《个人资料保护法》的需要，澳门个人资料保护办公室成立后，自2007年开始陆续出台了一系列的"指引"，主要包括《关于工作场所个人资料保护原则——雇主对雇员活动监察的指引》《关于职业介绍所处理顾客个人资料的实务注意事项》《关于涉及个人资料的公共档案的保存期的意见》《有关采用指纹/掌形以外识别生物特征技术之考勤设备的问题》《关于应用面型特征资料考勤系统的查询》，以及《在互联网上发布个人资料的注意事项》等。个人资料保护办公室通过这些规范性指引为《个人资料保护法》实施中遇到的具体问题出具意见和建议，并将这些指引结合相关实例对《个人资料保护法》进行说明，使公众对于法律的运用与遵守更加明确。

（二）立法体例

澳门《个人资料保护法》共包括九章四十六条。第一章为"一般规定"，包括标的、一般原则、适用范围以及相关定义；第二章为"个人资料的处理和性质以及对其处理的正当性"，该章特别对敏感个人资料的处理做出明确规定；第三章为"资料当事人的权利"，即资讯权、查阅权、反对权、不受自动化决定约束的权利、损害赔偿权；第四章为"处理的安全性和保密性"；第五章为"将个人资料转移到特区以外的地方"，包括转移的原则与排除适用的情形；第六章为"通知和许可"，包括通知的义务、预先监控、意见书或许可的申请及通知的内容、强制性指示、资料处理的公开性；第七章为"行为守则"，即为处理个人资料团体或组织制定自我规范的行为守则的相关程序；第八章为"行政和司法保护"，对违法滥用、泄露个人资料的行为分别规定了行政责任和刑事责任；第九章为"最后及过渡规定"。

（三）澳门个人信息保护基本原则

我国澳门地区个人信息保护立法原则由一般原则与具体原则共同构成，主要体现在《个人资料保护法》第 2 条和第 5 条。该法第 2 条为一般原则，即个人资料的处理应以透明的方式进行，并应尊重私人生活的隐私和《澳门特别行政区基本法》以及其他现行法律有关公民基本权利、自由和保障的规定。该法第 5 条的规定体现出个人信息保护的原则，即限制收集原则、目的特定原则、限制利用原则、资料品质原则和保存时限原则五大具体原则。

(1) 限制收集原则，是指个人资料应以合法的方式并在遵守善意原则和第 2 条所指的一般原则下处理。

(2) 目的特定原则，是指个人资料应"为了特定、明确、正当和与负责处理实体的活动直接有关的目的而收集，之后对资料的处理亦不得偏离有关目的"。

(3) 限制利用原则，是指个人资料的利用应适合、适当及不超越收集和之后处理资料的目的。

(4) 资料品质原则，是指个人资料应当准确，当有需要时做出更新，并应基于收集和之后处理的目的，采取适当措施确保对不准确或不完整的资料进行删除或更正。

(5) 保存时限原则，是指个人资料仅在为实现收集或之后处理资料的目的所需期间内，以可识别资料当事人身份的方式被保存。超过了必要的保存期限之后，个人信息即应当被删除，避免造成泄露或者滥用等侵犯公民个人信息的纠纷。但是例外情况下，经负责处理个人资料的实体要求以及当存有正当利益时，公共当局得许可为历史、统计或科学之目的延长保存期限。[①]

[①] 齐爱民，陈星. 海峡两岸及港澳地区个人信息保护立法比较研究 [J]. 经济法论坛，2013 (1)：140-152.

三、我国台湾地区

在个人信息的范围界定方面，我国台湾地区采列举定义的方法，其"个人资料保护法"第2条将"个人资料"定义为"指自然人之姓名、出生年月日、国民身份证统一编号、护照号码、特征、指纹、婚姻、家庭、教育、职业、病历、医疗、基因、性生活、健康检查、犯罪前科、联络方式、财务情况、社会活动及其他得以直接或间接方式识别该个人之资料"。

我国台湾地区"个人资料保护法"实际上来源于"电脑处理个人资料保护法"，该法适用主体为公务机关和非公务机关，但是非公务机关仅限于征信业、医院、学校、电信业、金融业、证券业、保险业及大众传播业八大行业及其他经"法务部"会同"中央目的事业主管机关"指定的事业、团体或个人。适用对象仅限于电脑处理的个人资料，排除人工处理个人资料的适用。2010年修正公布的"个人资料保护法"扩展了适用范围，从非公务机关的范围扩展至公务机关以外的自然人、法人或其他团体。新修正的"个人资料保护法"适用的对象将人工处理的个人资料纳入，同时扩大了个人资料的范围，将护照号码、医疗、性生活、健康检查、犯罪前科、联络方式及其他得以直接或间接方式识别的个人资料均纳入个人资料的范围。除非法律另有规定，任何人不得收集、处理或利用有关医疗、基因、性生活、健康检查及犯罪前科等个人资料。另外，新修正的"个人资料保护法"在附则第51条规定了两种不适用该法的情形，即自然人为单纯个人或家庭活动之目的，而收集、处理或利用个人资料；于公开场所或公开活动中收集、处理或利用之未与其他个人资料结合之影音资料。

（一）立法沿革

1990年9月，我国台湾地区"行政院"明确要求"法务部"制定"资料保护法"，并在制定立法草案的过程中，先参考经济合作与发展组织（OECD）1980年《关于保护隐私和个人数据跨国流通指导原则》（Guidelines Governing the Protection of Privacy and Transborder Flows Personal Data）所明确的八大原则，制定《"行政院"暨所属各级行政机关电脑处理个人资料保护要点》作为过渡。

1991年9月"法务部"成立审议小组起草委员会，在1992年5月完成"个人资料保护法草案"初稿后，即向各有关机关及社会各界广泛征询意见，并在召开学者专家座谈会后，于1992年6月递交"行政院"审查。经该院召开多次审查会，将草案名称修正为"电脑处理个人资料保护法"，于1993年送"立法院"审议。"立法院"于1995年7月12日表决通过，自1995年8月11日起施行。随后，"法务部"于1996年5月1日制定"电脑处理个人资料保护法实施细则"，一并成为台湾个人资料保护的基本规范。然而，自该法实施以来，对于个人资料保护的成效颇具争议。随着互联网的普及、信息政府的建立、电子商务的发展,各种个人资料搜集范围扩大,各类个人资料电子数据库上网的概率增大,个人资料泄露及其衍生的犯罪问题也变得越来越严重。在这种情况下,"电脑处理个人资料保护法"的各种弊端也越发显著,专家学者针对如何修正完善该法展开了广泛的讨论。学者们的探讨主要在于欠缺主管机关、宣导教育与民众自决不足、个人资料的范围不足、八大非公务机关范围狭小、罚则不足等方面,这些观点为该"法"的修订提供了参考。

为了因应信息社会的快速发展,我国台湾地区"法务部"自2001年拟订修法计划,积极推动相关修法工作。2001年10月"法务部"举办四场公听会,广泛邀请专家学者及各政府机关与民间业界代表出席,提供改进现行实务缺失与修法意见。随后"法务部"召集研修本法会议,拟定修法原则与方向,并搜集外国立法例及草拟本法修正草案初稿。2002年10月"法务部"邀请专家学者成立修法专案小组,定期开会研讨修法事宜,经过12次会议深入讨论后,于2003年5月完成"电脑处理个人资料保护法修正草案初稿条文",并再次广泛征求各界意见后,于2003年12月正式完成"电脑处理个人资料保护法修正草案",并报"行政院"审查。2004年9月"行政院"院会完成审查,以优先法案函请"立法院"审议。该法案先后经历二次的"届期不续审","行政院"三读送至"立法院";2010年4月20日"立法院"二读通过,针对二读条文中极具争议的民意代表和大众传播媒体在处理和利用个人资料的"免告知条款"先行复议后,最终于2010年4月27日三读通过,称为"个人资料保护法"。

(二) 立法体例

我国台湾地区2010年新修正的"个人资料保护法"共6章56条。第一章为"总则",包括立法宗旨、名词定义、资料当事人权利、基本原则等方面;第二章为"公务机关对个人资料之搜集、处理及利用",对公务机关关于个人资料搜集、处理以及利用的条件作了规定;第三章为"非公务机关对个人资料之搜集、处理及利用",对非公务机关关于个人资料搜集、处理与利用的条件做出规定,同时规定了非公务机关维护个人资料安全的义务与违法之处分;第四章为"损害赔偿及团体诉讼",规定了资料当事人的损害赔偿请求权、损害赔偿金额的标准以及团体诉讼的相关程序;第五章为"罚则",主要为对违反个人资料保护法,构成犯罪的行为进行刑事处罚的规定;第六章为"附则",主要对不适用该"法"情形、委托办理、特定目的与个人资料类别、制定实施细则等相关问题做出规定。

(三) 我国台湾地区个人信息保护基本原则

我国台湾地区"个人资料保护法"的立法原则也深受经济合作与发展组织1980年《关于保护隐私和个人数据跨国流通指南》所规定的个人信息保护八大原则影响,虽然并未明确集中规定基本原则,但是通过具体条文体现了这八大原则,即限制收集原则、资料内容完整正确原则、目的特定原则、限制利用原则、个人参与原则、公开原则、安全保护原则和责任原则。

限制收集原则分散体现在台湾地区"个人资料保护法"第6条、第15条第2款和第19条第5款。根据这些规定，个人资料的收集应当尊重当事人的权益，依诚实及信用方法为之，公务机关和非公务机关收集或处理个人资料，非有特定目的，需满足的要件之一为"经当事人书面同意"。资料内容完整正确原则体现在"个人资料保护法"第3条和第11条。第3条规定，当事人就个人资料有"请求补充或更正"的权利。第11条第1款规定，"公务机关或非公务机关应维护个人资料之正确，并应主动或依当事人之请求更正或补充之"。

目的特定原则体现在"个人资料保护法"第5条、第15条、第16条、第19条、第20条和第53条。根据这些规定，公务机关和非公务机关对于个人资料的收集、处理或利用应有特定目的，不得逾越特定目的的必要范围，并应与收集目的具有正当合理的关联。

限制利用原则与目的特定原则紧密相关，共同构成对个人资料搜集与利用进行规范的基石。"个人资料保护法"第16条、第19条规定了对于个人资料的利用，公务机关应于执行法定职务必要范围内，并与收集的特定目的相符，非公务机关应于收集的特定目的必要范围内。限制于特定目的之内而利用个人资料也有例外情况，第16条和第19条分别规定了公务机关与非公务机关得于特定目的之外利用个人资料的情形，如依法律规定、为了公共利益、为了当事人或他人权益、学术研究、经当事人书面同意等。

个人参与原则主要体现在"个人资料保护法"第3条规定的资料当事人的参与权益，如查询或请求阅览、请求复制给复制本、请求补正或更正、请求停止收集、处理或利用、请求删除等。公开原则体现在"个人资料保护法"第17条，即公务机关应将个人资料档案名称、保有机关名称及联络方式、个人资料档案保有之依据及特定目的和个人资料的类别等事项公开于网站，或以其他适当方式供公众查阅。

安全保护原则体现在"个人资料保护法"第18条和第27条，公务机关或非公务机关保有个人资料档案的分别应指定专人办理安全维护事项或采行适当的安全措施，以防止个人资料被窃取、篡改、毁损、灭失或泄露。

责任原则主要体现在"个人资料保护法"第四章"损害赔偿及团体诉讼"和第五章"罚则"中，规定了公务机关和非公务机关违反该"法"规定，不当收集、处理和利用他人个人资料，损害他人权益时应当承担的民事责任、行政责任和刑事责任。[①]

---

① 齐爱民，陈星.海峡两岸及港澳地区个人信息保护立法比较研究［J］.经济法论坛，2013（1）：140-152.

第三章 个人信息保护法的最新进展和趋势

第一节 全球个人信息保护立法的总体态势

一、立法在如火如荼进行

20世纪70年代末，针对信息通信技术飞速发展带来的个人信息泄露和滥用问题，西方发达国家开始了个人信息保护的立法实践。在"国家主导，统一立法"的欧盟模式和"倡导自律，分散立法"的美国模式的影响及推动下，全球已有五十多个国家和地区制定了个人信息保护法，形成了全球范围内引人注目的立法风潮。

此外，信息通信技术的发展使得信息跨境转移变得轻而易举，个人信息保护问题不再局限一国之内，成为国际组织的重要涉足领域。经济合作与发展组织（OECD）1980年制定了《关于保护隐私与个人数据跨国流通指南》，其确立的个人信息保护基本原则已成为制定个人信息保护文件的国际标准；1990年，联合国通过《关于电脑化的个人数据档案的指南》，将个人信息保护立法进一步推向全球；近年来，亚太经合组织（APEC）对于个人信息保护的关注度也在不断提高，2010年7月，APEC颁布《APEC跨境隐私执行合作安排》，进一步扩大了《APEC隐私保护框架》的影响力，推动了包括我国在内的APEC成员国的个人信息保护立法进程。

当前，发达国家大多已建立个人信息保护立法体系，并且针对网络环境下出现的新问题正不断完善现有法律制度。从近年来持续高温的立法活动看，个人信息保护立法的重要性得到不断提升。各国已深刻认识到：制定个人信息保护法不仅是保护公民个人权利的需要，更是提高信息资源利用率，保证本国信息自由流动，促进信息化发展，参与全球化竞争的战略需要。在此形势下，各国不仅出台国内的个人信息保护法，并且积极参与相关国际规则的制定，在国际舞台上推行符合本国利益诉求的个人信息保护与跨境流动的国际规则。

二、新技术、新业务助推个人信息保护立法

近年来,云计算、物联网、移动互联网等新技术新业务的快速发展,给现有的个人信息保护法律制度带来了新的挑战,各国修订、立法活动频繁。总体来看,这些活动表现为以下两种类型。

(一)修订现行立法

主要代表是欧盟。欧盟1995年制定了《关于涉及个人数据处理保护与自由流动保护指令(95/46/EC)》(简称1995年个人数据保护指令),该指令是欧盟区域内个人信息保护的基础性立法。欧盟各成员国依据该指令,分别出台了本国的个人信息保护法。然而日新月异的信息技术使得指令的主要原则及制度适用变得非常不确定,并导致欧盟各成员国对个人数据保护指令的理解与执行上出现了较大的差异。2012年1月25日,欧盟委员会发布了《有关"95年个人数据保护指令"的立法建议》(简称《数据保护框架法规》草案),对1995年数据保护指令着手进行全面修订。

韩国不再区别公共与私营领域的个人信息保护制度,而是制定具有普遍适用效力的统一的个人信息保护法。2011年3月29日,韩国颁布《个人信息保护法》,废除了1999年《公共机关个人信息保护法》,新法适用范围涵盖公共与私人部门管理的所有个人数据信息。

新加坡则在现有的公共机构个人信息保护法的基础上,继续补充出台了针对私营机构的个人信息保护法。2012年10月16日,新加坡国会三读通过了《个人资料保护法案》。通过分别立法的方式,构建起较为完善的个人信息保护法体系。

(二)单独立法

主要代表国家是法国、美国、日本。具体而言,上述国家在已有的个人信息保护立法框架下,积极制定云计算、移动应用商店等新业务的个人信息保护规则。

法国早在1978年制定了《信息、档案与自由法》,对个人信息保护制度做出系统规定。2012年6月25日,法国个人信息保护机构——国家信息与自由委员会发布《云计算数据保护指南》,对云计算服务协议应当包含的因素和云计算的安全管理提出了建议。

日本也已制定了《个人信息保护法》《行政机关所持有之个人信息保护法》《独立行政法人等所持有之个人信息保护法》《信息公开与个人信息保护审查会设置法》等多部个人信息保护核心法律。2011年4月,日本政府出台《云服务信息安全管理指南》,对云客户和云服务提供商在个人信息保护方面应当注意的事项做出了规定。同年8月,日本总务省发布了《智能手机用户信息处理措施(草案)》,从保护智能手机用户个人隐私的角度,规定了智能手机用户信息保护措施。

美国近年来积极推动针对网络个人信息保护的立法。2012年2月，白宫发布《网络世界中的消费者数据隐私报告》。该报告提出要在全球数字经济发展过程中，构建保护隐私和促进创新的基本架构，并致力于推动《消费者隐私权利法案（草案）》的出台。同年6月，美国电信与信息管理局（NTIA）宣布要出台手持移动设备的数据保护执行准则。

三、新一轮立法风潮的主要特征

新一轮立法风潮体现出两个鲜明的特征。

（一）信息主体的权利不断强化[①]

近年来，已经制定个人信息保护法的国家或地区，正在根据新的形势和需要，对法律中原有的信息主体权利进行补充、扩展和完善，加强个人对其自身信息的控制和保护能力。

《数据保护框架法规》草案指出：个人信息保护的基本权利在个人信息保护法律制定上占首要地位，在技术发展造成现有立法滞后的情形下，有必要加强欧盟立法中关于个人信息保护基本权利的规定：一是在信息主体的信息修改、更正权的规定中，增加了信息遗忘权及其适用条件。[②] 二是针对云计算等新服务形式，增加了信息主体的"信息可携权"，即用户可以将个人信息从一个信息控制者处转移到另一信息控制者，[③] 信息控制者无权干涉信息主体的此项权利。信息可携权的出现不仅强化了用户对个人信息的管理、控制，更有利于用户充分实现对信息服务的选择权。

2012年修订后的《信息通信网络的促进利用与信息保护法》对信息主体的权利也做出了重要完善，增加了与欧盟"遗忘权"类似的信息主体的删除权，该法要求：用户在一定期间未使用信息与通信服务的，服务提供商应完全删除其所使用的个人信息，期限和必要的删除措施由施行令做出规定。

（二）信息控制者的责任更加明晰

在发展云计算业务的背景下，个人信息保护立法进一步明确了信息控制者及信息处理者的义务和责任。

一是明确了负有个人信息保护义务的服务提供商范围。欧盟委员会《数据保护框架法规》草案要求：在信息安全和保护责任上，即使未与信息主体本人订立

---

① 信息主体（Data Subject），是欧盟个人数据保护法提出的概念，指个人信息指向的特定自然人。国外个人信息保护立法保护的主体一般限定在自然人范围内。我国台湾地区"个人信息保护法"中以"当事人"表述。

② 信息遗忘权最早由法国提出，是指信息主体可以向信息控制者要求删除其个人信息的权利。

③ 信息控制者和信息处理者是欧盟个人信息保护法提出的概念。信息控制者是指决定个人信息处理的目的和方法，控制个人信息的主体；信息处理者是指代表控制者处理个人信息的主体。

合同，只要实际处理了个人信息，信息控制者或处理者就有义务保护个人信息的安全。这一规定将云服务提供商完全纳入个人信息保护法规制。

二是对负有信息保护义务的主体进一步细分，明确不同主体对个人信息保护的责任。《数据保护框架法规》草案细分了信息控制者、信息处理者两类主体，并专设一章规定了两者在个人数据处理上的权利义务，改变了1995年个人数据保护指令单纯从信息主体本人角度设定法律权利的立法模式。新的立法有利于在云计算环境下明晰云服务提供商的信息保护义务与责任，便于大众对法律规则的理解和法律执行。

三是要求服务提供商设置个人信息保护专职岗位，在组织机构上加强企业的个人信息保护责任。欧盟《数据保护框架法规》草案要求在公共部门、大型私营企业或个人信息处理密集型企业设置信息保护官。韩国新修订的《信息通信网络的促进利用与信息保护法》增设"信息与通信服务提供商可任命企业高层管理人员担任首席隐私官员"，以加强企业内部对用户数据的管理。

四是增加了服务提供商对侵权行为的通知义务，便于用户采取预防和减损措施。《数据保护框架法规》草案中引入了"通知义务"，即：当服务提供商发现其所掌握、控制的个人信息遭受丢失、攻击、泄露等侵害行为时，应当通知信息主体本人和相关的数据保护机构。韩国立法也增加了类似的要求。

第二节 全球个人信息保护立法的最新进展

一、欧洲联盟

2012年1月25日，欧委会出台了《有关"涉及个人数据的处理及自由流动的个人数据保护指令（简称1995年数据保护指令）"的立法建议》，提出了个人数据保护立法一揽子改革计划。2013年6月，在"棱镜"事件曝光后，原本富有争议的欧盟个人数据保护立法改革进程大为加快。力倡立法改革的欧盟委员会主席雷丁表示，"棱镜"事件为欧洲人敲响了警钟。包括德国总理默克尔在内多位成员国首脑表示支持立法改革。

2013年10月21日，欧洲议会公民自由委员会以绝对多数票通过立法提案。欧盟改革立法中引入的更为严格的数据保护制度让美国公司深感焦虑。新的立法规定：对于违反数据保护法律规定的行为，处罚将提升到公司全球年度收入的2%；超过250人的企业应设立"数据保护负责人"；明确引入"遗忘权"——当用户提出需求时，企业必须删除由其保存的个人数据。这些更为严格的制度将对美国互联网企业带来重大影响。美国互联网巨头，包括谷歌、亚马逊、脸书在内对此极为重视,派出游说人员在布鲁塞尔进行游说。欧洲议会目前已收到 4 400 多份相关修正案意见,为欧盟立法中修正案中最多,而其中大部分出自于美国互联网企业的游说建议,这在欧盟立法史上也属罕见。

欧盟《关于"涉及个人数据处理及自由流动保护指令(简称 1995 年数据保护指令)"的立法建议》

欧委会经过与利益相关方就现有个人数据保护法框架问题超过 2 年的密集咨询和研讨、一次 2009 年 5 月的高端会议,以及后续 2 个阶段的公众咨询程序后,2012 年 1 月 25 日出台了《欧委会有关"涉及个人数据的处理及自由流动的个人数据保护法"立法建议》。草案是为了对原有框架指令进行修订,以及提高欧盟现有立法的明确性,防止成员国执行的碎片化,以及防止用户丧失在线业务中个人数据得到保护的信心。

本草案的主要目的有二,一是制定处理个人数据的规则;二是制定促进个人数据流动的规则。为出台该草案,欧委会执行了严格的影响评估程序,认为新草案将会大大促进欧盟个人数据保护水平。本草案包括六章共 91 条,结构上较原 95 指令更为合理和严谨,篇幅是原 95 指令的 3 倍。

背景和目的

欧盟关于个人数据保护的中心立法是 95/46/EC 指令[①],该指令在 1995 年开始实施,当时出于两个目的:保护个人数据涉及的基础性权利,保证成员国之间个人数据自由流动。该指令在 2008 年被框架指令 2008/977/JHA[②] 修订,补充了警察部门合作和刑事司法合作领域的个人数据保护的规则。然后,随着技术的快速发展,公私部门出于各自需要都开始大规模收集、共享个人数据。如果不对个人数据较好保护,会打击用户使用在线业务的信心,对整个社会发展不利。个人数据保护也是欧洲数字议程的中心任务。

新法规草案对"基本权利"的阐释

《欧盟基本权利宪章》第 8 条"将个人数据受保护权规定为基本权利"和《欧盟职能条约》(TFEU 或《里斯本条约》)第 16 条(1)"确立的人人具有保护自身个人数据的原则"都是欧盟保护个人数据的法律权利基础。欧盟法院在 2010 年的多起案件判决意见中强调,保护个人数据的权利并不是一个绝对权,而是应当根

[①] Directive 95/46/EC of the European Parliament and of the Council of 24 October 1995 on the protection of individuals with regard to the processing of personal data and on the free movement of such data, OJ L 281, 23.11.1995, p.31.

[②] Council Framework Decision 2008/977/JHA of 27 November 2008 on the protection of personal data processed in the framework of police and judicial cooperation in criminal matters, OJ L 350, 30.12.2008, p.60 (Framework Decision).

据数据所产生的社会作用而定。个人数据保护与保护个人隐私及保护个人家庭生活权利密切相关，根据95/46/EC指令第1条（1）的规定，成员国应该保护个人基本的权利及自由，包括处理个人数据过程中涉及的个人隐私。欧盟法律规定的其他与个人数据保护权有关的基本权利有：言论表达自由，营业自由权，财产权特别是知识产权，禁止对诸如种族、民族、生理特征、宗教或信仰、政治观点、残疾、性别差异等方面的歧视，儿童受保护权，保持高水平健康状况权，信息公开权，受到有效法律救济或公平审判权。

新法规草案的修订或新增内容

（1）在"适用范围"条款里增加了不适用本指令的数据处理行为范围，即增加了"各成员国主管机构用于防止、调查、侦查刑事违法或执行刑罚过程中涉及的个人数据不适用于本指令"的规定。

适用对象方面，增加《电子商务指令》（2000/31/EC）中"中间服务提供者"（纯粹传输服务提供者）处理个人数据的行为纳入本法规草案调整范围，意味着在线服务提供商在其服务过程中涉及信息的免责，不应突破个人数据保护的规定和要求。

（2）在定义条款里增加了新的法律概念，以扩充原95指令未涉及的相关内容。根据2002/58/EC指令和2009/136/EC指令，增加了"电子隐私"的概念。根据联合国《儿童权利和保护机构公约》的规定，增加了"基因数据""生物学数据""健康数据"以及数据处理过程中涉及的"主营业""代表机构""企业""企事业团体""企业约束性行为规则"和"儿童"等概念。

修订了关于数据本人"同意"的概念，规定数据本人同意应当是本人明确地表达同意数据处理的口头、行为或书面的意思表示，更加清晰地界定了何为数据本人同意对其数据进行处理。

（3）对"合法处理个人数据原则"增加了"透明度原则"、"数据的最低程度说明义务原则"和"建立数据控制人的全面法律义务和责任原则"。同时对个人数据处理行为达到"合法处理的标准"又增加了利益平衡标准，即考察是否符合法律义务和公共利益。

（4）增加了在提供信息社会服务时，特别保护对儿童（即18岁以下未成年人）的个人数据处理的规则。

（5）规定数据控制人不能为执行本法规任何规定而额外收集用于识别数据本人的个人数据。

（6）在数据本人请求权规定方面，明确了数据控制人向数据本人提供数据的透明度义务，即采用简便和易于理解的数据提供方式；也考虑了互联网应用下，数据控制人向数据本人提供数据的特定程序和机制，如数据本人采用电子邮件等电子请求方式向数据控制人主张权利的情形、答复时限、答复要求等保护性规定。

增加了"共同数据控制人""共同数据处理人"等概念,明确共同行为和法律责任。

(7)进一步明确了数据控制人在数据处理过程中向数据本人通知的义务,除95指令原规定的"数据控制人、处理人身份""收集数据类型""数据处理目的"和"相关数据权利"外,增加了向数据本人告知"数据保存期限""告知提起救济的方式""有关数据国际转移的事项"以及"数据来源(指数据控制人非直接从数据本人处获得数据的情况下)"的告知内容。

(8)在数据本人的数据修改、更正权的规定中,增加了数据遗忘权及其适用条件。

(9)针对云计算等新服务形式,增加了数据本人的"数据可携权",即可以将数据从一个电子数据处理人处转移到另一电子数据处理人处,处理控制人无权干涉数据本人的此项权利。为了实现数据可携,数据控制人负有提供数据本人结构化及可兼容电子格式的数据等配合义务。

(10)在数据本人的拒绝权(拒绝数据控制人对其数据做出处理)方面,增加了数据本人在数据控制人因市场销售目的而处理其数据的拒绝权,以及该拒绝权排除适用的例外情形,即数据控制人履行证明责任,以及数据控制人能够证明其有合法排除数据本人拒绝权的合法理由。

(11)增加了一章关于"数据控制者和传输者"的规定,规定了两者在个人数据处理上的权利义务,改变了原95指令单纯从数据本人角度设定法律权利义务的立法方式。这一改变,更好地规定了数据控制人、处理人的权利义务,便于大众对法律规则的理解。在这一章也规定了数据控制人(处理人)的数据提供、更正义务,共同数据侵权责任(包括共同侵权的内部责任划分和对外责任),数据控制人(处理人)企业设立数据保护"代表"岗位的义务。

(12)简化了数据控制人(处理人)的事前报告义务,代之以自我约束的处理行为记录保存义务。将原95指令关于"数据处理前的数据控制人(处理人)向数据保护主管机构报告义务"的规定,改为数据控制人(处理人)自行保存其处理个人数据行为和过程的记录,在存在侵权隐患时应数据保护主管机构要求配合调查,查阅相关保存的行为记录。这一制度改变,有利于降低数据保护主管机构的行政成本和数据控制人的商业成本。

(13)在数据安全和保护责任上,要求即使未与数据本人订立合同,但是只要实际处理了个人数据,数据控制人(处理人)就有义务保护个人数据的安全。

(14)根据2002/58/EC指令关于电子隐私的数据侵权行为通知制度的规定,规定数据控制人(处理人)有向数据人本履行"数据侵权发生的通知义务"。

（15）新增了数据控制人（处理人）开展数据保护效果评估和事前处理行为风险点评估义务。

（16）新增了在公共部门及大型私营企业或个人数据处理密集型企业设置信息保护官的规定，并规定了信息保护官的职责、权力履行方式。

（17）规定了欧委会可以通过规范个人数据处理的行为守则等法律文件，并考虑建立个人数据保护信任的认证机制或信任标志或信任商标。

（18）修订了"个人数据向第三国、国际组织转移"的规定，进一步明确了跨境和国际转移个人数据的基本规则，只要经欧委会认定该国或国际组织达到欧盟标准，向该国或组织转移个人数据就无须额外授权或认定。第一，明确了欧委会确定第三国个人数据保护欧盟标准的具体评估标准，包括第三国法律规定、司法救济、补偿水平和专门数据保护机构的设置等评估标准。第二，欧委会可以认定第三国、地区的某一行业或部门达到欧盟标准与否。第三，欧委会在向未达到保护标准的第三国和国际组织转移个人数据时，向第三国或国际组织协商如何就被转移数据个人提供补偿的事宜。第四，在欧委会认定第三国未达欧盟保护标准的情形下，采取其他的保护方式实现跨境数据转移，包括签订约束性商业行为规则或合同条款，在合同中设置专门的标准保护条款（由欧委会制定）、标准数据保护条款（成员国数据保护主管机构）。欧委会或成员国数据保护主管机构可以确认相关合同及条款的合法性。就如何理解和适用商业行为规则做出了具体规定。此外，对于何种情形下数据转移须经数据本人的同意或授权做出了规定。第五，欧委会在欧盟官方公报上公布已达到其个人数据保护标准的第三国（部门、行业）名单。

（19）增加了成员国数据保护主管机构相互合作的义务。

（20）关于数据保护主管机构的管辖权协调问题。为解决不同成员国的管辖权重叠问题，建立了"一站式"管辖权原则，以保证法规草案的适用一致性问题。在数据控制人（处理人）在不同成员国都有营业机构的情况下，由数据控制人的"主营业"所在地的数据主管机构管辖该数据控制人在所有成员国内的数据处理行为。改变了原95指令关于数据处理行为发生地的数据主管机构管辖其地域范围内的数据处理行为的"分段式"管辖，部分解决了各成员国法律执行的碎片化问题。但强调各成员国法院排除数据主管机构的管辖权，仍根据各国司法管辖权范围执行本国关于个人数据保护的法律。

（21）在授予各成员国数据主管机构的监督权问题上，增加授予了各成员国应当赋予其数据主管机构为履行职责，可以采取行政强制措施的权力。

（22）增加了"合作及执行的一致性"一章内容，专门调整各成员国数据保护主管机构的合作规则。第一，规定了强制性要求成员国数据主管机构多边合作的规则，即包括信息请求、监管措施（包括数据处理前的审查授权措施等）、检查措施等,并且成员国数据主管机构相互请求的回复时限是1个月。第二,规定了成员国数据保护主管机构共同执行规则,包括联合开展调查任务、联合采取执行措施等;在某一数据处理行为涉及多成员国时,主营业地数据主管机构可以请求有关成员国主管机构参与共同执法行动。第三,规定了各成员国数据主管机构采取的数据保护行为应当与委员会和欧盟数据保护委员会的要求一致,用欧盟数据保护委员会取代了原指令设置的第29条工作组,由该委员确定关于向未达到欧盟数据保护标准的第三国转移个人数据的标准合同条款。第四,欧委会和欧盟数据保护委员会在成员国未协调执行本法规草案的问题上,要求成员国采取改正措施。

(23)扩充了原95指令关于"救济措施、法律责任和法律制裁"的规定。第一,明确行政救济权。规定除了数据本人之外,在数据侵权行为发生时,成员国内保护数据本人权益的团体、组织或机构(如消费者保护组织)可以代表本人利益向数据主管机构提起救济请求。第二,明确司法救济权。数据本人可以自由选择行政救济或司法救济。除由数据主管机构提供行政救济外,司法机关可以就数据控制人(处理人)侵犯数据本人的侵权行为进行司法救济。由数据控制人(处理人)所在地法院或数据本人住所地法院管辖。同时,为法院审查数据侵权案件规定了一些共同规则,包括用户保护机构或者成员国数据主管机构也代替个人可以向法院提起诉讼,多个成员国法院同时管辖同一个侵权案件的"平行管辖"的处理。第三,明确司法监督权。规定公民或法人可以在成员国数据保护主管机构怠于履行职责时,向法院请求司法救济,成员国法院应当执行司法审查后的决定。第四,要求成员国对侵犯个人数据的行为设置刑罚惩罚和行政制裁措施,为行政制裁措施规定了个案最高额罚金限制等。

(24)在"特殊个人数据处理的义务豁免"规定方面,进一步增加了为保证公共安全或健康等目的可以进行的特定种类个人数据处理,该处理行为的数据控制人(处理人)可以豁免本法规的许多义务性规定。

二、个人信息保护法更加细化

依托个人信息保护基本立法,结合行业应用实践出台更富有操作性的具体执行规则成为各国普遍做法。2013年9月,新加坡个人数据保护委员会发布了《个人数据保护法关键概念咨询指南》和《个人数据保护法指定主题咨询指南》,在指南中进一步明确了"个人数据"的含义、法律的适用范围、企业获得同意的方式以及应当采取的技术安全措施。对于实践中最令企业困惑的相关问题,如IP地址是否属于个人信息、Cookie信息是否应当适用个人信息保护法等做出了明晰的回答,为企业提供了更为明确的行为指南。

2012年11月29日,澳大利亚通过了对1988年《隐私法》的修正案,也进一步明晰了隐私保护的原则和具体方针。2013年6月，欧委会制定了有关数据泄露通知制度的具体执行规则，明确了电信运营商以及互联网服务提供商在其用户个人数据丢失、被盗以及以其他方式泄露后，应当采取哪些措施才被认为充分履行了数据泄露通知义务。

三、强化对儿童等特殊敏感信息的保护

2013年7月1日，美国联邦贸易委员会FTC修订后的《儿童在线隐私保护法案》(COPPA)规则正式施行。此次规则修订的目标是确保父母能够全方位参与到儿童的在线活动过程中，并且能够对任何人收集儿童信息的行为有所知晓，同时，保护网络创新，保障互联网上能够提供越来越多的在线内容供儿童使用。规则要求：在儿童父母未知、未获得其同意的情况下，对于那些专门针对儿童的apps和网址，不允许第三方通过加入插件（plug-ins）来获得儿童信息。2013年9月23日，美国加州通过州《商业和专业条例》，明确18岁以下未成年人有权要求网络服务提供商删除个人信息。澳大利亚修订后的《隐私权法》也明确了对于敏感信息的收集和处理必须获得数据主体的明确同意，并对个人健康医疗信息以及基因信息的收集和使用制定了更为具体的规范。2012年7月25日英国司法部发布了《2012数据保护（敏感个人数据）法令》（以下称2012法令），法令明确了按照1998年数据保护法处理敏感个人数据的情况。

四、位置信息纳入法律保护视野

随着移动互联网的发展，对个人位置信息的不当收集与滥用问题逐步凸显。苹果、谷歌等公司通过智能手机操作系统收集用户位置信息，用于建设其智能手机定位数据库，在很多国家引起了广泛关注。为此，一些国家已经开展了专门立法进行规范。

韩国2005年1月27日颁布的《位置信息保护与使用法》（法律第7372号）是关于位置信息保护与利用的专门立法。该法首次明确了位置信息的概念，从事位置信息事业的条件、个人位置信息的保护、个人位置信息主体的权利、紧急救援下个人位置信息的使用。2012年5月14日，韩国通信委员会（KCC）对《位置信息保护与使用法》做了修订（法律第11423号）。此次修订主要是增加了警察机构依法申请要求提供位置信息的程序性规定。

2011年11月，日本总务省对《电信业个人信息保护条例》第26条"位置信息"进行了修订。新法对个人位置信息的收集、使用、提供给第三方的情形做出了详细规定。

五、数据泄露通知制度被立法广泛采纳

数据泄露通知制度是指在用户个人数据丢失、被盗以及以其他方式泄露后，数据控制者应当及时通知主管机构及当事用户。该制度为美国隐私保护立法首创，但近两年来被各国广泛采纳。欧盟2011年修订通过的《电子通信行业隐私保护指令》引入了该项制度，2013年欧委会制定了数据泄露通知制度的具体执行规则，并将其上升为条例层级，这意味着该制度将直接在欧盟28个成员国得到适用。欧盟的数据泄露通知制度与美国相比更为严格，它要求：在发现泄露事件的24小时内，应当通知主管机构。如果在24小时之内不可能完成披露，则应当在24小时之内提供一份初始的信息，其后在三天内补充其他信息。2013年5月29日，澳大利亚司法部向国会提交了隐私法（隐私警告）的修正草案。作为对2012年隐私法修正案的再次修正，此草案对强制通知制度（Mandatory Notification）进行了要求，要求信息管理者在发生严重的数据泄露时，必须及时通知澳大利亚信息委员会以及受影响用户。

六、信息跨境流动规则进一步明晰

社交网络、云计算等跨越国界的互联网应用推动着数据跨境流动急速膨胀，各国、各地区个人信息保护立法对信息跨境流动规则做出更多回应。

2013年10月，欧盟个人数据保护立法中简化了欧盟委员会对其他国家个人信息保护立法水平的评估程序；简化和明确用于指导企业实施个人信息跨境流动的标准合同和有约束力的公司规则。此外，为应对"棱镜事件"中美国互联网公司将欧盟公民个人信息跨境提供给美国情报机构的做法，欧盟在新立法中规定：如果美国政府要求雅虎、谷歌等美国公司提供位于欧盟境内的欧盟公民的个人数据，美国公司应当首先获得欧盟主管机构的许可。

新加坡2013年正式实施的《个人资料保护法》明确规定机构不得将个人数据转移至境外，除非依据本法的相关要求，确保机构能够提供符合本法要求的个人数据保护水平。但个人资料保护委员会可以通过发布书面通知，豁免相关机构遵守前述义务。

澳大利亚新修订的《隐私保护法》中对于数据跨境转移问题给予了更多的关注，专门针对跨国个人信息转移问题做出了详细规定，要求数据的海外接收者应受到法律或相关计划的约束等。

第三节　欧美之间的分歧与妥协

当前，新一轮政策实践的显著特征是：个人信息保护政策需要考虑的国际因

素受到极大关注。社交网络、云计算等跨越国界的互联网应用推动着数据跨境流动急速膨胀，与之相伴生的个人信息保护问题不再仅仅停留于一国的法律政策和管辖权之内。管辖权冲突、保护标准不一等问题不仅影响了用户个人信息的切实保护，也对企业提供跨境服务形成阻碍。针对于此，最为有效的解决办法是在全球范围内建立较为一致的个人信息保护政策标准。2012年，欧盟司法、基本人权与公民委员与美国商务部部长发布共同声明：这是在全球建立相互协调的高标准的数据保护政策的决定时刻。[①]

然而作为对全球最有影响力的两种政策模式，欧美这两个相望于大西洋的政策主体在基本共识之外，在个人信息保护政策的具体制度设计以及政策实施路径方面仍有很大差别，这些差别反映了二者对于个人信息保护政策基础理念的分歧。但另一方面，在经济全球一体化背景之下，欧盟和美国也无法忽略对方的利益诉求，在根本分歧之外，也有政策的相互妥协乃至彼此借鉴。

一、欧美个人信息保护立法政策主要差异

作为对全球最有影响力的两种政策模式，欧盟和美国的个人信息保护政策存在着明显的差别。其一，在立法形式和制度宽严方面，欧盟主张统一和严格立法，而美国主张分散宽松立法。欧盟《1995年个人数据保护指令》统一适用于各个行业，致力于建立高保护水平的法律框架。立法严格规定了个人信息收集和处理的各项规则。而美国采取了公共领域与私营行业区分的立法模式，除了对金融信息、医疗信息、儿童信息等敏感信息有专门立法规制外，其他行业的个人信息保护更多依赖于行业自律。其二，在行政部门的介入程度方面，欧盟强化政府部门对于个人信息保护的监管权力，而美国则主张政府的有限干预。欧盟各成员国均成立了专门的个人数据保护机构，并享有广泛的监管权力。而美国的联邦委员会（FTC）仅能从禁止商业不公平行为和欺诈行为角度，对个人信息保护行使有限的监管权。其三，在个人信息保护政策的适用范围方面，欧盟采取了激进的扩张态度而美国则持谨慎原则。欧盟2012年个人数据保护立法改革建议中提出只要涉及收集和处理欧盟公民的个人数据，则不论企业是否在欧盟境内有实体都要适用欧盟政策。对此，美国持反对态度，认为是否适用一国个人信息保护政策，更应当关注收集和使用行为与当地管辖权是否建立了紧密联系。

二、政策差别背后的深层次原因

一是基础理念分歧导致欧美个人信息保护政策的价值优先次序有所不同。在

[①] 美国对于个人信息保护负有主要职责的部门有商务部和联邦贸易委员会，并且随着跨境贸易中的数据流动问题日益凸显，商务部对于个人信息保护政策的介入正在逐步加深。

欧洲，个人信息保护被认为是一项基本人权。欧盟倡导的个人信息自决权，是一种主动的、强调个人控制的权利。欧盟在关于数据跨境流动的规则中明确要求：第三国若不能对个人信息提供适当保护，则拒绝与其进行电子商务交易；这表明了欧盟宁愿牺牲一些商业机会，也要捍卫人权的决心。而美国对于个人信息的保护是建立在隐私权的基础上，隐私权更倾向于防御性的保护，注重个人权利和商业利益之间的平衡，注重隐私保护与表达自由之间的平衡，因此，美国在个人信息保护方面主张依靠商业机构自身力量来实施，而不仅仅是依赖于严格立法。

二是互联网产业的悬殊对比使得欧美个人信息保护政策的出发点有所不同。各自分割的各成员国市场，没有为欧盟企业研发和商业化应用互联网技术提供良好的市场基础。此外，欧盟企业创新成本高等因素也拖累了产业发展，在丧失发展先机的情况下，欧洲互联网市场被美国企业牢牢占领。Google、Facebook在欧盟每个成员国都居于主导地位，在搜索引擎、社交网络市场的总体份额分别占到93%和74%。电子商务巨头Amazon是欧洲最受欢迎的在线零售商，其网民访问数比第二大在线零售商高出一倍。移动操作系统方面，欧洲约70%的智能手机采用的是Android系统，约20%采用的是苹果的iOS，均来自美国企业。在全球市值前30位互联网企业中，美国企业占据17位，欧盟企业却没有一席之地。

在互联网产业发展形成如此悬殊对比的情况下，也不难理解欧美个人信息保护政策的差异。在可预见的未来，欧盟本土互联网产业很难扭转落后局面。因此，尽管欧盟严格的个人信息保护政策也会束缚欧盟本土企业的发展，但面临市场被美国企业牢牢控制的严峻局面，欧盟更希望通过严格的个人信息保护政策来约束和打压美国企业。而对于已占据互联网产业绝对优势的美国而言，推行宽松的个人信息保护政策，则更有利于降低美国企业的政策负担与风险，继续依托从全球各地收集的海量用户信息获取市场利益。

三、欧美个人信息保护政策之间的妥协与发展趋势

尽管存在基本理念和具体政策设计上的差异，但考虑到市场经济活动的必然需求等因素，欧美在个人信息保护政策上有所妥协，并相互吸收对方制度中的合理成分为己所用。

（一）妥协的产物——安全港协议

欧盟个人数据保护指令禁止企业向欧盟之外转移个人数据，除非传输目的国提供相同水平的数据保护。而欧盟委员会认为：美国没有达到与欧盟同等的保护水平。但是考虑到欧美双边贸易中不得不伴生的大量数据转移需求，美国商务部与欧盟委员会协商谈判，提出了"美国-欧盟安全港"框架，美国企业可以自愿加入安全港，接受欧盟个人信息保护政策的约束。获得安全港认证的美国企业将被

认为提供了"充分"的隐私保护,在转移个人数据方面会简化相关行政管理程序,例如欧盟成员国对于数据转移的事前许可可以取消或者以自动授权方式进行。尽管安全港协议本身存在一些争议,但它为美国公司从欧盟转移数据提供了一种便利机制。

(二)具体制度设计中的相互借鉴

从近期的个人信息保护政策改革中,可以看到欧美虽然有着立场上的根本分歧,但并没有妨碍二者在具体制度设计中彼此借鉴对方的合理成分。例如,2012年《欧盟个人数据保护立法建议》中借鉴了美国立法中开创的数据侵害事件通知制度:要求公司在数据侵害事件发生之后应当毫无迟延地通报监管机构,对于严重的数据侵害事件,还应当通知受到影响的用户本人。同样,尽管美国对于欧盟此次立法改革中所提出的"遗忘权"诟病诸多,但也没有否认遗忘权对于某些需要重点保护的信息所具有的意义。美国加州近期出台法令,允许未成年人向互联网公司提出删除个人信息的要求,就是对欧盟提出的"遗忘权"的借鉴与改良。

此外,二者对于隐私保护设计制度[①]的观点也高度一致,均认为在当前的网络环境下,隐私保护制度是一种可取的更为有效的保护机制。欧盟委员会提出,新的个人数据保护立法中将会吸收隐私保护设计原则,要求企业在产品或服务的整个生命周期都贯穿隐私和数据保护,包括从最早的设计阶段、市场投放阶段、使用阶段以及最终停止使用阶段都要遵循该原则的要求。美国对于隐私保护设计制度也采取了热情态度。美国联邦贸易委员会(FTC)在2012年发布的有关隐私保护的指南中,将其作为实现隐私保护的三项手段中最主要的一项,要求公司在运作中充分整合实际的隐私保护措施,在产品和服务的整个生命周期内都要提供全面的数据管理流程和保护。

第四节 个人信息保护立法之前沿问题

一、大背景:悄然变化的网络世界与隐私观念

(一)云——个人信息正在远离个人终端

在云服务普及前,个人资料与信息被大量保留在用户个人的电脑终端上,而在 Yahoo、Gmail 云邮件以及各类云服务出现后,人们更习惯于将个人文件储存在由服务商控制的服务器上。云服务使得个人的数据,包括电子邮件、相片、视频等转移至个人电脑以外的他国的服务器之上。个人甚至并不清楚其个人数据的存

---

① 经规划的隐私(Privacy by Design, PbD)是指运用系统的方法,将有助于隐私保护的技术、设计、流程、管理植入产品功能或者服务架构中去,实现全生命周期的数据保护。

储位置。

(二) 社交网络——公开个人信息成为用户自愿并且日常化的行为

如果人们不选择使用各种新技术新业务,也就不会带来更多的隐私保护问题,但社交网络应用使人们无法拒绝对于新技术、新业务的拥抱,Facebook、Google+服务正是利用了人们的社交天性与需求,吸引着人们的加入和应用。在社交网络上,人们越来越多地主动公开发布自己的观点、活动,甚至包括那些他们曾经不愿公开的事情。

(三) 移动互联网——随时随地收集和使用个人信息

移动应用个人信息收集具有三方面的典型特征:(1) 信息高度个人化,如通讯录、照片、邮件、APP应用等大量个人信息都存储于移动终端之上;(2) 随身携带、随时随地产生即时信息;(3) 无处不在的信息收集,据华尔街日报报道:许多公司通过移动应用软件收集用户的个人信息,并被用来进一步跟踪和预测用户行为,其中对于位置信息的收集、滥用已经成为当前突出问题。

(四) 大数据——将非个人信息变为个人信息

软件算法和分析学的发展和应用使得大量数据更易被获得,更易被关联,从而促进了数据的二次利用,进一步挖掘了数据的价值。对于已经去除掉身份信息,如姓名、社会保障号、相片的信息,通过数据分析,分析数据模式,可以重新恢复数据的身份属性。

互联网技术进步和商业应用的普及,正前所未有地改变着个人信息的收集和使用方式,冲击着现有个人信息和隐私保护制度甚至其存在的基础。

二、现行个人信息保护制度的执行障碍

2013年世界经济论坛发布的个人数据报告指出,各国现行的个人信息保护制度主要基于1980年《OECD个人数据保护指南》。[①] 指南形成的背景主要是针对政府和大公司使用计算机等设备收集和处理个人信息,如何减少相关侵害风险。在当时的环境下,数据的收集是用于特定的目的,因此在用户同意之下,可以允许信息收集。

30年前OECD发布指南时,主要通过知情同意原则、责任原则等来解决谁掌握着你的数据,有关你的数据存储在哪里的问题。而在当前,依靠现行的个人信息保护制度几乎难以解决此类问题。个人信息保护法所确定的基本原则,比如收集限制、目的特定以及使用限制等原则在限制数据如何被关联、如何共享和使用等方面已经越来越缺乏效率,并显得过时。作为指南的核心原则之一,责任原则

---

① Unlocking the Value of Personal Data: From Collection to Usage [EB/OL]. [2013-06-17] http://www3.weforum.org/docs/WEF_IT_UnlockingValuePersonalData_CollectionUsage_Report_2013.pdf.

难以在当前找到有效的落实方式,由此又导致了在整个生态体系信任的缺失。表 3.1 列出了当前与过去的主要差异。

表 3.1 个人信息保护当前与过去的主要差异

过去	现在
用户对于信息的收集是明知的	数据收集大多通过机器完成,用户处于被动状态,也很难实现对用户的一一告知
是否属于个人信息是可以事前预判并做出明确判断的	是否属于个人信息需要结合应用场景和社会准则,并不能给出一刀切的结论
数据收集出于特定目的	经济价值和创新依赖于对于数据的整合和后续的挖掘利用
数据主体的角色是单一的	信息的使用者可能是数据控制者,或者是数据处理者,也有可能是数据主体本身
政策监管框架聚焦于如何减少用户所面临的风险	政策更多聚焦于如何在保护与促进创新、经济增长之间保持平衡

传统的保护方法并不符合当前的实际环境和需要,其主要原因有:

(1) 落实上述制度要求对个人带来认知负担。据统计,如果个人真正去阅读他们每年所访问的网站隐私政策,将花费每个人 250 小时/年。而且这些沉重的负担并不能够有助于提高个人对于其个人数据保护的能力。

(2) 在许多场合下,按照个人信息保护法律制度的要求,获得用户个人的同意,既不可行,也并不有效,例如在开车时或者在其他情景下通过 M2M 设备收集个人信息。

(3) 传统方法并不符合当前网络化的数据架构,网络化的数据架构已经使得收集数据、转移和处理数据的成本几乎降到零。

三、前沿立法问题

当前,个人信息保护法已经走向一个历史的转折点,层出不穷的新技术、新业务相互交织、共同影响,冲击着现有的个人信息保护制度甚至其存在的根基。

(一) 个人信息界定变得模糊不清

1. 个人信息面临的概念困境

个人信息是个人信息保护法中的核心概念。法律适用的最基本前提是所涉及的信息是否是个人信息。如果不是,则不会构成对个人权利的侵害,也无适用法律规范的必要。

传统的个人信息保护法对于个人信息一般有着明确的界定,一般以"识别"

为核心标准,个人信息是指与个人相关的,能够直接或间接识别特定自然人的信息。"可识别性"是个人信息最为重要的特征,是指个人信息与信息主体存在某一客观确定的可能性。这种识别性包括直接的可识别以及间接的可识别。直接识别是指通过单个信息能够直接确认某人身份(Indentified Information),例如身份证号码、姓名、家庭住址信息;间接识别是指单个信息虽然不能直接指向某人,但是同其他信息相结合或者通过信息比对分析,可能可以被用来确定某人身份,如性别、职业、邮箱等信息。此类信息具有可能识别出身份的特质(Identible Information)。

对于个人信息定义的理解,要结合个人信息保护法形成的历史背景。个人信息保护法律制度是伴随着 20 世纪 70 年代计算机技术应用而产生的。在当时,计算机处理数据的方式对于传统的通过纸质媒体人工处理数据的方式带来的冲击,对个人信息及其附带的个人权利产生了新的侵害风险。个人信息保护法通过对个人信息的概念性界定,明确了法律的保护边界。从当时的技术环境来看,尽管这一定义是开放式的,但通过这一标准所区分出的具有"身份识别性"的信息仍然是有限的。欧盟在其《个人数据保护指令》中为进一步说明个人信息的范围,对于可能识别出身份的信息做出了必要的限制,一是强调了数据的可识别的可能性(likelihood),二是强调了数据可识别的合理性(reasonableness),一个需要付出不成比例的费用,或者需要克服很多困难才能识别的信息不构成个人信息保护法上所保护的个人信息。如此界定正是为了避免个人信息保护范围的扩大化。

但是信息通信技术近几十年的发展,特别是互联网技术的快速普及与应用,已经将个人信息保护法的适用环境彻底改造。首先,获取信息的能力大大增强,感知网络、无线感知和执行网络能够通过无线节点使得人或者电脑和其周围的环境进行信息交换和互动。这些网络已经应用在医疗护理、环境工程、交通系统、能源控制系统(例如智能电表)等。数据采集更加全面、及时。其次,数据传输能力也得到飞跃发展,互联网、卫星网络、有线和光纤网络的发达增强了数据传输的能力。云计算的普及更加使得过去偶然、临时的数据转移变为大规模、日常的全球数据流动。最后,数据的控制者和处理者的类型多样化,不只是政府和大型公司(这两类主体是个人数据保护法在当时所主要规范的对象),个人也能够对数据进行利用分析。这一切使得个人信息保护法诞生时的面目大为改观,而这些技术进步带来的直接后果是个人信息的边界变得模糊。

2. 个人信息模糊化带来的冲击或挑战

作为个人信息保护法律制度的基石,个人信息概念变得模糊不清,那么整个法律体系的稳定性也将大打折扣。当前表现突出的问题有以下几类:

第一,对于个人信息的判断产生分歧。例如"IP 地址""搜索记录"等信息是否属于个人信息。一般认为,搜索记录是匿名的,不是个人信息。例如,用户仅仅是在搜索栏中搜了"狮子狗",用该信息很难去定位个人。然而如果用户的搜索词是高度特定的词汇,或者是将该用户的搜索词复合起来,该用户将会变得可识别。2006年,AOL公布了2 000万的搜索记录,且公布这些数据时,AOL公司已经将其做了匿名化处理。然而来自纽约时报的记者很快发现这些搜索记录中至少有一部分可以很容易地被重新识别。最终AOL对其公布数据的行为表示道歉。

IP地址也面临同样的问题。虽然单独依据IP地址无法直接与特定人相联系,但是IP地址与其他信息结合,很容易指向特定人。并且随着固定IP地址使用的增多以及其他技术发展,人们在网络空间的活动不再保持匿名性。

第二,非个人信息转化为个人信息。如果缺乏其他的数据源,很多信息将保持匿名的状态。但是,在今天的世界,有无数可以利用的数据源。人们能够越来越容易地获得有关个人的大量信息。而这种有关数据的聚合能力,增强了人们将非个人信息转化为个人信息的能力。美国一项研究显示:依据出生日期和出生地,可以判断出个人的社会保障号码。

第三,个人信息的属性动态变化。个人信息的属性越来越取决于其收集和使用的场景。个人信息与非个人信息之间并没有清晰的界限,一个信息在此时可能是被视作非个人信息,在另外一个时间或场合可能又被转化为了PII。在不同的场合下,信息的属性会发生变化。例如在婚恋网站上,对于用户个人信息的完整及真实程度的要求都比较高,如用户的房车信息,会被作为必要的和一般的信息。

3. 学术界观点及政策应对

从目前围绕个人信息概念的讨论来看,学术界主要有以下观点。

观点一:认为在当前的网络环境下,隐私已经逐渐消亡,从法律制度体系中应当放弃个人信息这一概念。这是一种较为激进的观点。

观点二:认为当前的个人信息概念受到了技术发展带来的冲击,但是目前以及未来,个人信息的保护制度仍有存在的价值。仍应当保留个人信息概念,但需要对其进行定义的完善,并在此基础上提出了PII2.0。这一观点目前得到了更多的认同。2013年世界经济论坛发布的题为《发现个人数据的价值:从收集到使用》的报告基本上也持类似观点。具体而言:

第一,个人信息的界定应当是"动态"的,而不是"静止"的,应当是基于一套判断规则来确定,而不是非黑即白的简单判断标准。个人信息的判断应当依据其收集和使用的场景,如数据的类型、数据涉及的实体、服务提供商的信任水平、收集方法、设备环境、应用和使用以及各方之间的价值交换,而不是对信息的性质预先做出判断。

第二,个人信息包括两类:"已识别身份"的信息(Indentified Information)

和"可能识别身份"的信息（Identifiable Information）两类，并依据此分类，给予不同的法律保护。对于已识别身份的信息，应当完全适用个人信息保护立法中所确立的制度要求；对于可能识别身份的信息，则应当选择适用部分法律要求。要求其适用全部制度规定是不适当的，因为此类数据还并没有指向特定的个人，而只是具备这种可能性。并不能满足征得同意、允许访问和修改等法定要求。如果此类权利真的被要求实施，这反而降低而不是增加了隐私保护水平，因为要完成此类义务，必须将这些数据与特定的个人相联系起来。只有如此，数据主体才能去行使访问、修改个人数据的权利，法律在这里建立了一个充满问题的循环，将可能识别的个人信息变为了已经可以确定身份的信息。此外，对于信息使用的知情同意原则、数据最小化原则以及信息披露限制原则也不能完全适用于可能识别身份的信息。这些限制与数据使用的风险是不相匹配的，从而会降低数据分析带来的效率提升，而这些效率提升并不会对个人的隐私造成特别的风险。比较之下，个人数据保护法中的其他一些原则则可以适用可能识别身份的数据，例如美国数据保护基本原则（公平信息实践原则）中的某些原则可以适用到可能识别身份的数据，包括安全原则、透明原则、数据质量原则。

美国主要负责消费者个人信息保护的联邦机构——美国联邦贸易委员会（FTC），也注意到个人信息这一定义面临的新问题。在其《在一个充满快速变化的时代，保护消费者隐私——2012年关于隐私权的建议》[①]（以下简称《建议》）中指出：个人信息与非个人信息之间的界限越来越模糊。在信息化社会，极端一点说：如果有足够的时间与资源，任何信息都可以认为是与特定个人相联系的信息。尽管面临上述问题，FTC仍然坚持了个人信息保护法的基本原则，其采取了以下几个方面的对策：

一是为了给予对消费者隐私更好的保护，FTC将《建议》适用的范围扩大，其规定：本《建议》适用于商业实体对于能够被合理地与特定的消费者、电脑以及其他设备相对应联系的消费者数据的收集和使用行为，但是每年收集非敏感数据少于5 000个以及并不向第三方进行共享的除外。

从其上述对个人信息的界定来看，FTC所保护的消费者个人信息范围已经超过了传统的个人信息的范围，即信息所能关联和识别的主体不仅包括自然人，而且也包括电脑、手机等设备，因为从当前的网络环境下，只要能够关联的设备，设备背后的使用人也基本能够被对应联系。

同时，为了给予企业收集和使用数据的合理空间，FTC规定，如果企业采取合理措施降低这种关联性，该企业所掌握的数据将不会被看作是与特定个人或设

[①] 尽管该建议并不是法律性文件，但鉴于FTC在隐私保护方面的法定职责和影响力，该建议将被作为企业的行为指南，企业如违反建议中的相关行为，在诉讼时可能会处于不利位置。

备相关的信息。这些合理措施包括去除身份识别信息（de-identified），例如可以对数据字段进行删除或修改，或者在数据中添加"噪音"干扰数据，或者采取统计抽样，或者采用聚合或合成数据。对于去身份信息的数据，公司必须公开承诺，不再试图再次识别数据。如果公司将去识别性的数据提供给第三方，它应当在合同中禁止第三方试图再次对数据进行识别（re-identify），并采取相应的监督措施保证第三方符合合同规定。

（二）个人信息权利不断衍生

在个人信息保护立法方面，欧盟致力于在欧盟建立保护水平较高的法律框架。在对《个人数据保护指令》的改革建议中，欧盟委员会基于原有的数据保护法确立的基本保护原则，提出了两种新型的权利：个人信息遗忘权和个人信息可携权。欧盟认为，遗忘权或者数据可携权将会是应对 Web2.0 时代挑战（例如社交网络或其他在线服务）的有效办法，但包括欧盟成员国在内，以及美国等外界对这两项新型权利都提出了诸多质疑。

1. 信息遗忘权

（1）界定

遗忘权有狭义和广义两种理解。狭义的"遗忘权"是指：用户不再需要使用互联网业务时，有权要求互联网企业删除其全部数据。而广义的"遗忘权"不仅包括上述权利，用户还可以要求互联网企业删除不属实的，或者不利于个人名誉、利益的个人信息

欧盟委员会以及法国、意大利、西班牙等国都支持遗忘权。但各国对于遗忘权的理解和法理基础认识不一。

法国：遗忘权的法理基础是个人数据应当被公平以及合法地处理，出于特定、明确和合法的目的进行收集。数据应当准确，在需要的情形下，应当更新到最新状态，这种最新状态包括用户要求删除的部分。

意大利：遗忘权的法理基础是数据质量原则，在数据处理的目的不存在时，个人有权删除其数据。

西班牙：遗忘权的法理基础是数据质量原则，收集限制原则、目的特定原则。在此基础上，又进一步扩大了遗忘权的含义，即使公民不具有公共身份或者也不是新闻事件中的主体也有权更正在互联网上有关个人的不正确或不合法的信息。

西班牙数据保护机构甚至认为，个人一方面可以未经数据所有者的同意便删除已经公布的个人信息，另一方面对搜索引擎所处理的数据也有权利提出反对。甚至是这种数据是公共或者是合法的信息，例如在政府官方公告中的信息。

德国联邦政府提出，应当在遗忘权和删除权之间有明确的区分，并且遗忘权的内涵要大于删除权。

尽管遗忘权还没有被欧盟立法所正式承认，但在实践中执法机关已开始运用遗忘权理论。例如西班牙隐私保护机构依据"隐私权"理论，要求Google删除对西班牙公民隐私有伤害的新闻。意大利数据保护机构要求互联网服务提供商将已经被证明错误的视频删除。在德国出现的一例诉讼案件中，两名已经服刑完毕的犯人要求在互联网上删除其有关案例信息。

（2）遗忘权引发的争议

遗忘权的提出引发了广泛的争议。即使在欧盟内部，意见也并不统一。法国、西班牙等国对遗忘权表示了支持。但英国则提出了批评意见，英国信息大臣办公室提出：对于委员会尤为重要的是需要界定清楚遗忘权在实践中究竟会发挥多大效用。美国的回应也并不一致。反对者认为：欧盟提出的"遗忘权"，显示其思维是混乱的，与美国的基本价值观相违背，例如媒体的自由表达权。Facebook提出，欧盟的这一立法建议实质上是在封杀信息的自由传播，欧盟的立法是在创建信息的财产权，行政干预过多。但也有持赞同者。部分美国评论者接受有所限定的"遗忘权"，例如对于儿童来说，其应享有该项权利，使其能够删除鲁莽公布的信息。有观点认为：遗忘权在一定程度上也体现了信息最小化原则，该原则实际已经被涵盖在美国公平信息规则中了，美国可以将该原则向遗忘权的方向进行扩展。还有观点认为，遗忘权包含了美国的一些法律中所确立的基本人权——"原谅和忘记"的权利，如破产、信用报告，刑法中都涉及类似的权利。

欧盟和美国对于包括遗忘权以及其他个人信息保护方面的分歧的根本原因是：欧盟更倾向于对用户个人数据给予严格的保护，是基于对基本人权的考虑，而美国在个人信息保护方面还会考虑到表达自由权利。如果对遗忘权进行保护，则会对言论自由权利进行了限制，特别是对新闻媒体的自由表达权利有所限制。

2. 信息可携权

（1）界定

个人信息可携权（the Right of Data Portability），是指用户可以无障碍地将其个人数据以及其他数据资料从一个信息服务提供者处转移到另外一个信息服务提供者处。例如Facebook的用户可以将其账号中的照片、评论以及其他资料转移到其他社交网络服务提供商。

欧盟新的立法草案第18条规定：个人数据可以通过自动处理系统，即以通用的电子格式，无障碍地将个人信息从一个操作实体系统直接转向另外一个实体，即输出输入模式。该规定要求不仅限于社交网络服务，还包括云计算、网络服务、智能手机应用以及其他的自动的数据处理系统。

(2) 信息可携权引发的争议

这一新的权利，简单来看，能够为用户提供便利，减少用户转换服务提供者的成本，从而能够更有效地促进业务竞争。但事实上，有关锁定用户的成本以及用户转换服务时所遇到的阻碍问题完全可以通过竞争法来解决。竞争法历经百年发展历史，已经形成了较为严密和成熟的基础理论，它不仅考虑到了用户的锁定成本，也考虑到了锁定带来的消费者福利。一定的转换成本可以鼓励对新技术、新业务的投资，在长期来看是具有效率的，而竞争法的适用是以企业在市场上具有显著市场地位，并滥用该地位损害正当的市场竞争为前提的，其规则适用具有复杂而严密的程序前提。

在数据保护指令中，信息可携权作为用户的权利，可以被要求适用于任何一个互联网公司，包括新兴企业。此外，数据可携权也与欧盟数据保护法的另外一项基本权利——数据安全权相冲突。在数据可携权的要求下，如果发生了身份诈骗及盗窃事件，则会导致对个人数据的严重侵害，任何个人都可以无障碍地将个人的全部生命周期的数据进行出口和转移。最后，可携权要求企业提供一种通用的数据输出输入模式的接口。在实践中实现可互操作目标是非常困难的一项任务，需要针对不同的接口编制不同的程序。在一定意义上可以说数据可携权提出了一个如此之高的法定义务。

（三）个人信息保护法引入新型制度

1. 数据泄露通知制度

数据泄露通知制度（Data Breach Notification）是指在数据丢失、被窃，或者遭遇未经授权的接入，致使敏感的、可识别个人身份的数据信息的机密状态、完整状态存在受损可能，一旦发生上述情形，相关责任主体需在一定时限内向受损主体或有关执法主体进行通告。

数据泄露通知制度最早在美国立法中提出。第一个对此做出规定的是加利福尼亚州，2002年加州制定了《州数据安全泄露法案》。截至2012年1月，美国46个州的相关立法中都引入了数据泄露通知制度。联邦政府部门层面，主要是要求特殊行业、敏感领域实施数据泄露通知制度，例如在健康医疗部门、金融部门、联邦公共部门、退伍军人（老兵）事务部等实施。相关政策及法律有：联邦预算管理办公室（OMB）的"泄露通知政策"、《健康保险责任法案》（HIPPA）、《经济与临床医疗信息技术法案》（HITECH）和《金融服务法现代化法案》（GLBA）等。

2011年之前，数据泄露通知制度主要适用于线下。近几年该制度被重新提上日程，受到广泛关注，主要是源于云计算的发展所带来的安全威胁，尤其是突发事件/案例的刺激，诸如2011年Sony、Amazon和Epsilon的云计算数据泄露事件。Epsilon是从事电子邮件服务的公司。2011年4月，该公司宣布其数据库被黑客入侵,导致该公司客户的姓名/名称、地址、银行账号等一系列信息被泄露,牵涉到许多自然人、公司的商业秘密和隐私,公司客户方面,包括花旗银行、第一波士顿咨询集团公司、好乐买、亚马逊、家乐福等企业。紧接着,黑客又凭借从Epsilon获得的信息陆续侵入了这些公司的数据库,这些公司再度不同程度地受害。为应对网络环境下的数据泄露安全隐患,数据泄露通知制度逐渐被引入线上。

美国数据泄露通知制度主要包含以下要素:制度适用的主体范围;定义"个人信息";触发"通知"的受害要素;"通知"程序;例外;安全港;罚则;实施机构。

第一,制度适用的主体范围。数据泄露通知制度的适用主体包括:数据中间商;各类服务提供者(直接面向消费者的服务提供者);教育机构;政府机构;军事机构;健康医疗服务提供者;金融机构;公益机构;公共事业服务提供单位;互联网服务提供商。一旦数据泄露,要求第一时间通知受侵害的主体。

第二,"个人信息"。其一,包含的内容。46个州立法和部分联邦部门之间对此的定义各有不同,但大致包括:构成社会安全号码SSN的姓、名、中间名;驾照号码;部分州的公民身份证号码;银行账号;以及其他信息,通过结合能够识别个人身份的信息。其二,"个人信息"和"能够识别的个人信息"(PII)在各州立法中,意思相同。

第三,触发"通知"的受害要素。主要有:发现未经授权的侵入;信息泄露,尤其是那些机密信息、敏感信息;信息泄露导致被存放于同一机构/主体的某信息的完整性被破坏。

第四,通知/评估程序。加入了损失评估程序,目的是确定损害程度,以决定是否有必要进行通知。损失评估主要是服务提供商/第三方进行评估。通知的方式主要有手写的书面文件、电子邮件、大众媒体刊登三种。有些州规定的较为粗放,没有上述评估和通知程序。

第五,例外。46个州、哥伦比亚特区、维京群岛、波多尼哥都对加密信息进行了例外规定,加密信息泄露不适用通知制度。

第六,安全港。医疗健康信息、金融信息、电子医疗信息,被联邦相关法律所约束,不适用数据泄露通知制度,相关信息持有主体可适用安全港,遵守联邦法律、规则、政策、指南的具体规定。

第七,求偿及具体实施机构。未实施通知造成损害的,部分州规定可以由个人提起诉讼赔偿,或者直接依据该州的消费者保护相关法律向泄露方提出损害赔偿。涉及人数众多的,由州检察总长出面交涉,开具罚单。

第八,罚则。各州规定有所不同,有的按人头计算,民事处罚从500美元到5万美元不等;有些州规定按天计算,每天最高1 000美元,连续的另行计算,但延续 30 天的最高 5 万美元，延续 180 天的最高 50 万美元；按次计算的，泄露一次处罚 2 500 美元。

2. 隐私保护设计制度

从设计着眼隐私保护（简称隐私保护设计，Privacy by Design，PbD）最早由加拿大安大略省隐私专员 Ann Cavoukian 于 20 世纪 90 年代提出。隐私保护设计是指在产品或服务的整个生命周期都贯穿隐私和数据保护，包括从最早的设计阶段，到产品或服务的投放市场、使用以及最终停止使用。隐私保护设计制度的具体内容，将在本书第六章详述。

当前，互联网新技术、新业务正前所未有地改变着个人信息的收集和使用方式，对现有的个人信息保护制度带来巨大挑战。激进的观点认为：当前的网络环境下，隐私已经消亡，个人信息保护政策已到了退出历史舞台的时刻。然而从各国政策实践来看，个人信息保护政策非但没有消亡，其重要性反而得到提升。2012 年 1 月 25 日，欧盟委员会发布了对《数据保护指令》的改革建议，意图在欧盟范围内建立更为统一和严格的立法。美国"棱镜计划"曝光后，立法进程大大加快。在欧盟发布改革建议不到一个月，美国白宫也公布了隐私保护框架蓝图，呼吁国会制定消费者隐私权利保护法，这是美国政府第一次在联邦层面提出制定综合性的隐私保护立法建议。该立法建议进一步明确了个人对于其信息的控制权利，同时，美国政府也强调隐私立法将依然保持与商界和消费者团体的密切对话，更多地鼓励应用自律机制保护隐私。

正如 2013 年世界经济论坛所指出：当前的个人信息保护政策受到了技术发展的极大冲击，但其存在的必要性和重要性丝毫没有减弱，当务之急是应对挑战，对现有政策加以完善。在此形势下，欧美等发达国家个人信息保护立法持续升温，推动着个人信息保护政策的不断完善。个人信息保护立法在新的历史背景下，需要完成相应的政策调整，在继续维护公民隐私及个人尊严等基本权利的前提下，也需要考虑互联网技术与业务发展的规律和内在需要，在权利保护与促进业务创新之间做好平衡。

第四章　个人信息控制权

个人信息控制权的法律属性是个人信息保护立法的基础，不仅决定个人信息控制权的内容，而且是确定侵害个人信息损害赔偿数额的基础。目前，理论界和实务界关注的焦点是个人信息的地位、面临的风险及其保护措施，而个人信息控制权的法律属性问题尚未能有清楚论证。中国现行立法回避了个人信息控制权的法律属性，理论界对这一问题存在分歧，这势必影响对权利人的救济，因此有必要对其认真对待和进行科学辨析。

第一节　美国法考察

一、隐私权

（一）美国法中"隐私权"的含义

美国对个人信息加以保护主要是通过隐私权制度实现的。美国学者 Samuel Warren 和 Louis Brandeis 于 1890 年在《哈佛法学评论》上发表了一篇题为《隐私权》的论文。二人在此文中将该概念解释为："关于个人私生活不公开之自由及属于私事领域不受他人侵入之自由"，并指出，"保护个人的著作以及其他智慧或情感的产物之原则，是为隐私权"，新闻传播有时侵犯了"个人私生活的神圣界限"，同时认为上述权利是宪法规定的人所共享的自由权利的重要组成部分，只有文明教养达到一定程度的人才会认识到它的价值，进而才会珍视它。此后，另一位学者 A. Westin 称隐私权为"不受旁人干涉搅扰的权利"，"在一个限定的私人活动范围内，不受他人和群体的拘束"。从此，隐私权的理论受到广泛重视。1902 年，纽约州法院审理的罗伯森诉罗切斯特折叠箱公司案，是第一个隐私权案例。1903 年，美国纽约州通过法律，确认了民事主体的隐私权，但只保护姓名和肖像的使用权。1905 年，乔治亚州高等法院在判例中确认当事人享有隐私权。[①]

美国对隐私权的定义主要通过阐发学术观点以及发布判例来完成，而且多采

---

① 范江真微.政府资讯公开与个人隐私之保护[J].法令月刊，2001（5）：31.

用具体与形象的语言表现形式,这深刻地体现了英美法系国家立法者、司法者以及法学家的思维方式。出于与作为大陆法系国家的我国的传统思维方式相适应,从而便于我国法律制定、实施与研习者理解与接受的考虑,本书试图对美国法中的"隐私权"作一个概括与抽象的界定。关于美国隐私权具体是什么,学术界存在以下几种观点:

第一,信息说。该说认为隐私权是指个人、团体或机构决定是否以及在多大程度上与他人交流有关他们自己的信息的权利。

第二,接触说。该说认为隐私权是指个人有控制他人对他的接触的一种状态。

第三,决定说。该说认为隐私权为个人在一定范围内对个人私事的自主决定权,如婚姻、生育、避孕、家庭关系等。

第四,综合说。该说认为对隐私权的理解应当综合以上三种学说的内容。[①]

从上述几种学说不难看出,美国的隐私权可以从狭义与广义两个不同层面去界定。狭义的隐私权是指民众对于有关其私领域的信息这一特定利益加以控制并决定是否以及如何向外界公开的权利;广义的隐私权是指民众享有的对包括个人信息在内的总括的人格利益获得他人尊重与法律保护的权利。后一界定更加广泛地为美国的司法者与学者所采用,它是"美国隐私权以及个人信息保护制度的生命与灵魂"。[②] 因此,我们主要从广义的角度对美国隐私权制度加以探讨。

(二) 隐私权的权能

权能即权利的行使方式。关于美国法中的隐私权权能的论述颇多,这里仅介绍一些具有代表性的论述。

1960年,Prosser教授在众多判例及学说中整理出隐私权主体得以对抗的四种行为,即侵入原告的独处空间(Seclusion or Solitude)、公开原告难堪的事实(embarrassing private facts)、令原告收到错误的公众印象(Publicity which places the plaintiff in a false light in the public eye) 以及为被告的利益,自原告姓名或其他处获利。[③] Prosser教授的以上观点已为美国立法者所采纳,被收录于侵权行为法编(Restatement (second) of Torts, 652A (1976));在此基础上,Marc A. Franklin和Robert L. Rabin于1992年在大学案例汇编教程系列丛书中的《Tort Law and Alternatives》(Fifth Edition) 中对隐私权主体得以排除的不法行为做了进一步的阐释。其中包括:第一,滥用(appropriation)。被告为了某种利益使用别人的名字和照片。这里所指的某种利益,大多数法院认为是经济利益。一般认

---

① [澳] 胡·贝弗利-史密斯. 人格的商业利用 [M]. 李志刚、缪因知译, 北京: 北京大学出版社, 2007: 179.
② 齐爱民. 美国信息隐私立法透析 [J]. 时代法学, 2005 (2): 112.
③ 陈起行. 资讯隐私权法理探讨——以美国法为中心 [J]. 政大法学评论, 2003 (6): 299.

为，人的名字或照片与广告相联系就属于有价财产，未经本人同意加以使用就属于侵权。第二，干扰（intrusion）。是指窃听他人的电话，闯入他人的房间，偷看他人的信件，非法搜查他人的口袋，对他人进行非法盯梢、监视等。第三，公开披露他人的隐私（public disclosure of private facts）。在美国，个人私生活的秘密受法律保护，公开披露他人的私生活，即使所披露的情况属实，亦构成侵权。第四，当众制造假象（false light in the public eye）。这主要是指利用他人的名字或照片，以使公众对该人有一种歪曲的印象。英国法律尚未把隐私权作为独立的人格权，对隐私权的保护是间接的，一般通过适用有关妨害名誉、侵犯财产权、违反信托或默示契约的规定救济。①

还有学者将隐私权主体得以防止的行为概括为：第一，不合理地侵犯他人隐居或独居的权利。比如侵犯他人的住宅，包括未经允许进入住宅，透过窗户用望远镜窥视或用拍摄器材偷拍，未经允许翻查他人钱包、皮包，反复地固执地拨打他人电话，未经允许获取他人财务状况，如银行存款数额等。第二，盗用他人的姓名或形象。比如用于商品标识、服务标识或电视广告，这种与隐私权相联系的权利叫作"公开的权利"。两者的界限在于：隐私权针对的是"对于个人感情的伤害"，公开的权利针对的是"未经允许在商业活动中使用他人的姓名和形象"。在司法实践中，名人经常以侵犯其"公开的权利"起诉，普通老百姓经常以侵犯其隐私权起诉。第三，公开私人的行为。如他人缴纳所得税情况、性关系、私人信件、家庭矛盾、药物依赖等。第四，不适当地出版或曝光，其效果近似于诽谤。②

以上都是从隐私权的消极行使方式角度阐述该权利的权能的，这体现了英美学者与立法者更加注重法学理论与法律规范的灵活性与实用性，而不太强调形式理性与逻辑的周延性的思维定式。透过这些论述并采用大陆法系学者对权能的描述方式，我们可以将隐私权的权能归纳为积极与消极两方面。积极的权能为权利主体支配自己的隐私等人格利益，支配的方式包括：对自己的隐私进行保密、按照自己的意志公开与利用其隐私，以从事各种非法律禁止的活动；消极的权能为禁止其他人非法知悉、公开与利用其隐私。

（三）隐私权的特征

美国隐私权呈现出以下特征：

第一，在性质上具有双重性，既是民事权利也是宪法权利。隐私权最早出现的时候通常被视为侵权行为法保护的对象。这一点可以从 Prosser 教授于 1960 年对侵犯隐私权行为做出的论述被纳入当时的美国侵权行为法编第 452 条看出。因此可以说，在此之前隐私权是侵权法保护的重要权利之一，它属于民事权利的一种。

---

① 李仁玉．比较侵权法［M］．北京：北京大学出版社，1996：96．
② 黄维．隐私保护在美国［N］．中国法院报，2003-7-3．

但是后来美国国会通过一系列的宪法修订活动将隐私权匡扶为"君临"该国整个法律体系的宪法权利之一。例如,美国的宪法第一修正案关于言论自由、出版自由、结社自由,第三修正案关于军队不能驻扎民宅,第四修正案关于禁止不合理的搜查、扣压、没收,第五修正案关于不得自证其罪,第十五修正案关于平等保护等都涉及隐私的保护问题。此后,美国联邦最高法院通过一系列判例把隐私权上升到了宪法权利。与此相对应,美国很多州的宪法也对隐私做了扩大化保护,都明确规定隐私权是公民根据宪法规定享有的基本权利,这样就进一步提升了隐私权的地位。隐私权在美国法当中的性质与地位与包括我国在内的大陆法系国家是判然有别的。因为在后者的法学理论与立法、司法实践中,隐私权仅为民法保护的人格权的下位权利。

第二,所涉及的社会领域具有广延性与开放性。美国隐私权在创设之初,其保护对象仅为隐秘的私人事务。例如前面提到的,1890 年 Samuel Warren 和 Louis Brandeis 在其发表的《隐私权》一文中将该权利界定为"关于个人私生活不公开之自由及属于私事领域不受他人侵入之自由","不公开"即包含了隐秘的意思。而后,隐私权的保护范围扩及到公开的私人事务,例如 A. Westin 称隐私权为"不受旁人干涉搅扰的权利",至于被搅扰的领域是否处于公众所不知悉的隐秘状态在所不论。但此时美国隐私权概念还未被引入宪法,所涉及的领域仅限定于民事活动,其保护对象的范围大致与大陆法系国家的个人信息权等具体人格权相仿。但随着隐私权在宪法领域的发展,美国隐私权的内涵不断扩张,生育自由、堕胎自由乃至个人自主(Personal Autonomy)都被作为隐私权保护对象来对待。此时它已经跃升为美国国民享有的至高无上的宪法权利之一,成为人的尊严与自由的守护者。时至今日,美国的隐私权所涉及的范围已包含了个人资料、通信、身体以及生活工作行为等广阔的领域。同时,隐私权还有向网络、金融以及政务活动等方面继续拓展的趋势,因而具有开放性。

二、公开权

(一) 公开权的创设

公开权是美国保护个人信息的另一重要基础制度。因为隐私权理论在保护自然人人格标识方面存在困境,20 世纪 50 年代中期以后,美国的判例与学说在认识上发生了很大转折,开始形成公开权制度。该制度的萌芽始于 1953 年的"海兰(Haelan)"一案,美国第二巡回上诉法院的弗兰克(Frank)法官明确提出了公开权(the Right of Publicity)的概念,并就公开权的含义进行了论证:"我们认为,除了独立的隐私权(这在纽约州见于法典的规定),每个人还就其肖像的形象价值享有权利。这就是允许他人独占性地使用自己肖像的权利。而且这种授权可以是

'毛'（in gross）授权，即不与营业或商誉一道转让的授权。……这个权利可以称之为公开权，因为常识告诉我们，许多知名人物（尤其是演员和明星）并不因为他们肖像的公开而感到情感的伤害。但如他们不能授权他人在广告上使用自己的肖像，不能让自己的肖像出现在报纸、杂志、公共汽车、火车或地铁上，并且不能因此而获得金钱报酬，他们就会很痛苦地感觉到被剥夺了什么。"①

（二）公开权的内容

在"海兰案"中，Frank法官突破了传统隐私权的观念，不再将商业性使用他人人格标识局限在精神痛苦的范围，其提出的公开权被定义为一种财产权，每个人的人格标识，如姓名、肖像、声音等，都具有财产的性质。"海兰案"一年以后，美国著名的知识产权学者Melville Nimmer发表了一篇名为《公开权》的论文，该文对公开权的影响可以同前述Warren和Brandeis的隐私权论文相媲美。在文中，Nimmer认为，运用现在的法律理论无法保护明星们的商业价值，为此有必要设立一项类似财产权的公开权。根据该项权利，如果明星的公开形象未经授权而被使用，则不管其是否造成精神上的侵害，均可以对被告提起诉讼，而至于损害赔偿金额，与隐私权案件中根据造成的损害进行估算不同，其应依据该公开形象的金钱价值进行估算。Nimmer教授将公开权定义为"个人对他所创造或购买的广告价值（Publicity Values）享有控制和收益的权利"。② 这样，在Frank法官和Nimmer教授的共同努力下，公开权的概念开始确立，被定性为一种财产权。此后，又有许多法官和学者对公开权做出了各种表述，其中比较有影响力的表述有：（1）Posner·J法官在1985年的一个案例中将其描述为"排除其他人未经权利人许可而将其姓名或肖像从事商业目的使用的权利"；（2）Thomas Mccarthy教授将其描述为"每个人都享有控制其形象用于商业上使用的固有权利"；（3）美国《反不正当竞争法重述（第三版）》将公开权定义为"未经其同意不得将其姓名、肖像或其他形象用于商业目的的使用"。③ 尽管法官及学者对公开权的表述不相同，但其描述的实质内容是相同的，即所谓公开权是指每个人都享有控制其姓名、肖像、声音等人格标识用于商业上使用，并排除他人干涉的专有权利。由此，公开权与隐私权区别开来，成为一项独立的民事权利。美国法中的隐私权类似于大陆法系中的人身权，故保护的是自然人精神上的利益，而公开权是一种与人身有关的财产权，主要保护的是一种财产利益。

（三）公开权的特征

公开权具有以下特点：

---

① 171 NY 538 (1902), 542.
② 陈龙江. 美国公开权理论发展史考察 [J]. 北方法学, 2011 (2): 150-160.
③ 陈龙江. 美国公开权理论发展史考察 [J]. 北方法学, 2011 (2): 150-160.

第一，公开权主体的普遍化。公开权的主体也就是谁享有公开权、公开权制度保护哪些人的问题。这主要涉及三种观点：一是认为公开权的主体为所有自然人；二是公开权只保护名人；三是公开权保护那些其人格标识被利用过的人。美国多数承认公开权的法官和学者都主张每一个自然人都应同时享有隐私权与公开权，并且不受任何人格标识被先前利用的影响。[①] Judge Holmes 法官在"O'Brien"案件中表达了这样的观点，"隐私权有别于为商业广告目的使用自己姓名、肖像的权利，后者是一个每一个人都拥有的财产权，它的价值可以或多或少，甚至只是名义上的，但是，它是人自身的权利，对该权利的侵犯不可被豁免"。[②] 美国第九巡回上诉法院在 1974 年又重申了这一规则，"一般而言，人格被盗用的人的声望和知名度越大，遭受经济损害的程度也就越大，然而这也是很有可能的，即名人的人格被盗用可以引起羞辱、尴尬和精神痛苦，而对一个相对不为人所知的人的人格盗用会造成经济损害或者从自身产生先前不曾有的经济价值"。现在通说认为，主张公开权遭受侵害的人不必证明其人格有具体公开的价值，因为，如果原告没有商业价值的话，被告就不会对其进行商业利用。1995 年，美国《反不正当竞争法重述（第三版）》认为，名人与较不为人知的原告都能提起侵害公开权的诉讼。[③]

第二，公开权客体的法益化。公开权的客体与权利指向对象不同。公开权所指的对象是特定主体的姓名、肖像等人格标识。具体包括以下几种情形：a. 肖像，包括商业性使用一个面貌酷似的（Look-alike）肖像；b. 姓名（包括绰号、笔名、艺名等）；c. 声音；d. 与某人人格有特定联系的实物，比如，如果标识特征或象征物非常紧密和独特地与某一特定的人相联系，以至于对它们的使用会使被告盗用该人的人格的商业价值时，对这些特征或象征物的使用也可以构成对公开权的侵害；e. 作为虚构人物的自然人，对某一虚构人物的肖像或姓名的商业性使用，可以构成对出演该角色的特定演员本人的公开权的侵害；f. 未固定介质的真实表演（No-Fixed Live performance），如果表演已被特定的介质载体固定为作品，则不受公开权制度调整，而是受美国联邦著作权法规范。而公开权的客体与公开权所指的对象则不同，公开权的客体不是具体的画像或照片，也不是组成姓名的文字符号或特定声音等人格标识因素本身，而是指权利人的人格标识（身份特征）所含的商业价值。它是一种应受法律承认和保护的利益，学理上称之为法益。

第三，公开权是一种财产性质的权利。公开权保护的是一种财产权益（Proprietary Interest），美国学者 Brown Denicola 认为，"在大多数情况下，未经授权对知名人物肖像进行商业使用所产生的损害实质所在是造成一种潜在的财产收益

---

① 陈龙江. 美国公开权理论发展史考察 [J]. 北方法学，2011 (2)：150-160.
② 陈龙江. 美国公开权理论发展史考察 [J]. 北方法学，2011 (2)：150-160.
③ 陈龙江. 美国公开权理论发展史考察 [J]. 北方法学，2011 (2)：150-160.

的损失,而非精神侵扰,关键之处不是商业上使用具有冒犯性,而是个人未从中获得补偿,因而,大多数未经授权的商业使用所威胁的个人权益实质上与隐私权保护的人格权益不同,对这一区别的认识产生了对其经济权益进行独立司法保护的必要"。在美国,有学者认为,公开权是一种财产权,这种观点已经被美国大多数学者和法官所接受。同时,又有一些学者还进一步认为,公开权是一种新型的知识产权。美国教授麦卡锡在对公开权下定义时指出,"公开权即是普通知识产权(General Intellectual Property)",美国法学会将公开权列入《反不正当竞争法重述》也证明了公开权的知识产权属性。[①] 在美国,公开权具有让与性,自然人可以通过将人格标识授予他人独占许可,或通过转让的方式进行利用。公开权之所以具有可转让性,取决于其财产权的属性。从资源有效配置的角度来看,如不允许转让,公开权的商业价值就得不到充分的利用,通过转让,就会使其增值,通过授权使用,其使用价值会在得到充分实现的同时,还会创造新的价值。关于公开权的可转让性,美国加利福尼亚州民法典第990条(b)款规定"本条规定的权利为财产权,可以依据合同或根据信托、遗嘱文件等方式进行全部或部分转让,而不管这种转让是发生在其人格被使用的人死亡之前、由该人或其受让人所让与,还是在该人死亡之后由其他有权之人所让与"。公开权一旦转让予他人,则转让方将失去对其人格标识商业化利用的控制。

由以上几点可见,美国的公开权制度起源于隐私权,但二者又是两种截然不同的权利。在侵犯隐私权的案件中,法官所关注的是对人的尊严的损害,损害赔偿的数额也是依据精神损害赔偿的程度来确定。而在侵犯公开权的案件中,法官所关注的是对人身份中的商业性价值的损害,损害赔偿的数额是依据市场程度来确定。所以,一个行为究竟是侵犯了他人的隐私权,还是侵犯了公开权,判定的标准不是行为人的行为,而是受到损害的权利是什么。在某些侵权的场合,侵权人的行为可能既侵犯了他人的隐私权,又侵犯了他人的公开权,比如,未经许可使用他人的姓名或肖像用于商业宣传,因宣传或推销的商品质量低下,而使该人受到公众的讨厌、奚落,这一方面侵害了该人的隐私权,又侵犯了该人的公开权。该人在寻求隐私权保护时,只能以个人尊严受到损害而寻求救济,而在寻求公开权保护时,只能依据身份中的商业性价值受到损害而寻求救济。

三、制度的实施机制

就美国的隐私权制度而言,其出台与实施都有相应机制作为保障。走进这些机制,有利于更加深入地了解美国隐私权制度,从而研究我国法律对其是否移植

---

① 陈龙江. 美国公开权理论发展史考察[J]. 北方法学, 2011(2): 150-160.

以及怎样移植。

(一) 立法机制

在对隐私权法律制度的制定上,美国的立法体制呈现出以下三个特征:

第一,立法层次较多。

由于美国存在联邦与州两级立法机构,而二者对隐私权保护问题都有立法权,因此关于这一问题的法律规范可以被划分为联邦法与州法律规范两种。

就联邦法而言,又可以被划分为宪法规范与普通法规范两种。宪法规范在隐私权的特征部分已作介绍,此处不赘述。普通法主要有:《侵权法重述》(第二版),该法明确禁止侵入他人私领域等四种行为;《隐私权法》(The Privacy Act),该法规范国家机关处理个人信息,并明确禁止未经本人或者联邦政府许可泄露权利人存续在计算机中的信息;《金融隐私权法案》,该法对银行雇员披露客户金融信息做出了明文限制;《有线通讯隐私权法案》,该法案禁止闭路电视营运商在未经客户允许的情况下泄露后者的隐私;《电视隐私保护法案》,其将隐私权保护范围从闭路电视用户扩展到了录像带销售或租赁公司的顾客;《电话用户保护法案》,其调整主动的电话呼叫行为,对不愿意接到此种呼叫的电话用户提供保护;《司机隐私权保护法》,其禁止各州机构透露从机动车记录中获得的个人信息;《禁止盗用和冒用他人身份法案》,其规定在没有授权的情况下,以从事非法行为为目的,转移或使用他人身份的行为为刑事违法行为并要处以最高25年监禁和最高25万美元的罚款;《儿童在线隐私权保护法案》,这是美国第一部对网站经营者强加实体义务的隐私权法;《在线隐私权保护规则》,其规定网站经营者必须向参与网络游戏的父母提供隐私权保护政策的通知,以儿童为目标的网站必须在网站主页上或是从儿童处收集信息的每一网页上提供链接连接到此通知等;《美国金融改革法》第五部分规定了金融机构最低限度的个人数据保护。

就州法律规范而言,部分州立法委员会已经对隐私权问题专门立法。例如加利福尼亚州新近制定并实施了一部保护该州居民财务隐私的一项新法案,这项法案确定加州居民的银行往来、消费习惯、付费记录等财务资料均受到法律保护。金融机构、银行、保险和股票公司,只有经由客户同意后,才能与其他公司分享这些资料。

第二,立法形式分散。

与德国等大陆法系的统一立法模式不同,美国没有统一的保护隐私的法律规范,而是区分不同领域或事项分别立法保护。这种"就事论事"的做法使美国的隐私法律规范可谓五花八门,除了前文已经介绍的以外,还有:《公平信用报告法》(the Fair Credit Reporting Act),这是第一部主要保护隐私权的法律,该法专门规范私人机关收集、储存和处理个人信息;《家庭教育权利与隐私权法》(the

Family Educational Rights and Privacy Act）对学生和家长个人信息做出专门保护，并赋予学生以及家长对与学籍有关的信息加以保密的权利；《电脑资料比对与隐私权保护法》（the Computer Matching Privacy Protection Act of 1988）对自动化处理中的个人信息给予保护；《电子通讯隐私权法》，该法专门限制窃听监视电子传输的信息；《有限电视通讯政策法》，其限制任意收集客户的收视习惯；《录像带隐私保护法》，其限制录像带出租人不得任意揭露客户信息；《儿童隐私保护法》，其要求网络在收集12岁以下儿童的个人信息时应获得家长的同意；《金融隐私法》，该法对联邦政府机关接触银行内个人账户资料做出详尽的规定。

第三，法律渊源种类多样。

法律渊源可以划分为正式与非正式两种，前者主要以国家立法机关通过严格的立法程序创制的制定法为主，后者主要包括民间习惯与行业自律规则等。与主要采用正式渊源的大陆法系国家不同的是，除了上文提到的制定法以外，美国行业自律规范在隐私权保护中具有举足轻重的地位，这就形成了该国特有的行业自律模式。该模式的特征是，由公司或者产业实体等私法主体制定行业的行为规章或行为指引，为该行业的隐私保护提供示范。①

以下是几个具有代表性的行业自律规范：其一，ACM（Association for Computing Machinery），即美国计算机学会，建立于1947年，是世界上历史最久、规模最大的计算机科学与教育组织之一。ACM制定了一整套信息行为规范，对违反其信息规范的单位可以给予终止会员资格的最高处罚。其二，创立于1973年的ICCP（The Institute for Certification of Computer Professions），即计算机专业认证学会，是美国目前唯一在信息领域提供资格证明的组织。ICCP对违反信息规范的处罚是"终止证明"。其三，美国在线隐私联盟（Online Privacy Alliances，OPA）于1998年发布了一个指引，该指引适用于所有从网上直接收集可识别的个人信息的行为，它的作用在于为个人信息的保护提供一个广为接受的范本。但根据在线隐私联盟规章，指引本身并不监督联盟成员的遵守情况，也不制裁违反指引的行为。

美国克林顿政府在全球电子商务纲要中提出，私人企业居于领导地位，政府机构支持私人企业开发有意义的、使用方法简易的信息隐私保护机制，对于自律机制不能解决的部分，由政府和行业共同合作解决。因此，美国的行业自律模式，从另一个角度看也可以称为由下而上的模式，即通过行业内部制定行为规范的方式保护个人的信息隐私，而不是由立法对个人隐私进行统一保护的由上而下的模式。

---

① 蒋坡.国际信息政策法律比较［M］.北京：法律出版社，2004：443.

(二) 实施机制

美国隐私权制度的实施，还有赖于该国特有的司法机制。

第一，宪法规范的间接引入与直接适用。

前文已经提到，隐私权在美国不单是普通法意义中更是宪法层面上的权利。而宪法中关于隐私权保护的规定主要是通过宪法判例以及对宪法的解释形成的，此即为"间接引入"的含义。一个例证是：1965年的Griswold诉康涅狄格州案是最先明确隐私权宪法保护的案例。在推翻康州法律与决定的法院意见中，联邦最高法院大法官发展了独特的"权利伴影"理论。根据该理论，隐私权的内容可以从分散于宪法权利法案中的各项规定中体现出来，而隐私权可以成为一项基本的宪法权利。[①] 这种间接引入的方法与包括我国在内的很多大陆法系国家是截然不同的，因为这些国家通过制定与修改宪法使一些新的规定直接入宪；另外，宪法条款在很多国家只能指导下位法的制定而不能直接在对具体案件的处理中适用。

与间接引入不同的是，美国宪法有关隐私权的规范可以直接用于判案，著名的德州堕胎案可以说明这点。美国建国以来，由于传统观念的影响，几乎所有的州都有禁止堕胎的法律。例如德克萨斯州的法律规定，除非为了维持孕妇的生命，州内一律禁止妇女堕胎手术。在1973年，最高法院首次对妇女堕胎权利发表意见："德州法律无视怀孕阶段和其他有关权益，把除了拯救母亲生命的一切堕胎手术统统归为刑事犯罪；这类堕胎刑事州法违反'正当程序'。在第一个三月期截止前，堕胎决定及其实施必须留待孕妇主治医生的决定。对第一期以后的阶段，为了促进母亲健康，州可以选择以和母亲健康合理相关的方式来调控堕胎程序。在胎儿成活之后的阶段内，为了促进人类生命的潜在利益，州可以选择去调控甚至禁止堕胎——除非为了维持母亲的生命或健康，并根据医学鉴定以采取必要的手段。"[②] 最终，德克萨斯州法院推翻了禁止该州一名孕妇堕胎的判决。

第二，先例拘束原则以及违宪司法审查制度。

英美法中的司法先例（Judicial Precedents）是指在后来的案件中作为法律渊源的先前的司法判决。在司法先例的形成过程，法官的论述构成了法律原则与规则，而这些原则与法律规则的总和便构成判例法体系。判例法体系构成了英美法系国家法律的基本形式，它是法官处理案件所必须遵循的具有拘束力的法律渊源。显然，在这样的法律体系中，法官就其所审理的案件涉及的事实和法律问题做出的结论即判决（Judgement），除具有"既决事项不再理"的司法效力，即强调判决结论的终局效力"既判力"（Res Judicata）外，还有第二种极重要的司法效力：一项判决可以在法律渊源的意义上对以后相同或相似的案件具有或强或弱的拘束

[①] 王秀哲. 美国隐私权的宪法保护述评 [J]. 西南政法大学学报，2005 (10)：24.
[②] 陈龙江. 美国公开权理论发展史考察 [J]. 北方法学，2011 (2)：150-160.

力。由此，司法先例往往具有对于后来的审判工作具有强制遵守与执行的效力，此即为先例拘束原则的基本含义。

隐私权制度之所以能够在美国有效地实施，先例拘束原则功不可没。从Griswold诉康涅狄格州案以及德州堕胎案可以看出，正是法官将隐私权保护的原则与具体规则用判决等形式加以表述，并形成对今后审理类似纠纷的法官具有拘束力的先例，隐私权才在美国得到充分的保护。

违宪司法审查制度，是指通过司法程序来审查和裁决立法、行政以及司法活动是否违宪的一种基本制度。美国的司法审查制度基本上可以分为两种：普通法院审查制度和宪法法院审查制度，理论上还包括独立后各州的法律审查。1789年美国第一届国会制定的《联邦司法条例》第25条规定："各州法院在审理涉及联邦法律的案件时，若认为所依据的法律违反宪法第6条规定（确认宪法为最高法律），则各州可以上诉到联邦法院。"这项规定在法律上第一次把违宪审查权赋予了最高法院。违宪司法审查就实质而言是国家通过司法机关对所有国家机关（包括司法机关）行使国家权力的活动进行审查，对违法活动通过司法程序予以纠正，并对由此给公民、法人或者其他组织合法权益造成的损害给予相应的补救的法律制度。当公法主体侵犯美国民众隐私权时，法院等司法机关可以对该主体的行为进行违宪审查，在确认其行为构成对隐私权侵害时责令该主体承担相应责任，由此为实施宪法中的隐私权保护条款提供充分保障。

（三）判例

作为判例法系国家的代表，美国各级法院做出的判例对于个人信息保护制度的确立起着非常重要的作用，而这一作用对公开权制度的发展尤为明显。公开权理论的诞生、发展乃至成熟的过程，也就是将姓名、肖像、声音等人格标志上的商业价值，逐步从隐私权的保护领域中剥离出来的过程。可以说，美国公开权理论的提出和发展，根源于如下法律思想：人格标志上除了存在值得保护的精神利益以外，亦可能存在商业利用上的经济利益，后者同样需要获得法律保护；精神利益和经济利益是两种性质不同的法益，美国法上的隐私权只保护人的精神利益，根据隐私权无法实现对人格标志上的商业利益的有效保护，因此需要创设出独立于隐私权的一种新的无体财产权，即公开权，来保护人格标志的经济价值。

美国法上隐私权和公开权相互独立，分别保护精神利益和经济利益的权利模式，在理论上也被称为"二元论"权利模式。美国法公开权理论的贡献在于，开拓和确立了新的私法保护领域——人格标志上的商业利益，并且在司法判决和理论研究层面上，极大地推动了其他国家对人格标志上的经济利益的法律承认和法律保护。在美国，在隐私权这一法律理论诞生之前，名人姓名和肖像上的商业价值几乎无法得到法律的保护。自从 Warren 和 Brandeis1890 年在《哈佛法律评论》

上发表隐私权的开山之作《隐私权》之后，一些法院便开始尝试使用隐私权理论保护个人的姓名和肖像免遭未经许可的商业利用。有些案件涉及的是被使用人的"情感受到了伤害"，而在另外一些案件中，法院则用隐私权保护个人姓名和肖像的"财产价值"免遭他人的"窃占（Appropriation）"。

第二节 欧盟

一、保护理念

（一）隐私与人格保护优先

在个人信息保护理念方面，以德国为代表的欧盟有显著的不同。德国模式的形成与完善有其深厚的文化、理论以及法治理念等方面的根源。具体而言，德国个人信息保护的根源包括：

第一，文化根源。

和崇尚自由价值的美国不同，德国对个人信息的保护是基于崇尚人格尊严的文化。注重对人的荣誉和尊严的保护在包括德国在内的欧洲大陆国家有着很深远的传统，早在中世纪封建等级制度的维护中就强调对高等级人的荣誉和尊严的保护。在19世纪末，德国人就把个人信息与隐私看成了人的尊严实现的一部分。那时颁行的德国民法典体现的对于人格权的保护奠定了德国对个人信息法律保护的基础。第二次世界大战后，德国基本法把"尊重人格尊严"确立为基本原则，使得"人格尊严"成为该法的核心理念，由此，个人资料的宪法保护借助于基本法的"人格尊严"理念最终完成。另外，在梳理德国个人信息保护基本制度——一般人格权与个人资料权的产生历程时也可以看出，它们从萌芽到初现雏形再到成型与完善都始终与"人性尊严""人格受尊重"等字眼联系在一起的，而这些字眼正是德国来自欧洲民众对于人格尊严之实现与维护的呐喊的淋漓尽致的体现。

第二，理论根源。

与人格尊严的理念相适应，德国学者在理论上提出了多种学说对个人信息法律保护的必要性与方法做出阐释，其典型者有：

（1）私领域理论（Spharentheorie）。所谓私领域，是指在整体个人的行为空间中，可以明确划分出一个值得保护的"秘密区域"，而这个区域是相对于不受保护、具有公共性质的行为空间而区分开来的。

（2）角色理论（Rollentheorie）。这一学说认为每个人在社会上都有一定的职务与功能，即所谓社会角色。社会中不同的人要担任不同的角色，就应当保有一定数量的反映自身特征的信息。信息被他人窃取，其担任社会角色的基础即丧失。

因此其应当有资格支配这些信息并排除他人非法干涉。

(3) 自我表现理论 (Theorie der autonomen Selbstdarstellung)。该理论认为对于所谓私领域或人格的保护,指的应该是权利人对于与其人格相关的信息的自我确定权限,同时也包括了权利人的自我描述 (Sellbstdarstelliung),以及该自我描述对外扩充的影响。

(4) 沟通理论 (Kommunikationstheorie)。该理论认为对私领域的保护与个人在社会中人格完整性的成立以及保持有重要关联,而不经本人允许即构成对其私领域的侵害。[①]

虽然以上理论都有失片面,但都从不同侧面说明了个人信息法律保护的理据,从而成为德国模式形成与发展的理论根源。

第三,法治理念根源。

在德国,一般人格权基本制度衍生出个人资料权制度,因此前者对个人信息法律保护模式的形成起到了关键作用。而该制度是基于德国一个重要的法治理念——突破绝对权法定主义而产生的。所谓绝对权法定主义,是指绝对权的种类与效力必须由法律明文规定,否则绝对权不存在。但人发展空间的无限性决定了人格利益种类的不可穷尽性,从而德国等大陆法系国家立法者与法学家逐渐认识到,人格权不可能一览无余地被规定在人格权法中,在司法实践中应当允许法官对于尚未被立法作为权利客体的人格利益进行保护。[②] 这就是对绝对权法定主义的突破之基本含义,在这一理念下具有开放性以及内容不确定性的一般人格权得以被创设,个人信息的德国模式由此奠基。

出于维护共同利益需要,欧盟各国在个人信息立法的价值取向、框架设计以及基本制度构建等方面达成了高度的一致。根据欧盟的要求,各成员国应当通过个人信息法引入对信息自由的保护问题,为实现此目的按照比例原则的要求排除或者限制个人信息本人的权利。譬如欧盟数据保护委员会下属工作组在于 1999 年 5 月 3 日通过的立法工作文件《关于公共部门信息和私人数据保护的第 3/99 号意见》中明确要求,各成员国应当在符合比例原则所包含的必要、适当以及目的与手段之间合乎比例等要件的前提下,基于实现信息自由之目的而排除或者限制本人权利 (to exempt or restrict subjects' rights pursuant to the principle of proportionality),而这一点已在欧盟主要成员国的个人信息保护法规中有所体现。[③] 相当多数(甚至主流的)欧盟与中国学者也建议,我国应根据比例原则来平衡本人的

---

① 朱柏松.个人资料保护之研究 [J].法学论丛,1994 (3):15-18.
② 尹田.论一般人格权 [EB/OL].[2004-8-17] http://www.civillaw.com.cn.
③ 参见德国联邦数据保护法第 41 节、英国数据保护法第 32 条、法国个人数据保护法第 67 条以及瑞典个人数据法第 7 条等。

人格利益与信息自由。①

然而，只要稍微留意比例原则的适用范围，就会发现它很难被用以协调信息自由与人格利益在一些领域（尤其是民事生活）里的冲突。萌发于亚里士多德"正义"法哲学思想的比例原则真正肇端于19世纪的德国，该国行政法学始祖麦耶在其《德国行政法学》一书中将它的内容概括为"行政权力……对人民的侵权必须符合目的性，并采取最小侵害之方法"。② 于是有的台湾学者对它作了"行政法中的'帝王条款'"的最高定位。③ 后来虽然它的效力扩展到所有公法领域，但始终无法及于强调主体地位平等以及意思自治的民事领域。如果比例原则被强行地用以调和这一领域中信息自由与个人信息权的冲突，则势必破坏我国多年来公法与私法之间泾渭分明的关系。

此外，根据相当部分遵循此进路国家的法律，裁判者应当偏重于实现信息自由。譬如欧盟1995年个人数据保护指令第9条规定，为满足新闻报道以及文学、艺术创作和科研等方面的的需要，"排除适用"保护个人信息本人权利的规定（原文为"exempt"，对应汉语"排除"而不是"限制"）；与之如出一辙的是，英美法系大法官本杰明·卡多索以及哈兰·斯通提出了信息自由权是"母体"与"优先"权利的观点，此说被该法系判例吸纳。④

在我国语境下，本书不赞同一概"择优录用"信息自由。一方面，个人信息保护所蕴含的人格尊严与自由价值亦体现于宪法层面，故支持者的主要依据——信息自由承载"更高的宪法价值"实难成立。而且按照哈耶克的理论，作为立法者与司法者追求目标的自由又包含了目的价值与工具价值。⑤ 人格尊严与自由属于目的价值，信息自由在主流学者看来却仅带有（哈耶克笔下的）工具价值，由此，前者也不应在价值排序中被轻视；⑥ 另一方面，在卢梭看来，国家发展须从承认和保护"多元个体利益"的众意社会再到以"公共人格"与"道德共同体"为特征的公意社会两个阶段。历来较注重保护个体利益的英法等国或许可以为实现第二

---

① 贾淼.个人资料保护法的基本原则 [EB/OL].[2007-5-29] http：//www/iolaw.org.cn/paper/paper291.asp.

② 王名扬，冯俊波论比例原则 [J].时代法学，2005（4）：18.

③ 陈新民.行政法学总论 [J].行政法学研究，1998（1）：49.

④ See New York Times Co. v. Sullivan, 367 U.S. 254, 726 (1964); Hustler Magazine, Inc. v. Falwell, 485 U.S. 46-47。

⑤ 哈耶克.法律、立法与自由 [M].邓正来译，北京：中国大百科全书出版社，2000：8-9.

⑥ 关于信息自由的价值，历来在国内外学术界存在着目的说与手段说或者工具说之争。但根据学术界迄今为止形成的主流观点，信息自由主要承载着工具价值。对此请参见 [美] 科恩.论民主 [M].聂崇信、朱秀贤译，北京：商务印书馆，1988：125-128；[日] 芦部信喜.宪法 [M].林来梵、朱绚丽译，北京：北京大学出版社，2006：152.

阶段目标而偏重信息自由；① 但在对人格尊严与自由等个人权益的保护尚未臻完善的我国，如果为了实现"公意"而忽视对个人信息的保护，则可能出现权利人尊严被践踏、人格自由被禁锢之局面。

最后，比例原则进路的实施在我国也同样存在立法与司法体制上的阻碍。类似于北美，欧盟及其成员国也是在诉讼中直接引入宪法中保护信息自由的规范，再根据比例原则完成对个人信息权的制衡。② 在宪法司法化论证未能在我国完成的背景下，该进路与个案衡量面临着同样的障碍，即保护信息自由的宪法规范无法被直接适用于民事诉讼等司法程序当中以实际制约个人信息权的行使。同时，这一进路试图为法官应对各种情势提供周延而整齐划一的衡量标准（即适当、必要以及合比例），因此难免失之于模糊与抽象。譬如在如何判断被实现的信息自由与所牺牲的个人信息本人的人格利益孰重孰轻上，就很难有一个客观而精确的尺度。如此，裁判者即陷于主观判断的旋涡。虽然一些学者看到了这一弊病并对如何具体适用它进行过可贵的探索，但大多仅停留于释义的层面上，对如何在司法实践细化其标准从而使操作客观化方面却鲜有也难有建树。③ 考虑到我国法官素质以及司法环境，该原则势必成为空泛的具文以及恣意裁判之坦途，从而产生相对于在欧陆而言南橘北枳的效果。以上个人信息保护理念在欧盟的政策性文件中有集中体现。欧洲委员会为公共咨询已经提交了题为《公共部门信息：欧洲关键资源》的绿皮书。④ 该绿皮书的主要目的是鼓励就以下问题进行讨论，即公共部门信息如何更好地为公民和企业使用以及该领域的国家规则是否需要协调。该绿皮书的出台似乎主要为应对私人部门的要求，这些主体希望以较低的成本获得公共部门信息并防止公共部门在该领域形成垄断。因此该绿皮书的关键问题之一是公共部门信息的可用性。公共部门掌握的信息，即"公共"信息的专门分类正在争论中，这将使公众受制于特定的规则或为了特定的目的⑤并隐含地或明确地基于国家关于其公民的透明愿望。⑥

（二）促进个人信息的合理利用

根据信息有价原理，个人信息是数字环境下重要的社会资源。因此，欧盟除了保护个人信息主体的人格外，还注重促进个人信息的合理利用。公共部门掌握的个人信息刚开始被收集和处理是为了特定的目的，通俗地说，是基于特定的规

---

① ［法］卢梭. 社会契约论［M］. 何兆武译，北京：商务印书馆，1982：29-30.
② 参见欧洲人权法院 Goodwin v. United Kingdom 案，1996年3月27日。
③ 姜昕. 比例原则释义学结构构建及反思［J］. 法律科学, 2008（5）：45.
④ Com (1998) 585, available at: http://www.echo.lu/legal/en/access.html.
⑤ 似乎可以对信息进行以下区分：信息按照法律规定必须公开或按照法律规定是可获得的和公共部门信息的出版发行或者可得到不是基于法律的规定而是为满足个人或企业的需求。
⑥ 因此该观点不涉及"公开"更为广泛的其他含义，其涵盖了所有为公共主体处理的数据。

则。在一些情况下数据的提供是强制性的，而在其他情形下信息必须为了增进获得公共服务而被提供。① 因此，数据当事人不必认为其个人数据将被公开并被用于商业目的。这是一些国家立法允许获得公共部门信息（包括个人资料）的原因之一。② 从95/46/EC指令的观点可以看出，该问题提出了是否商业使用应被认为和数据被收集的最初目的不一致，如果是这样，特定条件下商业使用仍然能被允许。如果公共部门信息将被公布和交易，特定的规则必须被遵守。③ 在每个个案中，隐私权和私人经营者的商业利益间的平衡需求将被保持。

在欧盟，立法者为了促进个人信息被公众合理利用，采用了若干措施。95/46/EC指令承认数据当事人应被告知关于他们的数据处理的权利，并规定至少他们有权反对非法的不当利用行为。根据反面解释，合法与合理的利用行为不应当被主体提出反对意见。因此，数据当事人必须被告知涉及他们的数据商业使用并必须有权通过简单有效的方式反对这种使用。④ 鉴于数据传播资源的丰富，经营者数量的巨大和资料下载的可能性，数据保护的一站式服务（one-stop-shop）观念正在发展中，这意味着数据当事人将不必个别反对每一个经营者。在一些欧洲国家，列在电话簿名录上的人能使他们自己利用这种选择。基于相同的原因，法国国家信息技术和公民自由委员会⑤已经建议所有的姓名地址录出版者应确定已经实施其权利反对他们的详细资料被用于商业目的的订户。出版者应在他们的姓名地址录被出版的每个媒介中做这项工作（hardcopy，CD-Rom，Minitel or Internet）。一站式服务的理念对于规范使用个人数据的商业经营者的行为、确保人们的权利被尊重，都非常重要。

事实上，个人信息的合理利用满足着多元的社会诉求，除了公共利益（如从事电子政务活动、档案管理）外，还包括私人利益，最典型的是电子商务经营者所追求的经营利益。取得隐私权和经营者商业利益间的平衡，以下方面也可能是必要的，即获得数据当事人的同意或者甚至引入立法。⑥ 在为商业目的使用计划许可数据的意见中，比利时保护隐私权委员会认为这种使用仅在新目的（在公权力机构处理的资料为商业目的的使用的情形下）有法定或法令基础以精确的术语界定它的情形下才是合法的。如果没有这样的基础，比利时委员会认为通过传递数据

---

① 参见绿皮书附件1：成员国关于获得公共部门信息的立法和政策的当前情况，第20页。
② 参见95/46/EC指令第6（1）b条。
③ 应注意，一些人认为，既然人物概况能通过综合不同资源而形成，为商业目的的使用个人数据应被禁止，至少应被限制，并且造成损害应受到惩罚。就来自官方资源的个人数据而言，告知数据当事人的义务也应没有例外（指令第11条）。
④ 参见95/46/EC第10、11和14条。
⑤ Commission Nationale des Libertés et de l'Informatique，France.
⑥ 关于在一些情形下同意的界定和同意专门形式要求的95/46/EC指令第2（h）、7（a）和8条。

到第三方而得以实现的利益不能侵犯数据当事人的隐私权。此外，为商业使用时须获得数据当事人的同意。数据当事人必须明确表明其同意并完全获知事实，考虑任何人申请计划许可的事实被要求提交满足特定约束的文件。稍后在同一意见中，比利时委员会提及了当处理有关数据当事人的信息时告知他的义务，并且专门强调他们有权反对这样的处理，根据申请并且不付费（on request and without charge），如果数据将被用于直接的交易目的。

（三）对信息自由的兼顾

欧盟偏重于对人格保护不等于完全忽略信息自由。欧盟委员会数据保护工作组通过专门的政策性文件，强调了信息自由兼顾的重要性与具体方式数据保护的目的是给被处理的个人数据提供保护。这是将数据主体的权利和数据处理人或控制数据处理人的义务结合的典型方式。规定在欧盟数据保护指令（95/46/EC）中的义务和权利是以欧洲委员会1981年第108号决议为基础制定的，与经济合作与发展组织（OECD）的准则（1980年）或联合国的方针（1980年）并无不同。因此在数据保护规则背景下达成某种程度的一致，且其适用不仅限于共同体内的15个国家。然而，如果付诸实践，数据保护规则仅适用于个人的保护。因此有必要考虑使规则内容不仅适用于个人数据向第三国的传输，且要确保规则在该系统中的有效性。在欧洲，历史趋势是将数据保护规则法律化，故可以对非法行为进行制裁，对个人而言也有了进行权利救济的可能。此外，这些法律通常包括了附加的程序性机制，如具备监督、调查、投诉职能的监管机构的建立，这些程序性事项与关于义务、制裁、救济、监管机构、告知等条款都反映在95/46/EC指令中。这种以程序性手段确保对数据保护规则遵守的方式，在共同体之外是不多见的。公约缔约方被要求将数据保护的原则具体化为法律，但对诸如监管机构这样的附加机制没有要求。经合组织指导方针只要求缔约方在国内立法中对其加以考虑，也没有规定程序性方式来确保该方针对个人的有效保护。另一方面，后来的联合国指导方针包含了监管和制裁条款，这反映了世界范围内日益发展的对数据保护进行充分落实的需要。

在此背景下，任何对于适当性保护的有意义的分析必须基于两个基本要素：规则适用的背景；确保其充分适用的手段。以95/46/EC指令为起点，并参考其他国际性数据保护的文本，应该可以达至数据保护内容原则和程序性/执行要求的"核心"。为做到适当的保护，以上这些最起码的要求不能仅具有象征意义。在某些情况下，需要对其中的内容进行增减。向数据主体传输的风险程度，是决定个案中的明确要求的重要因素。尽管有限制性条款，但遵循最起码条件的基本"清单"对任何分析都是有用的起点。其基本原则如下：第一，用途（目的）限制原则。数据处理应用于特定用途和随后的使用，或在与传输目的相适应的范围内做进一步的交流。该规则的例外仅限于指令第 13 条所列的理由，① 这在一个民主社会中是必要的。第二，数据质量和相关原则。数据应是准确的，必要时应保持更新。数据须与收集或随后处理个人数据的目的相关，且是适当、相关和不过量的。第三，明确原则。个人应知悉数据处理的目的和在第三国的数据控制人的身份，以及其他在有必要确保适当的范围内的信息。该原则的例外仅限于指令第 11 条第 2 款和第 13 条所列的情况。② 第四，安全原则。数据控制人应采取与数据处理所具有的风险相适应的技术措施和组织措施。任何按照数据处理控制人或数据处理者的授权行动的人，包括处理者本人，不得在数据控制人的指示之外处理数据。

在具体规则方面，工作组确立了主体获取、更正和拒绝的权利。数据主体有权获得与其相关的所有被处理信息的一份副本，并有权更正不正确的数据。某些情况下，数据主体可以拒绝与其相关的数据处理。该规则的例外仅限于指令第 13 条所列的情况。对先前传输的限制：接收初始数据后，对个人数据做进一步传输的，应有法律规定，对二次接收（即对先前传输数据的接收）提供适当的保护水平。其例外仅限于指令第 26 条第 1 款所列的情况。以下适用特殊类型数据处理的附加原则：（1）敏感数据。涉及敏感类型的数据时，附加的防护应是适当的，诸如需要数据主体对此类数据的处理明确表示同意。③（2）直接销售。出于直接销售目的的数据传输，数据主体应可以在数据处理的任何阶段"选择退出"。（3）自动化的个人决定。当数据传输是基于指令第 15 条的自动决定的获取时，个人有权知悉决定的逻辑，并应采取其他措施保护个人的合法利益。欧盟国家为了保障前述关于个人信息利用以及公开的机制能够有效地实施，还设置了监督的机构，并对这些机构确立了较为稳定的允许机制。然而在世界其他地区，该特征并不显著。为给适当性保护的评定提供一个基础，有必要确定数据保护程序性制度的基本目标，并在此基础上去评价第三国的各种不同的司法或非司法程序性机制。

根据工作组的要求，在对信息自由加以兼顾的过程中，应当着重注意数据保护制度的目标有三个本质层次：（1）提供遵守规则的良好水平（没有制度能被 100% 的遵守，但有些制度的遵守情况会相对好些）。好的制度通常有这样的特征：数据控制人对其义务，数据主体对其权利及行使方式均有较高程度的意识。有效的劝戒性制裁的存在，在确保遵守规则方面有重要作用，制度的直接验证可由当

---

① 第 13 条对目的原则做了限制，只要此类限制构成保护以下事项的必要性措施：国家安全，防务，公共安全，对刑事犯罪或违反职业道德行为的预防，调查，侦查和起诉，重大的经济或财政利益，对数据主体或他人利益和自由的保护。

② 第 11 条第 2 款规定：数据收集自数据主体之外的其他人，向数据主体提供信息是不可能的，成本过高，或者法律已对数据记录或披露做了明确规定。

③ 披露种族血统、政治观点、宗教或哲学信仰、工会成员资格的数据，与健康或性生活相关的数据，与犯罪、刑事制裁或保密措施相关的数据。

局、检查员或独立的数据保护机构官员进行。(2) 为个人数据主体行使权利提供支持和帮助。个人必须能迅速有效地行使其权利，且无须太高成本。要做到这些，就必须有某种组织性机制以对投诉进行独立调查。(3) 当规则被违反时，向受损害方提供适当的救济。有一个独立的能够合理给予赔偿和施以制裁的审判或仲裁制度，此为关键要素。

二、基础制度

(一) 一般人格权

对于一般人格权是个人资料保护法的制度基础问题，1990 年德国个人资料保护法第 1 条有明确规定。该权利是德国在 20 世纪 50 年代由联邦最高法院以司法判例的形式，通过援引德国《基本法》第 1 条、第 2 条而发展起来的。关于一般人格权的含义，学术界历来存在以下几种观点[①]：

第一，人格关系说。此说认为，一般人格权为一般的人格关系。其为德国学者 Von Caemmerer 等根据瑞士民法典第 28 条第 1 项之规定提出。他认为，人格权是一个"上层概念"，人格权中的各种具体内容权利，只是一种地位或资格，与一般权利在性质上并不相同。

第二，概括性权利说。此说认为，一般人格权为概括性的权利。其为一些德国学者主张。如 Larenz 认为，一般人格权具有"概括广泛性"；Nipperdey 则认为，一般人格权不仅涉及国家和个人的关系，而且涉及民法典所包括的具体人格权，一般人格权范围极为广泛，在内容上是不可列举穷尽的。法官的任务只是依有关价值观念将一般人格权具体化并确定其界限。因为人格的本质不易明确划分其界限，一般人格权作为概括性权利，在内容上是不易完全确定的。

第三，渊源性权利说。此说认为一般人格权是一种"渊源权"或"权利的渊源"。其为包括 Enneccerus 在内的一些德国学者提出，认为由于一般人格权的存在，方可引导出各种具体人格权。而依据一般人格权可发掘出某些具体的人格权，这样可以扩大人格权的保护范围。

第四，个人基本权利说。此说认为，一般人格权为个人之基本权利。其为德国学者 Hubmann 于 20 世纪 50 年代针对否定一般人格权的观点所提出，认为一般人格权不同于人格权本身，亦不同于各项具体人格权。他将一般人格权分为发展个人人格的权利、保护个人人格的权利和捍卫个人独立性的权利。这三种权利分别受到公法、私法等法律的保护并共同组成为一般人格权。

本书认为，就实质而言，以上四种观点之间并不存在对立，只不过是从不同

---

① 王利明. 人格权法 [M]. 北京：法律出版社，2000：24-28.

角度对一般人格权的性质和特点做了某种揭示。一般人格权是指以民事主体全部人格利益为标的并能够创设具体人格权的概括性权利。一般认为，一般人格权具有以下权能：(1) 人身自由，即民事主体在法律规定的范围对其行为自决并免受非法限制。人身自由包括身体免受侵害、婚姻自由、通信自由以及住宅自由等方面。(2) 人格尊严，即民事主体基于自身所处社会与工作环境、地位、声望以及家庭关系等各种客观条件对自己或者他人的人格价值与社会价值的认识与尊重。(3) 人格独立，即民事主体在法律地位上不依附于他人而存在，人格独立往往是以财产独立、意志独立与责任独立为前提的。(4) 人格平等，即民事主体在享有权利、履行义务以及获得法律救济等方面同等。

从对一般人格权定义与权能的描述看，该权利除了具备人格权专属性与绝对性等共性外，相对于具体人格权而言还具有以下方面的特征：其一，概括性。一般人格权以全部人格利益为客体，在内容上能够创设具体人格权，即成为所有具体人格权概括和抽象，正像财产权是对物权、债权、商业秘密权和其他具体的财产权的概括和抽象一样。其二，不确定性。由于其概括性，一般人格权的内容、行使方式以及侵权样态不像具体人格权那样清晰。在德国，何种行为侵犯一般人格权、是否以及如何对之提供救济皆由法官根据个案进行判断，从而在涉及一般人格权的纠纷中法官的自由裁量权往往较大。其三，开放性。随着人类文化及社会经济的发展，一般人格权的范围不断扩大，内容亦愈丰富。因此，一般人格权的外延不是封闭的体系，即使法律明确规定了"一般人格权"，也仅仅是搭起了一个"框架"，其具体内容须待生活现实填充。

一般人格权对具体人格权发挥着以下功能：(1) 解释。一般人格权确定了应受法律保护的人格利益之基本属性，即凡属人格所生之合法利益，均受法律保护。在对立法上所规定的具体人格权进行必要解释时，一般人格权的权能便成为参照标准。(2) 补充。具体人格权的客体范围以及行使方式固然清晰，但有保护领域受局限之弊。当具体人格权未涉及的利益受到侵害时，可以将这些利益视为一般人格权的保护对象，从而依一般人格权进行法律保护。(3) 创设。当具体人格权保护范围之外的人格利益依一般人格权而得以保护之后，这些利益就有可能逐渐获得区别于其他人格利益的独立地位，进而在这些利益之上形成新的为法律所确认与保护的行使权利方式（即权能），当时机成熟时有可能通过立法被冠以一个权利的名字。由此，新的具体人格权被创设。

（二）资料自决权

在德国，一切基本法以及普通法所确认与保护的权利在宪法上都能寻找到依据，一般人格权与个人资料权也不例外。1983年，德国宪法法院人口普查法案正式确立了关于个人信息的一个宪法权利概念——"资料自决权"，此即为宪法依据。德国是全球最早确立个人信息宪法权利的大陆法系国家之一，采用的是宪法判例形式。此前，德国基本法并没有个人资料保护的明文规定。德国宪法法院该年人口普查法案判决第一次使用了"资料自决权"这一概念，使这一权利成为德国个人资料保护的宪法依据。宪法法院判决确立信息自决权的依据是，德国基本法第1条第1项的"人性尊严"和第2条第1项的"人格自由发展"。基本法第2条第1项规定："在不侵害他人权利和违反宪法秩序或公序良俗范围内，任何人均有自由发展其人格的权利。"第1条第1项规定："人性尊严不受侵犯。"判决认为，上述宪法规定体现了基本法的根本价值——维护人的尊严，个人资料是对个人生活事实的记载，是对自然人的"人格图像"的勾画，是人的尊严的一部分。

资料自决权，是指个人资料本人对其个人资料的交付与使用的自由决定所享有的为法律所确认和保护的权利。其核心内容有三项：（1）法律保护建立于个人资料之上的一般人格权；（2）法律保留，即对个人资料权利的限制只能由法律做出；（3）个人资料的收集应受严格的、具体的、明确的目的限制。宪法判决关于信息自决权的规定，奠定了个人资料保护的宪法基础。与此如影随形的是，此后德国各州都通过修正宪法规定了与资料自决权类似的旨在保护个人资料的权利。如柏林州宪法第21b条、勃兰登堡州宪法第11条、萨克森-安哈特宪法第6条、萨尔州宪法第2条等。由此，资料自决权成为德国立法机构制定保护个人资料的法律制度的宪法依据。

三、实施机制

以德国为代表的欧盟对个人资料保护制度的实施机制与美国有显著的不同，具体表现如下。

（一）宪法规范的间接引入与间接适用

在德国，个人资料权不是明确写入宪法的基本权利，而是借助于宪法的相关条款的解释得以进入宪法规范，从而与美国隐私权制度一样属于宪法规范的"间接引入"。但是，德国宪法保护的解释基础不像美国那样宽泛地在几乎所有的基本权利条款中找依据。它的解释依据只有两条：一是宪法第一条规定的人格尊严保护条款；二是宪法第二条规定的人格自由发展条款。在德国，宪法中的这两个条款位于宪法之首，被认为是德国宪法的人权保护的基本价值条款，德国宪法法院通过司法判例把这两个条款解释成了具有普遍法律拘束力的具有最高人权保护价值的一般人格权，然后在一般人格权的原则指导下发展出了对个人资料权的法律保护；另外，德国宪法的以上条款以及有关资料自决权的规定不能在司法中直接应用，而应当转化为民法典中的一般人格权以及个人资料权，因此属于间接适用而非像美国宪法隐私权条款那样直接适用。

（二）完善的监督机制作为保障

与美国在很大程度上依靠个人信息处理者行业自律的做法不同，为了确保民事主体的个人资料权受到充分保护，德国设立了完备的监督机制，以便对个人资料的收集与处理者的行为进行监控。按照监督人与被监督人的身份不同，德国的监督机制可以被划分为以下三种：（1）专门机关对公务机关的外部监督。根据《联邦个人资料保护法》，联邦以及各州个人资料保护委员会是公务机关处理个人资料的外部监督机构。一般而言，个人资料保护委员在两种情况下可以行使个案监督的权力：一是个人资料本人可以向委员会声明侵权的具体情形，委员有权力对该本人的资料的收集、处理或利用进行监督；二是联邦个人资料在获知个人资料侵权的事实时，可以依职权主动行使监督职权。（2）特殊公务机关的内部监督。依照德国保护法规定，某些特殊公务机关处理个人资料应该设置内部资料保护人。一般而论，内部资料保护人由处理个人资料的公务机关的高级主管担任，由其负责机关内部的资料保护监察工作。至于哪些特殊公务机关应当进行内部监督，德国保护法第18条规定为联邦最高官署、联邦铁路局董事会、联邦邮政事业董事会或联邦邮政局管理处以及联邦政府或最高官署等。（3）非公务机关的内部监督。德国保护法规定，非公务机关处理个人资料，应该设置内部监督机制。资料保护人由各单位自行任命，以其具备必要的专业知识和品行良好为任命基本条件，资料处理单位应维护内部资料保护人的独立工作地位，对于其行使监督行为应予以配合，并不得因其行使职务行为遭受不利。

（三）用损害赔偿制度救济个人资料本人的权利

损害赔偿制度是个人资料保护法的权利救济措施，也是资料本人补救权利的最终途径。由于个人资料的收集与处理者既可能是公法主体，也可能是私法主体，在收集与处理个人资料时势必导致个人资料因行政侵权行为或民事侵权受到侵害。德国保护法对基于行政侵权行为发生的损害赔偿和基于民事侵权行为发生的损害赔偿进行了明确的区分，分别规定了不同的归责原则和赔偿范围：基于行政侵权行为发生的损害赔偿适用无过错责任原则，这主要是因为这种赔偿制度的本质，是对损失的负担或弥补，而不是对造成损失行为或原因的评价。在赔偿范围的确定上，针对行政侵权行为放弃了全额赔偿原则，设定了明确的最高限额；而基于民事侵权行为发生的损害赔偿则适用过错责任原则，这是因为民事主体地位平等，如果个人已尽其法定注意义务，即得以免负侵权责任。在赔偿范围方面则实行全额赔偿，不设最高额限制，这也是民事主体地位平等所要求的。

第三节　美欧（德）立法模式对我国立法的启示

构建我国个人信息法律保护制度需要移植国外先进的立法经验而不是闭门造

车，这样可以避免重走像德国、美国用一个多世纪来反复试错的漫漫长路。为此，我们需要比较外国在个人信息保护领域最典型的美国隐私权模式与德国人格权模式，寻找其中的异同，最终探寻我国的立法模式。

一、美国与德国模式的异同

无论是美国的隐私权模式，抑或德国的人格权模式，其产生的初始原因都是为了使公民对抗来自于政治生活与市民生活中对其人格尊严与自由等利益的侵扰，实现政治家尊重民众人权的政治宏图；另外，二模式在保护对象上，美国广义的隐私权以总括的人格利益为标的，而德国的重要权利之一——一般人格权以全部人格利益为客体，外延无限广泛且大同小异。然而，以上相同点无法掩盖美国隐私权模式与德国人格权模式在以下方面的重大差异。

第一，二者产生的文化根源与发展历程不同。虽然二者都源于对人格利益的维护，但美国模式根源于保障人格自由，而德国模式源于保护人格尊严。由此导致了两国对个人信息加以法律保护侧重点上存在以下差别：基于对自由价值的追求，美国立法者更偏重于本人的自由免受公法主体的干扰，从而对公法主体收集与处理个人信息的行为加诸多条件进行限制。同时认为私法主体对本人自由的干涉较少，因此对这些主体的相应行为并未做过多的制约；德国立法者认为对个人信息的侵害实质上是对本人人格尊严的侵犯，侵害的来源既包括公法主体也包括私法主体的行为，因此在德国法中，两种主体的非法行为都得以排除。另外，从两国制度的发展来看，美国隐私权模式在保护对象上由最初的对隐秘信息的支配逐渐扩展到个人一切事务（如婚姻、生育、避孕、家庭关系）的自决，属于由点及面；而德国人格权模式的客体由最初的概括人格利益逐步具体到能够对本人进行识别的信息，属于由面及点。二者的发展历程差异正反映了作为英美法系与大陆法系的代表国家在归纳与演绎思维路径上的区别。

第二，二者的基本制度不同。隐私权制度与人格权（尤其是个人资料权）制度是美国与德国的基本制度，二制度无论在保护对象、属性还是在行使方式上都有显著不同。美国隐私权的保护对象在狭义上仅为隐秘的个人信息（即隐私），而德国个人信息权则以能够使本人与他人区分开来的一切信息（包括隐私与琐细个人信息）为客体；隐私权既是宪法权利也是民事权利的一种，而个人资料权属于作为一般人格权下位权利具体人格权的一种；隐私权主体行使权利的方式为对私人事务自决并排除一切不法干涉自决的行为，而本人行使个人资料权的方式有知悉个人资料被使用的情况，对过时、错误的个人资料加以更正、删除与封锁以及利用个人资料等。可见，美国对隐私权救济措施的采用主要是在侵权行为实施甚至损害结果发生以后，而德国对个人资料权的救济措施在侵权行为将要或者正在实施时即可采取。

第三，二者的立法与实施机制不同。在立法上，规制美国隐私权保护的法律规范分为联邦与州两个级别，数十个规范彼此独立从而显得零散，在种类上因包括了制定法、民间习惯与行业自律规范而杂然各异；德国的一般人格权与个人资料权集中体现在德国民法典与联邦个人资料保护法等制定法当中，制度内容按照总则—权利行使方式—法律责任顺序井然有序地排列。在实施机制上，美国关于隐私权保护的规定主要是通过宪法判例以及对宪法的解释形成的，宪法规定可以直接适用于司法并且通过违宪司法审查机制落实，法院在处理隐私权纠纷时需遵从先例拘束原则；德国一般人格权与个人资料权制度的形成虽然也受到宪法判例的影响，但宪法的规定不能直接适用于司法，法官在处理个人资料纠纷时应当严格按照民法典与个人资料保护法的规定，同时对于处理个人资料的社会主体进行外部与内部监督。

二、对美国与德国模式的取舍

通过对美国隐私权模式与德国人格权模式的对比，我们会发现二者在产生与发展基础、基本制度以及立法和实施机制上都有根本的差异。如果对两种模式不加甄别而一味兼收并蓄，必将导致我国制度从体系、内容到实施上的混乱与冲突。正确的做法应当是，结合我国的文化理念与法治传统等国情，在基本制度框架的构建上以一种模式为主，在具体制度的设计上对另一种模式的精髓适当吸收。本书认为，我国个人信息法律保护制度从整体上更适合采用德国模式，理由如下。

第一，德国模式更加切合我国的文化背景。由于受传统儒家文化的影响，我国数千年来都是本着团体本位构建个人与家庭、社会的关系模式，过多地强调个体对于社会与家庭等团体的义务与责任而忽略其权利，由此导致我国民众隐私等个人信息长期得不到保障。直到改革开放以来，受西方隐私观念以及人权维护观念的影响，我国社会主流以及法律界才对个人信息以及隐私保护的态度有了根本的转变。[①] 在这样的背景下，个人要真正地在社会中受到人格的尊重，就应当排除对其人格利益来自各方面的侵扰。而在正迈入信息时代的我国，个人信息法律风险的主要源头之一正是私法主体对于个人信息不当收集与处理行为，看看 tom 网、新浪网上对名人琐事铺天盖地的报道就知道此言不虚了。而在美国的隐私权模式下，个人信息本人只能对抗公权力的侵扰，而对于私法主体（如新闻媒体、社会中介组织以及企业）的不法干涉却只能寄希望于行业自律等软约束，这样就对在我国使个人真正获得人格独立、尊严与自由带来障碍。但德国模式正好弥补了这

---

① 袁自聪. 中美隐私观比较［J］. 安徽警官职业学院学报，2004（1）：15-18.

一缺陷，任何社会主体（无论国家机关还是民间机构、个人）实施了侵犯个人信息的行为都视为对人格尊严的侵犯，从而承担相应责任。

第二，德国模式更加有利于对个人信息本人的保护。无论以人格自由为出发点的美国模式还是以人格尊严为原点的德国模式都将维护个人信息本人权益作为法律制度首要的价值取向，为了维护信息社会中的人格尊严与人格利益，我国也应当如此（至少在民事立法领域）。比较而言，德国模式更加有助于实现这一点：一方面，德国制度将包括敏感信息与琐细信息以外的一切个人信息纳入保护对象，从而使本人能够对抗他人对其任何个人信息非法收集与处理的行为；而在美国法中，对保护对象——隐私的狭义理解仅限于隐秘信息，这就使琐细信息无法纳入法律保护的范围，如果采用广义的理解虽可消除这一弊端，但会引起立法与司法中的一系列麻烦，这一问题留后待述。另一方面，通过对美国隐私权权能的阐述可以看出，个人信息本人几乎只能在侵害行为已经实施甚至损害结果已经发生时方能提请法律救济，基于个人信息的传播性与不可逆性这样的措施显然不能充分补救本人遭到的损害；而德国个人资料权的权能包括知悉、删除、更正与封锁等，从而更加有利于预防侵害行为的实施以及损害后果的发生。

第三，德国模式更加符合我国法制的现状与未来趋势。首先，在德国，个人信息被定性为具体人格利益的一种，如果能够为我国立法者采纳并设立作为具体人格权一种的个人信息权制度，就能够与我国现在已有的姓名权、名誉权、荣誉权以及婚姻自由权等具体人格权制度相协调，从而构建在我国已经初具规模的人格权体系；另外，德国对个人信息保护采用统一的立法形式，用之于我国不仅能够形成系统的个人信息法律制度从而为我国民法典的制定工作打下基础，又可以使制度富有条理性与逻辑性地展现在司法者与当事人面前，免去在司法活动中寻法的不便。反观美国，如果依照该国对隐私的广义界定，必将把名誉、行为自由等纳入隐私权的保护范围之下，从而在内容上与我国已有的名誉权、婚姻自由权等发生冲突并扰乱现有的人格权体系。此外，美国的法律渊源形式分散、效力各异，并且充斥着大量的行业自律规范。如果将其移植到我国会导致以下弊病：一方面，杂然各异的规范将破坏我国统一的法律体系，对司法者与当事人寻法造成障碍，从而导致司法的低效率；另一方面，行业自律规范由于缺乏强制力与普遍适用性，从而导致实施效果不理想，最终损害个人信息本人的利益并扰乱正常的社会秩序。[①]

第四，我国法律实施机制的土壤更有利于德国模式的生长。美国隐私权模式的实施是依靠宪法规范的直接适用以及违宪审查完成的，法官在审理隐私权纠纷

---

① 齐爱民．美国信息隐私立法透析［J］．时代法学，2005（2）：81．

时遵循先例拘束原则，即比照此前已经做出过的判例来保护隐私权。而在我国，宪法只有间接适用的效力，即只能被转化为下位法的规定后才能被用于司法活动。关于在我国是否应当实现宪法司法化以及建立违宪审查制度等问题，虽然理论界有论争，但尚未形成定论。[①] 此外，作为大陆法系国家的我国，法官判案采用的是演绎而非归纳逻辑路径，严格依照法律的规定而不受先例拘束。因此，即使我国采纳了美国的隐私权模式，而由于法律实施机制的原因而使该模式的内容难以有效实施。而同为大陆法系国家的德国由于在司法体制上与我国有很大的类似性，因此也决定了该国的人格权制度在我国较少有实施上的障碍。

总之，德国模式较之于美国模式与我国文化背景、社会现状以及立法和司法体制有更强的同构性与兼容性，从而更加适合为我国个人信息立法保护采纳。当然，美国的隐私权制度也并非一无是处，其某些内容（例如在立法规制的同时辅之以行业自律）可以在我国立法与司法中适当采纳。

第四节 中国个人信息权的立法取舍

自然人对其个人信息所享有的权利，称之为"个人信息权"。个人信息权，即自然人依法对其个人信息进行控制和支配并排除他人干涉的权利。设定个人信息权制度有利于实现个人信息保护法的宗旨。保护人格利益与实现信息自由是个人信息保护法立法者应当兼顾的两种价值。如何使二者协调共生，将是立法者与司法者的中心任务之一。按照大陆法系国家（包括我国）的传统思维，对自由标界最常用的方式是以法定手段使保护它的民事权利的诸要素——主体、客体与内容等变得明确与具体。因此，为了协调信息自由与人格利益维护二者潜在的冲突，立法者有必要按照形式理性的要求将个人信息权的主体、客体与内容诸要素系统地展示于法律规范当中，通过对人格利益进行标界从而兼顾信息自由。

一、个人信息权的法律性质

（一）各种学说

关于个人信息权性质为何的问题，学界一直存在争议。

1. 人格权说

"人格权说"认为，个人信息体现的是一种人格利益，个人信息的保护应该采取人格权的保护模式。"人格权客体说"以德国法为代表。在最初的理论和立法上，德国曾经一度接受了美国的隐私权理论。德国资料法规定，个人信息保护的

---

① 陈云生．宪法视野和宪政界域中的公益诉讼[J]．法学研究，2006(6)：34.

目的在于保护隐私。随着个人信息保护在德国的深入开展,"隐私权客体说"逐渐暴露出与德国大陆法体系不相容的弊病,关于修改法律的呼声此起彼伏。"隐私权客体说"最后被1983年德国联邦宪法法院"人口普查案判决"推翻。该判决认为,资料何种情况下是敏感的不能只依其是否触及隐私而论。在此判决的指引下,德国1990年修改后的个人资料保护法第1条规定:"本法旨在保护个人的人格权,使其不因个人资料的处置而遭受侵害。该法的目的是保护个人人格权在个人信息处理时免受侵害。"① 这一规定标志着在个人信息保护的理论基础上,德国法终于有勇气放弃了作为舶来品的隐私权理论,转而寻求本国法律体系中比较完善的人格权理论。

2. 基本人权说

"基本人权说"认为,个人信息是基本人权的客体。有立法主张个人信息体现的是一种基本人权——关于个人的基本权利与自由的综合权利,特别包括隐私权。这种主张多见于国际组织的立法。欧洲议会公约在绪言中指出:"考虑到在自动化处理条件下个人资料跨国流通的不断发展,需要扩大对个人权利和基本自由,特别是隐私权的保护。"欧盟指令绪言(7)规定:"由于对个人资料处理中的个人权利和自由,特别是隐私权的保护水平不同,可能阻碍资料在成员国之间传递,并对共同体的经济生活产生不利影响,妨碍竞争和阻止各国政府履行共同体法律规定的职责;保护水平的差异是由于存在大量不同的内国法律、法规和行政规章所造成的。"

(二) 本书观点

个人信息可以交易的实例也说明,个人信息含有财产性因素,并具有稀缺性。然而,这种现象却不能说明个人信息是所有权客体。财产,必能通过交易被转让。虽然现实中个人信息与本人经常发生暂时分离,但二者的归属关系始终无法改变,否则个人信息的识别功能即丧失,从而丧失存在与被保护的意义。个人信息数据库一旦被利用将会给利用者带来丰厚的收益。但个人信息的法律属性不是直接财产利益。从属性上看,个人信息属于人格利益。不能仅仅因为个人信息具有财产利益就将个人信息归入所有权的客体。人格权的客体同样具有财产利益,如隐私、姓名、肖像等。信息管理者将个人信息汇集后制作成数据库,其对个人信息数据库拥有数据库权——知识产权的一种,但并不是信息主体对数据库拥有数据库权。采取所有权模式不能实现保护信息主体权利的目的。

从各国立法上看,个人信息保护法所保护的法律利益主要是信息主体的人格

---

① FEDERAL DATA PROTECTION ACT of December 20, 1990 (BGBl. I 1990 S. 2954), amended by law of September 14, 1994 (BGBl. I S. 2325). http://www.datenschutz-berlin.de/gesetze/bdsg/bdsgeng.htm.

利益。目前，尚无所有权保护模式的立法例出现，也不可能出现。脱胎于法经济学理论的财产利益说势必导致作为自然人意志与精神载体的个人信息沦为交易对象，并以经济学家眼中的效率代替自由与正义等作为制度设计之圭臬，从而阻碍了我们在对个人信息保护进行价值定位时应做的人性价值寻回。

"隐私权客体说"有其特定的法律文化背景，是建立在英美法系隐私权文化基础之上的，美国法上的隐私概念和大陆法系并不相同，适合于美国的隐私权说并不适合大陆法系。美国法所指隐私权，无论学说还是判例，均强调隐私权之存在为人格之完整所不可或缺之要素，这一论点与大陆法系中人格权理论，尤其是一般人格权理论相同。[①] 如前所述，大陆法系的隐私仅为人格权利益的一部分，仅限于不愿他人知道或他人不便知道的个人信息。大陆法系中的隐私权法律制度只能保护个人信息上的一部分利益。

基本人权客体说是从宪法的角度看待个人信息属性的必然结果。落实到具体的部门法，主要是民法和行政法，从中国的现有法律制度出发，本书主张我国立法应采用"人格权客体说"。

结合欧盟（尤其是德国）与我国学界的通行观点，本书认为，个人信息所体现的是公民的人格利益，而个人信息的收集、处理或利用直接关系到个人信息主体的人格尊严。根据黑格尔对内外世界划分的理论，个人信息识别着本人并与之须臾不可分离，从而应被划入具有意志与精神属性的内在物范畴。因此保障本人对个人信息的控制，就是对其主体资格的尊重以及人身自由的维护。[②] 而这一点已体现于实然法中：在宪法层面，当今主要国家和地区将具有古典与自然权利性质的人格尊严和自由权作为保护个人信息的依据，从而确保民众在对其个人信息处理等事务上的自主与自决；在民法等部门法或具体法当中，这些国家与地区采用作为民事权利的人格权保护个人信息。譬如，欧盟数据保护指令2、7、33、45等明确规定，该指令旨在保护自然人人格自由权与隐私权等基本权利；又如，在美国，对个人信息的保护主要是通过联邦1974年隐私权法案等人格权法完成的；再如，德国个人数据保护的宪法依据——隐私权与信息自决权系基本法第1条人性尊严权与第2条人格的自由发展权衍生而来。同时，根据大陆法系人格权理论，凡是与人格形成与发展有关的情事都属于人格权客体。

我国宪法关于人格尊严的规定见第38条，该条规定："中华人民共和国公民的人格尊严不受侵犯。"人本身是目的，人应该自治、自决，凡是与人格形成与发展有关的情事，本人有权自己决定，并在此范围内，排除他决、他律或他治。谁可

[①] 罗明通，林志峰，李菁蔚. 电脑法（下）[M]. 台北：群彦图书股份有限公司，1984：494.
[②] [德] G. W. F Hegel. Hegel's Philosophy of Right [M]. Berlin: Dyde Batoche Books Kitchcener, 2001: 42-46.

以接近我们的信息,谁就可以掌握、利用甚至歪曲我们的形象。个人信息的收集、处理或利用直接关系到个人信息主体的人格尊严,个人信息所体现的利益是公民的人格尊严的一部分,具体说就是本人对其个人信息所享有的全部利益。在国外判例上,德国联邦宪法法院于1983年12月15日做出的"人口普查法案"判决明确指出,"信息自决权"的法律基础是德国宪法第1条第1项规定的"人性尊严"和第2条第1项规定的"人格自由发展"等基本法律规定。个人信息自决权保护模式就是保护个人信息的全部利益,赋予本人对其个人信息收集、储存、处理的决定权。我国将来的个人信息立法,应该采取一般人格利益的保护方式,隐私保护的方式与我国现有法律制度不符。

从认识论的角度而言,如何对权利进行定性直接关系到对它的保护方式的选择。由于人们对客体个人信息的认识不同,对个人信息权也做出了不同的定性。譬如有的学者在隐私说的基础上认为,个人信息权是隐私权;[1]另外一些学者在财产说的基础上进一步认为,个人信息权是财产权的一种。[2]但本书认为,"个人信息权"与财产利益有关,但它不是财产权,是人格权。个人信息权是个人对其信息的控制、处理与利用的决定权,而个人信息是人格利益。但个人信息可以进行交易的,的确具有财产利益,我国有学者主张个人信息权为所有权,也有认为是隐私权。个人信息不是物,肖像、隐私等人格利益都有财产价值,但并不因为它们有财产价值就成为财产法的客体。而隐私的范围远远小于个人信息的范围,个人信息权不可能和隐私权等同。因此,本书主张个人信息权是一种新类型的独立的具体人格权。

二、个人信息权的内容

个人信息权应当包含以下内容:信息决定权、信息保密权、信息查询权、信息更正权、信息封锁权、信息删除权。

(一)信息决定权

信息决定权,简称决定权,是指信息主体享有决定其个人信息是否被收集、处理与利用以及以何种方式、目的、范围进行收集、处理与利用的权利。信息决定权具有以下权利内容:

第一,信息主体有权决定个人信息是否被收集、处理与利用。信息主体对个人信息享有权利,信息主体可以径行控制与支配个人信息,有权禁止他人的非法收集与利用。

第二,信息主体有权决定个人信息在什么领域,以何种方式,以及以为何种

---

[1] 王郁琦. NII与个人数据保护[J]. 资讯法务透析,1996(1):34-68.
[2] 汤擎. 试论个人资料与相关法律关系[J]. 华东政法学院学报,2000(5):45-69.

目的被收集、处理和利用。信息主体有权决定哪部分个人信息供收集与利用，供收集和利用的个人信息用于何种目的，以及对个人信息的处理方式（自动处理和手工处理）等。

第三，当个人信息被他人处理时，信息主体得以请求信息处理者保持其个人信息隐秘性的权利。

信息决定权的法理基础在于人格利益支配以及信息自决。我国此前在刑法修正案（七）当中体现了这一权能，该修正案第 7 条规定：″国家机关或者金融、电信、交通、教育、医疗等单位的工作人员，违反国家规定，将本单位在履行职责或者提供服务过程中获得的公民个人信息，出售或者非法提供给他人，情节严重的，处三年以下有期徒刑或者拘役，并处或者单处罚金。″″窃取或者以其他方法非法获取上述信息，情节严重的，依照前款的规定处罚。″″单位犯前两款罪的，对单位判处罚金，并对其直接负责的主管人员和其他直接责任人员，依照各该款的规定处罚。″然而逾于刑法规范的功能，这一条只能作为公诉机关向非法处理个人信息者提起刑事诉讼的公法依据，但不能作为个人信息本人提请私法救济的请求权基础。为了保障主体信息决定权的行使，信息管理者自收集个人信息之时起就对个人信息负有保密义务。信息主体有权请求信息管理者采取合理制度措施和技术措施对其个人信息保密，并禁止泄露。

（二）信息查询权

信息查询权，是指信息主体得以就其被收集、处理与利用的个人信息进行查询的权利。信息主体的查询权被称为″资料保护之大宪章″″关键性之权利″。① 信息主体行使查询权的主要事项包括：

第一，储存、处理与利用的个人信息档案的名称、类别及范围。个人信息档案是指一类个人信息组成的档案的名称，如杂志类出版事业资料维护管理档案、卫生管理系统档案、律师管理系统档案。② 个人信息的类别是指个人信息所涉及的信息主体的不同领域，如职业、相貌、家庭情况、学历、专业、就业情况、财政情况及身体状况等。个人信息的范围，包括时间上的范围及内容上的范围。时间上的范围指被收集、利用的个人信息的时间跨度，个人信息的内容范围是指个人信息涉及的个人及其活动领域与界限。如从 1998 年至 2007 年的个人身体健康状况信息档案，其时间范围就是 1998 年至 2002 年，而内容范围就是个人健康信息。

第二，依据、目的与使用的领域。″依据″主要是指个人信息的储存、处理与利用的法律依据，包括法律和法规。我国台湾″95 资料保护法施行细则″第 17 条规定，″依据″指保有个人信息档案法令或行政计划之依据。″目的″主要是指基

---

① 许文义. 个人资料保护法论 [M]. 台北：三民书局股份有限公司，2001：121.
② 许文义. 个人资料保护法论 [M]. 台北：三民书局股份有限公司，2001：122.

于何种利益的考虑储存、处理和利用个人信息。目的可以分为公益与私益，公益是社会整体的安定与福利，如SARS防治；私益是为实现特定私法主体的利益，为了进行交易，商业网站收集和处理消费者个人信息等。"领域"主要是指被储存、处理与利用的个人信息将具体运用到什么样的社会领域。和目的相比，领域则是客观的，并且同一领域可以有多种目的。卫生部门在SARS防治期间，收集个人体温信息，属于社会医疗领域，包括了公益目的（人民福利）和私益目的（如药品经营机构制定相关药品的生产和销售计划）。

第三，收集方式、步骤及传输与保密方法。按主体分类，个人信息的收集方式可以分为信息主体主动提供方式和信息管理者收集方式；按收集手段分类，个人信息的收集方式可以分为手工收集方式和计算机技术收集方式。收集步骤是指个人信息的收集程序，而传输方式也可以分为手工方式和计算机技术方式两种。保密方法可以分为制度方法和技术措施，行业自律是信息管理者采取保密方法的重要手段。

第四，提供或不提供的后果。信息主体须知悉向他人（包括政府）提供和拒绝提供个人信息的后果，是自主行使信息决定权的前提。

第五，权利救济。信息主体必须了解在自己个人信息被收集和处理过程中，对自己提供的可以救济权利的方式。具体内容包括：信息主体要求信息管理者停止对个人信息的储存、处理与利用的时间和方式，信息主体更正个人信息、保持信息品质的时间和方式，信息主体救济自己受侵害的权利的时间和方式。

（三）信息变更权

信息变更权，是指作为信息主体的自然人发现个人信息错误、过时或不完整时，有权请求信息管理者更正、更新或补充。信息变更权系由信息决定权衍生而来。由于信息是否正确直接关系到本人在社会中受到的评价是否客观与公正，因此赋予其在信息发生错误时请求更正有较为明显的意义。挪威个人资料法规定，当个人资料发生错误且该资料对于本人而言有重要联系时，资料处理机关应予以订正、消除或补正。

变更权行使的事由包括以下三个方面：（1）不正确。信息管理者掌握的个人信息与事实不符的，信息主体可以行使变更权。（2）不完整。信息管理者掌握的个人信息的内容就其特定目的而言是不全面的，信息主体可以行使变更权进行补充。不完整包括自始的不完整，即个人信息在收集时在其特定目的范围内就没有达到全面要求；还包括嗣后的不完整，即在个人信息收集后，因社会生活的发展，原来的个人信息需要补充。这就是我国台湾"个人资料保护法"上规定的"补充权"。我们认为，补充权并无独立存在的必要，变更权应包括补充权。这和德国个人资料保护法的规定是一致的。（3）过时。信息主体对不能反映最新事实的个人信息，可以行使变更权予以更新。

更正权的行使方式有二：一是请求信息管理者对个人信息进行更正；二是请求信息管理者对个人信息进行补充。更正是指对错误过时的个人信息予以变更；而补充是指对遗漏或新发生的个人信息予以补充，以满足完整的要求。

（四）信息删除权

信息删除权，简称删除权，是指在法定或约定的事由出现时，信息主体得以请求信息管理者删除其个人信息的权利。删除，指已储存的个人信息不得复认。[①] 删除以使个人信息不能被复认为要件，所谓"不得复认"，不仅指原个人信息不能识别自然人。

具有以下情形之一时，权利人可以行使信息删除权：（1）收集个人信息的目的消灭。收集个人信息的目的消灭后，信息管理者应根据法律的规定或者当事人的约定，删除个人信息。信息主体有权请求信息管理者删除个人信息。（2）储存个人信息的期限届满。期限是指一定状态持续一定时间产生某法律效果的时间段。期限届满，信息管理者对个人信息的控制、处理与利用的权利消灭，信息主体可以根据保存时限原则的规定，要求删除个人信息。（3）非法储存。非法储存的情况有个人信息的收集非法，信息主体的同意为无效或已被撤销，信息管理者目的外处理与利用个人信息等。

行使信息删除权的方式主要是请求信息管理者对个人信息进行删除，信息主体得以书面或口头的形式，向信息管理者提出请求，并列明相关事由。

（五）信息封锁权

信息封锁权，简称封锁权，是指在法定或约定事由出现时，信息主体得以请求信息管理者以一定方式暂时停止对特定个人信息处理和利用的权利。

个人信息的正确性与完整性处于争议或者不确定的状态，是信息主体行使封锁权的事由。我国台湾"个人资料保护法"第11条第2项规定："个人资料正确性有争议者，应主动或依当事人之请求停止处理或利用。但因执行职务或业务所必须并注明其争议或经当事人书面同意者，不在此限。"在资料正确性与完整性处于不确定状态时，赋予信息主体封锁权，主要是保护信息主体避免不正确信息的侵害。但是，事情往往具有双面性，在信息主体主动"引发"争议的情况下，便可以凭借该争议获得封锁权，而可以要求信息管理者停止对争议信息的处理与利用，这样难免会使信息管理者陷于被动。但鉴于事实上的信息主体的弱势地位，应优先保护信息主体的利益，所以封锁权还是非常有必要的。

信息主体通过请求权方式行使信息封锁权，要求信息管理者对争议信息进行

[①] 许文义. 个人资料保护法论［M］. 台北：三民书局股份有限公司，2001：124.

加以标记或者其他方式进行封锁，不得继续处理与利用。所谓"封锁"，指以一定方式限制信息管理者继续处理与利用。依照德国资料法第3条的规定，封锁是指为限制继续处理或利用而对已储存的个人资料附加符号。我们认为，立法不应对信息管理者对个人信息实施封锁的具体方式做限制性要求，因为对个人信息的储存方式和技术是多种多样的，根据技术中立原则，只要能达到限制继续处理与利用的目的，任何方式都应视为构成封锁。封锁的效果必须达到对个人信息的所有原件和复本的限制。

个人信息权除了以上内容外，还包括救济权以及报酬请求权。任何人对个人信息权造成妨害或侵害的，信息主体得以通过民事、行政与刑事诉讼等手段提请法律救济。报酬请求权，则是指信息管理者以赢利为目的收集、处理与利用个人信息，信息主体享有的，向信息管理者请求支付对价的权利。这一权能之所以确立，是由个人信息的性质决定的。个人信息固然是人格利益的一种，但这并不影响个人信息在社会经济生活中能够被应用从而带来经济效益，美国学者卡尔·皮夏洛将这一现象称为"信息有价"。[①] 在信息社会，个人信息成为最为重要的社会资源。信息管理者为了赢利目的收集个人信息，应该对信息主体支付对价或者提供服务。此时的服务提供就不为"免费"，因而，在法律适用上，应适用双务法律行为的规定，而不能适用单务法律行为的规定，以不当免除或者减轻信息管理者的责任。

迄今为止，尚未有报酬请求权的立法例出现。根据传统人格权法基本理论，人格利益没有直接内容，故人格权也没有直接规定财产利益。本书认为，个人信息和其他具体人格利益不同，个人信息具有其他人格利益不具备的独立性，可以作为一种商品进行重复买卖。从另一个角度看，个人信息的财产价值和可重复使用的使用方式更接近财产权客体，而远离人格权的其他客体。因此，立足于个人信息交易频繁发生的社会现实，本书主张应该赋予信息主体报酬请求权。信息主体行使报酬请求权的前提条件是信息管理者出于商业目的利用个人信息。若信息管理者出于公共利益，或者依照法律的特别规定收集个人信息，则不发生报酬请求的问题。倘若在个人信息收集之初是为了公益，而后转为商业利用的，则从信息管理者商业利用个人信息之时，信息主体得以行使报酬请求权。

---

① 卡尔·夏皮罗，哈尔·瓦里安. 信息规则：网络经济的策略指导 [M]. 张帆译，北京：中国人民大学出版社，2000：17.

第五章 个人信息利用的法律问题

第一节 个人信息再利用的功能定位与风险分析

一、个人信息权再利用的功能

根据信息管理学的一般原理，个人信息的初始收集者需要在激活该信息的基础上将它传输给其他用户加以共享，以帮助后者在做出相关决策时消除香农（C. E. Shannon）所称的"不确定性"。① 而在网络环境下，实施电子政务等职权行为公共机关在初始收集个人信息的基础上，也时常将该信息传输给从事电子商务与网络社交等活动的私人机构与个体，从而通过分级与多层利用该信息来最大限度地发挥其效用，前述整个过程即为个人信息的"再利用"。根据欧盟 2003 年 11 月通过的《公共部门信息再利用指令》，信息再利用（re-utilization）即指信息（包括个人信息）在被初始收集者激活的基础上，被传输给其他用户超出初始目的与方式作进一步利用。

在网络实践中，政府模式、市场模式与社会模式构成了信息资源（尤其是政府掌握的信息资源）再利用的主要模式。② 在以上模式中，行政机关与司法机关等公共机关主要扮演信息（包括个人信息）初始收集者与传输者的角色，私人机构与个体所接收与利用的信息大多是由这些机关提供的，他们较少直接向个人信息主体收集。做一个形象的比喻，在个人信息再利用活动中，公共机关一般处于对该信息"前端"控制的地位，它们直接面对个人信息主体并向其收集信息，进而为私人机构与网络社交个体再利用该信息提供条件；而这些机构与个体则更多的是在"后端"接收与再利用个人信息，他们既可能基于商业目的（譬如电子商务经营者为获取消费者的喜好），也可能出于满足商业以外的需求（譬如网络社交个

---

① 钟义信. 信息科学原理［M］. 北京：北京邮电大学出版社，2002：46.
② Commission of the European communities. Reuse of Public Sector Information- Review of Directive. 2003/98/EC［EB/OL］.［2010-05-10］http：//ec. europa. eu/information _ society/policy/psi/docs/pdfs/swd _ 070509/re-usepsi _ sec（2009）. pdf.

体为实现信息获取与言论表达的自由）。①

二、个人信息权再利用引发的风险

从信息的本身内容与运行方式的角度而言，信息安全的基本要素包括完整性、可靠性、保密性、可控性与可用性等。② 个人信息的本质属性决定了，以上要素制约着该信息被再利用的效率。因为按照控制论创始人维纳的观点，信息是独立于物质与能量的资源。③ 不同于其他信息（譬如政府信息与企业商业秘密）的是，个人信息的原始生产者是该信息所识别的主体。由于信息生产者在信息资源的三大要素居于首位，因此，只有主体获得了生成该信息的充分激励，才能保障再利用的来源。正如1995年欧盟个人数据保护指令引言所阐明的："Member states shall protect the fundamental dignity and freedom of subject"（意为"成员国应保护信息主体的基本尊严与自由"）。完整性、可靠性、保密性与可控性等信息安全要素维系着个人信息主体的人格尊严与自由等价值。只有在这些要求被满足的前提下，主体才能获得生成并向初始收集者提供个人信息的激励。

网络因素的介入使以上安全要素面临着前所未有的威胁，个人信息再利用活动也由此受到消极影响。一方面，若干有独立功能的计算机通过通信线路与设备连接起来，再辅之以网络软件支持，便利的信息传输纽带在个人信息初始收集者与接收者之间结成，数据通信与资源共享由此得以在公共机关、私人机构以及网络社交个体之间实现。尤其是随着云计算服务模式逐渐普及，上述组织与个体将越来越频繁地通过按需与易扩展的方式提供与获取信息，个人信息传输在传统空间所面临诸多障碍（譬如前端与后端之间的空间距离远、初始收集方提供信息的程序烦冗）将被消除。④ 在这一背景下，个人信息失真的概率因传输效率的提高以及环节的增多而提高，加之初始收集者与接收者在传输过程中往往不同程度地改变个人信息的内容以及信息之间的组合排列方式，这又加剧了失真的程度，由此，个人信息的完整性与可靠性被降低；另一方面，初始收集者与接收个人信息者的身份不同，所追求的目的也各异。同时他们在超出原始目的传输个人信息之前，一般不经过信息主体同意，甚至不向其告知，这无疑危及个人信息的保密性与可控性。以上消极因素压制了主体生成个人信息的积极性，进而阻碍了个人信息再利用活动的高效开展。中国互联网络信息中心报告即显示，大多数接受调查的网

---

① "前端"与"后端"是计算机科学中的术语。在软件架构和程序设计领域，前端是软件系统中直接和用户交互的部分，而后端部分控制着软件的输出以便于其他系统接收相关数据与信息。见：陆遥. 计算机组成原理 [M]. 北京：清华大学出版社，2011：34-36.
② [美] Brillouin. Science and Information Theory [M]. New York：Academic Press，1962：154.
③ [美] 维纳. 人有人的用处：控制论与社会 [M]. 陈步译，北京：北京大学出版社，2010：76.
④ 高富平."云计算"的法律问题及其对策 [J]. 法学杂志 2012（6）：8-9.

民对以上情况下其个人信息安全面临的威胁表示出了担忧,这部分网民中又有半数以上不愿将其个人信息与公共部门与商事机构等共享。[①]

三、欧美应对信息安全风险的经验

欧盟与美国为应对个人信息再利用所引发的上述风险,都通过立法这一有效的制度安排手段促使再利用者合理地运用信息技术确保个人信息安全。这些实践经验对于惯常通过汲取舶来法律文明精髓探索立法规制路径的我国而言,不无借鉴意义。

(一)区分规制前端与后端的美国例

从事电子政务活动的公共机关应当被强制履行对信息安全的注意与维护义务,这充分地体现在了美国联邦以及各州颁行的法律规范中。该国 1974 年隐私法案 §552a. 即规定,公共机关(public organ)在向他方传输个人信息时,有义务采取合理措施以确保信息处于真实、完整与可靠的状态;同时根据联邦信息自由法案 b(6),行政与司法机关在向他方(主要是以经营者为主的私人机构)传输个人信息之前,原则上应当取得信息主体的授权,同时采取保密技术防止信息被未取得授权者获得;根据隐私法案 §552a,违反前述义务的公共机关将承担相应民事、行政甚至刑事责任,各州立法进而细化了关于责任追究程序与承担方式的规定。譬如,根据俄克拉荷马州公共文件法 624A.17,官员未履行该法以及联邦相关法案所规定的义务并导致信息被泄露或歪曲的,将接受民事、行政或刑事审判,进而承担民事赔偿、行政罚金甚至刑事责任;又如,南卡罗来纳州机动车管理办法 656-5-1275 条规定,行政机关在将个人交通信息提供给其他机构再利用的过程中因疏于管理而使信息内容失真的,应向信息主体予以赔偿,同时被处以一定数额的行政罚金。

不同的是,对于从事电子商务与网络社交等活动的私人机构与个体应如何承担义务以及相应责任的问题,无论联邦还是州法律规范都鲜有规定。1984 年《电缆通讯政策法》(Cable Communications Policy Act)与 1991 年《电话消费者保护法》(Telephone Consumer Protection Act)甚至赋予经营者自由获取相关个人信息而无须经过信息主体同意的权利。

(二)统合规制两端的欧盟例

按照欧盟《1995 年个人数据保护指令》第一章第 2 条(d)的界定,受该指令约束的不仅包括公共机关,还涵盖了其他私人机构与个体,当然也包括了私人机构与网络社交个体。为确保个人信息的真实性与完整性,该指令第 17 条要求成员

[①] 中国互联网络信息中心. 第 29 次中国互联网络发展状况统计报告[R]. http://www.cnnic.net.cn/research/bgxz/tjbg/201201/t20120116_23668.html 2012:37.

国对再利用者课以采取适当技术措施的义务,从而防止个人信息被意外遗失、变更或被非法毁灭。而当再利用者通过网络传输个人信息时,其应对以上安全要素履行更高的注意义务;同时为确保个人信息处于保密并为其主体可控的状态,指令第7、12与14条要求成员国规定:主体有权知悉其个人信息被他人再利用的相关情事(譬如事由、实施者身份以及采取的信息技术等),并且在一般情况下得以反对他人未经其明确授权而实施上述行为;为使前述规范的实施得到强制保障,指令第三章"司法救济、责任与制裁"部分要求成员国设置司法与行政程序,追究违反相关义务的再利用者责任,责任承担方式包括民事赔偿与行政处罚等。

除了德国之外,欧盟主要成员国的立法在约束的再利用者范围以及约束方式和程度上与欧盟指令基本保持了一致。譬如根据法国2004年《数据处理、档案与自由法》第3条与第五章第一节,受该法约束的个人信息再利用者包括公共机关、商事机构以及其他组织与个体,几者均应对个人信息安全履行相应义务;英国1998年《数据保护法》第一部分、瑞典1998年《个人数据法》第9条等也做了相似的规定。

(三) 评述

通过对比不难发现,欧美立法者都以个人信息安全的诸要素——保密性、可控性、完整性与可靠性等为基点,衍生出了再利用者应遵守的基本规则。譬如美国隐私法案§552a与欧盟个人数据保护指令第17条的规定是为了确保个人信息的完整性与可靠性,美国信息自由法案b(6)的规则与欧盟指令第7、12与14条则是为了维护该信息的保密性与安全性。

欧盟及其大多数成员国通过制定统一的规则,对所有再利用者(包括公共机关、私人机构与网络社交个体)的行为进行同等程度的约束;与欧盟不同的是,美国立法者着重规制作为个人信息前端控制者的公共机关的行为,而对处于后端的私人机构与个体的行为则持放任态度。具体体现是,无论联邦隐私法案、信息自由法案还是各州立法中的规则几乎都不适用于这些机构与个体。为了促使后一类再利用者维护信息安全,美国主要发挥其所在的行业协会所制定的自律规范的规制作用。该国行业协会ACM(Association for Computing Machinery)、OPA(Online Privacy Alliances)以及ICCP(The Institute for Certification of Computer Professions)分别于1973年、1998年与2003年颁行的关于保护客户在线隐私的自律规范就是代表。美国联邦贸易委员会(FTC)在1999年7月向国会提交的一份报告中甚至阐述道,由经营者所在的行业自律是促使其关注个人信息安全最有效的手段。①

---

① [美] James Q Whiteman. The Two Western Culture of Privacy: Dignity versus Liberty [J], Vol. 113. The Yale L. J. 1161, 2004: 43-46.

第二节 网络产业发展与个人信息安全的冲突与调和

随着计算机网络信息处理能力的增长以及网络应用的深入,数据和信息相比以往呈几何数级的爆炸式增长,人类即将迎来大数据时代。大数据虽然赋予了我们洞察未来的能力,但分散和分布式网络环境给个人信息保护带来了新的挑战。大量的个人信息不仅可能在今天被滥用,在几年甚至几十年后仍然可能被滥用。迫切需要现行个人信息保护立法做出调整,以应对日益严峻的数据安全问题。

一、个人信息安全与网络产业发展的冲突

在2000年,世界范围内大部分信息是以模拟形式记录的。而今天,世界上90%以上的信息是数字形式的——因此能够毫不费力地进行存储、传输、分析和利用。[1] 个人信息对商家和社会管理者而言意义重大:商家可以通过分析网上个人行为信息进行广告定向投放,政府机构可以利用大数据进行社会管理创新。这种无孔不入的信息收集和利用无疑增加了普通用户信息被滥用的可能性。

(一) 商家精准营销

互联网盈利模式与个人信息保护之间的关系似乎是一个无法破解的"死结"。当大数据应用软件可以大量收集和分析用户网上行为数据时,网站就可以进行广告的定向投放:网站在收集、分析网络用户的浏览记录、IP地址、购买记录,分析用户的购买能力,预测特定网络用户近期的潜在消费需求,针对每个网络用户的喜好为广告客户提供越来越精准的服务。有学者认为,对用户行为数据进行分析后,可以给需要的人发送需要的信息,这样,"垃圾短信"就成了有价值的信息。[2] 精准营销在理论上可以节约网络用户购物的时间成本,但不可避免地会侵扰个人的安宁生活,而且有可能被滥用。微软的Hotmail、Google旗下的YouTube等采用了超级Cookies技术,不仅记录本站的用户行为,还会同时记录用户访问其他网站的行为。2013年央视"3·15"晚会曝光了网易公司允许第三方公司通过加放代码窃取用户Cookies事件:网易公司通过收集分析用户信息并精准投放广告。这种手段不易察觉,也比较难以防范和控制,其范围几乎涉及中国的所有网民。以上事例表明,数据安全和个人隐私在大数据时代因网络滥用行为发生了普遍性危机。

(二) 社会管理

对个人信息、企业信息的收集和分析是政府进行社会管理的基础。大数据赋

---

[1] 迈尔-舍恩伯格. 删除:大数据取舍之道[M]. 袁杰译. 杭州:浙江人民出版社,2013:7.
[2] 程慧. 运营商挖掘大数据价值的7种模式[J]. 中国电信业,2013(2):34-35.

予公共机构的分析和预测能力,使其能够更加智能和科学地从事社会管理:对异常趋势和实践的探测可以尽早应对突发危机,对民众需求的了解可以使工作更有针对性。此外,大数据还可以用于预防犯罪,如美国麻省理工学院通过对十万多人手机的通话、短信和空间位置等信息进行处理,提取人们行为的时空规律性,进行犯罪预测。[①] 当然,这一技术也存在滥用的可能:许多使用"TomTom"导航仪的荷兰司机发现,生产商将导航仪记录的数据信息打包卖给荷兰政府,警察根据数据显示的司机驾驶习惯,在那些最可能"创收"的地方设置了限速"陷阱",不少司机都因此"中招"。[②]

(三) 跨境数据流动

苹果公司曾被曝在没有告知用户并获得许可的情况下,私自通过 iPad 和 iPhone 收集用户的行踪信息,经过处理后默认存储在一个未经加密的数据包中,每隔几个小时通过电信网或互联网成批发回苹果公司总部。上述信息收集和处理模式使得中国政府无法收集、利用存储在境外服务器上中国网民的个人行为信息,削弱了中国政府对社会的管控能力。此外,跨境数据流动建立在网络通信技术基础之上,因各国的技术水平和收集、处理、控制数据的能力不同而导致信息流动产生了不对等:就经济、贸易信息以及个人信息而言,中国是典型的信息流出国,国外的互联网公司可以近乎零成本的代价收集、传输和利用中国的数据和信息,这种信息"顺差"严重威胁着中国的国家安全。

二、从归属到利用:平衡安全与发展的重要考量因素

20世纪个人信息保护立法的理念是限制收集和利用以维护个人的人格尊严,个人信息在大数据时代呈现出从重归属到重利用的趋势,个人信息保护立法应回应这种趋势。

(一) 从重归属到重利用的转变

建立在20世纪70年代计算机框架结构之上的"传统"个人信息保护方法是在收集之前获得权利人的同意,收集人在目的限定的范围之内使用该信息,当个人信息不再在目的限定的范围之内时则删除该信息。在基于特定的目的收集和使用个人信息以支撑特定的服务,或者在计算机数据系统之间没有高度相连的情况下,这种方法是比较合适的。对个人信息特别是网上行为信息的分析和利用是大数据时代商业模式的变革,这一变革有利于提高经济效益。用来对数据的收集、使用和分享做出限制(比如收集限制、目的特定、使用限制等)的政策法律在当今高

---

① 邬贺铨. 大数据时代的机遇与挑战 [J]. 求是,2013 (4):47-49.
② 彭玉磊. 大数据化生活喜忧参半:可预测犯罪也可窥视居住 [EB/OL]. [2013-12-11] http://news.xinhuanet.com/info/2013-05/27/c_132410352_4.htm.

速连接的世界中显得不合时宜,且效率越来越低。① 这要求我们要反思传统的个人信息管理方式,尤其要注意使关注焦点从试图控制数据到数据使用上的转变。

大数据时代的个人信息立法应顺应数据利用的发展趋势,在权利归属和规则设计上改变过去重归属轻利用的制度设计。以告知的方式来防止个人信息被侵害最终会使得个人信息保护失去其影响力和效力——因为平均每个人每年在访问网站前阅读隐私政策的时间要超过 250 小时或者说 30 天。在许多情况下(比如在开车时或者在互联网上收集数据时),以传统方法获得个体同意的方式就不再有效了。鉴于此,对网上行为信息的收集和使用可采取"没有明确反对即同意"的方式,以提高收集和利用的效率。

(二)转变过程中的安全保障

虽然技术和数据本身具有中立性,但对数据的使用可能产生巨大的经济价值或造成重大损害。在大数据时代,无论是社会管理者,还是网络服务商,都发现了隐藏在数据背后的巨大价值,因此信息存储主体会长期保留这些数据并重复使用这些数据。数据存储的时间以及使用的频次与信息被滥用的几率是成正比的。当数据使用威胁权利人的财产甚至人身安全时,需要新的方式使权利人能够有效地选择和控制自己的信息。

提高经济效益并不意味着赋予网络服务商无限制收集和利用个人信息的权利,新方法同样要求从保护个体免受任何可能风险到识别风险并且允许在边界内合理使用的转变。② 一方面要求权利人认可个人信息被利用的现状,并相信自身可以在大数据引发的商业变革过程中获益;收集人需要新的方法来帮助权利人理解数据何时、以何种方式被收集,以何种方式使用以及上述行为的含义。此外,个人信息保护法在规定网络服务商在收集和利用个人信息时要尊重权利人的权利并提高注意义务(即采取必要措施保证个人信息免于意外泄露、失窃、未授权的使用等)的同时,应变革"传统"的删除权,并制定开发保障个人信息安全的技术机制,以强化权利人对个人信息的控制。

三、删除权与技术保护机制:调和的制度设计

在允许以探索目的自由使用数据的同时,以保护个体为目的合理控制对上述探索结果的运用,是维持社会、经济价值创造和个人信息安全之间平衡的一种方式,删除权和技术保护机制是实现平衡的两个重要砝码。

---

① Unlocking the Value of Personal Data:From Collection to Usage [EB/OL].[2013-06-17] http://www3. weforum. org/docs/WEF _ IT _ UnlockingValuePersonalData _ CollectionUsage _ Report _ 2013. pdf.

② Unlocking the Value of Personal Data:From Collection to Usage [EB/OL].[2013-06-17] http://www3. weforum. org/docs/WEF _ IT _ UnlockingValuePersonalData _ CollectionUsage _ Report _ 2013. pdf.

(一) 删除权

1. 赋予权利人删除权的必要性

删除权保护的是自然人个人的人格,其功能是防止个人信息被无休止地利用、保障权利人自由控制个人信息的有效手段。[①] 作为权利客体的个人信息具有以下特殊性:与物权人可以通过物理措施控制权利客体不同,个人信息被他人收集和利用后,权利人无法通过物理手段控制自己的个人信息,只能通过法定或约定的义务约束收集人。显而易见,义务手段远不如物理措施有效。此外,个人在实践中很难确定信息泄露源和恰当的诉讼对象。[②] 为恢复权利人对个人信息的控制,降低个人信息被滥用的风险,信息控制权应进行扩张,使权利人可以选择"遗忘"网上行为数据,此即删除权。

2. 行使删除权的要件

通说认为,在处理与利用个人信息的目的消失、期限届满以及存储个人信息的行为不具备合法性时,权利人可以行使此权利。《日本个人信息保护法》第27条第1款规定:"当信息主体提出删除个人信息的请求时,如果存储主体为满足权利人的要求而需要支付高额的费用或存在其他困难,存储主体能够采取的替代措施足以保障权利人的权益时,不在此限。"上述行使删除权条件遵循的"法无授权不可为"的原则,即只有在符合法律明确规定的条件下,权利人才可以请求存储人删除。"法无授权不可为"是规范公权力机关行为的原则,而个人信息删除权的性质为私权,理应遵循"法无禁止皆可为"的私权行使原则。因此,权利人原则上可以随时请求存储人删除其网上行为信息,但存在以下例外:(1) 基于证据保存的需要。如《互联网信息服务管理办法》第14条规定互联网信息服务提供者和互联网接入服务提供者的记录备份应当保存60日,在上述期限内,权利人不得请求删除其信息;(2) 基于维护权利人基本权利的需要;(3) 基于维护公共利益的需要,如基于防治严重的传染病、公共健康的需要而进行的药物试验以及其他科学研究的需要。

3. 删除权的行使对象及其范围

删除权行使的对象不仅包括数据收集人,也包括收集人以外经权利人同意或依法进行存储的主体。此外,删除权行使的对象不限于基于商业目的而收集和使用信息的人,而是包括持有个人信息的任何人,至于持有人存储数据的目的,在所不问。删除的信息涵盖和权利人相关的网上行为信息,既可以是直接显示权利人身份或行为的信息,如权利人的姓名、电子邮件地址或手机号码,也可以间接显示行为人的信息,如权利人的IP地址、搜索记录或浏览记录等。此外,权利人

---

① 蓝蓝. 论网络隐私权内容之构建 [J]. 科技与法律, 2009 (5): 27-30.
② 迈尔-舍恩伯格. 删除: 大数据取舍之道 [M]. 袁杰译, 杭州: 浙江人民出版社, 2013: 170.

不仅可以请求网站删除本人发布的信息,也有权要求存储人删除他人转发而由权利人发布的信息。

(二)保护个人信息的技术机制

1. 设置技术保护机制的必要性

在物理空间,行为人可以用各种感官感知危险并做出有效预防。在网络空间,网络用户不知道何时会有人尝试提取自己的信息或者窃听手机,个人信息被泄露或滥用往往是在用户不知情的情况下发生的。为了有效地保护网络用户的个人信息,必须用有效的网络技术"武装"权利人。大数据时代到来,势必摧毁国家间乃至地区间的信息铁幕。近期美欧自贸区谈判将个人信息保护和数据跨境流动作为一项重要议题,谈判最新的进展是欧盟做出了降低数据保护标准的让步:欧盟降低标准实则是对强大的信息技术能力的妥协,面对 Google、Facebook 等互联网巨头强大的数据收集和处理能力,纸面的规则和单纯的处罚措施显得苍白无力。美欧谈判给我们的启示是:在没有个人信息安全保护技术"对抗"强大的信息收集技术时,再严厉的法律也只是"纸上谈兵",甚至互联网公司巨头可以迫使法律规则做出修改以适应其"需要"。

2. 技术保护机制的内容

网络安全技术是个人信息保护法律的支撑和有效实施的基础,权利人对个人信息的自由决定和控制权的实现要依赖于技术手段。在权利人因数据使用而遭受严重影响时,权利人需要新的方式来做出选择和进行控制,而不仅仅是在数据收集之前做出"同意或反对"的决定。除了研发更加安全的加密措施外,国家应主导开发能够控制、存储以及审验个人数据流动轨迹的工具,使权利人能够自己检测未经授权的数据使用行为,从而降低被窃取或非法利用的风险。为了加强计算机结构和网络的软硬件基础研究以保障网络安全,美国《网络安全研究和发展法》授权拨给国家科学基金会经费用于网络安全技术的研发:(A)2003 财政年度 3500 万美元;(B)2004 财政年度 4000 万美元;(C)2005 财政年度 4600 万美元;(D)2006 财政年度 5200 万美元;(E)2007 财政年度 6000 万美元。借鉴《网络安全研究和发展法》的规定,我国应以立法的形式规定国家自然科学基金委设立专项基金用于保障个人信息安全技术的研发。

信息安全问题自古有之,但网络特别是大数据出现后这一问题被无限放大。在政府、企业具备全面采集"大数据"并予以无遗漏分析的技术能力面前,个人的隐私和数据面临空前的威胁。在大数据的处理过程中,能否有效地保护各隐私和数据安全,已成为"大数据"能否实现重大突破的关键因素。在每年仅有不到 20% 的数据得到保护的背景下,个人信息保护法应将个人信息安全纳入自己的视域。为平衡网络产业发展和个人信息安全之间的冲突,个人信息保护法应突破依靠限制收集和使用的保护静态安全的理念，通过赋予权利人删除权，并开发有效的个人信息安全技术保护个人信息的动态安全，从而减少网络服务商滥用个人信息的可能性，让互联网一直充当创新、沟通和赋予权利的工具。

第三节　消费者个人信息增值利用的困境及立法应对

个人信息承载着尊严与自由等消费者的基本需求，这些需求之间存在层次差异，而对信息的增值利用阻碍了需求的实现。为应对此困境，本应用新制度经济学的方法并借鉴域外立法经验，通过分析我国消费者权益保护法（2013年修正）相关规定的不足，以尊严与自由为起点衍生出相应规则，从而回应增值利用的社会诉求。

一、困境解析：消费者需求实现之障碍

在信息时代，消费者的个性正被越来越多地表现为特定数字与符号，这些数字、符号及其组合即为个人信息。按照美国学者亚伯拉罕·马斯洛人的需求层次理论，尊严与自由是主体（包括消费者）的基本需求，而个人信息承载着前述需求。[①] 一方面，消费者受到他人尊重的重要前提是，其人格标识（如个人信息）处于完整与真实状态，从而免受他人不当评价；另一方面，消费者为保持其独立人格并发展自我，有权决定其个人信息是否以及如何被他人增值利用，并获取由此产生的收益。这已得到主流国家与地区立法的认同。根据欧盟委员会数据保护工作组《关于欧洲直销联盟提交的直接营销中使用个人数据欧洲行为准则的3/2003号意见》，个人信息增值利用者应采取适当措施，以维护作为信息主体的消费者的尊严与自由；美国马里兰州个人信息保护法案（以下简称"马里兰州法案"）§14-3502、公平信用报告法§602以及我国人大常委2012年通过的《关于加强网络信息保护的决定》的第1条也表明了相似立场。

但是，增值利用阻碍了消费者尊严与自由需求的实现。一方面在网络环境下增值利用者明显增多，这使得信息失真的几率剧增。另一方面利用者往往出于不同目的而改变信息的内容，这又加剧了失真的程度。由此，个人信息的真实性与完整性遭到破坏，进而消费者的尊严受损。消费者也因此对增值利用产生了抵触情绪，这反过来阻碍了利用活动的开展。随着云计算服务模式逐渐普及，利用者经常通过自动系统对信息加以收集、传输与接收，例如对消费记录进行深层次挖掘，又如通过Cookies跟踪后续消费行为。而消费者往往难以知悉前述过程中的具

[①] ［美］亚伯拉罕·马斯洛. 动机与人格［M］. 许金声译，北京：中国人民大学出版社，2007：31.

体情况进而提出异议,因此其自由的实现受阻。①

二、应对思路的梳理:增值利用之立法规制

在新制度经济学家视野中,我国为应对前述困境,须通过立法手段迫使增值利用者改变其片面追求自身利益的不良偏好,在满足消费者的尊严与自由需求的前提下利用信息。② 此前美国与欧盟已取得了相应立法成果,我国宜在借鉴这些经验并分析现行法(如2013年修订的《消费者权益保护法》)之不足的基础上梳理立法思路,从而为具体制度的安排提供指引。

(一)体现尊严与自由需求的层次性

按照马斯洛的解说,在主体需求层次体系中,尊严较之于自由更具基础性与重要性,这一点得到了联合国《公民权利和政治权利国际公约》第9条和第10条的承认。在个人信息增值利用的实践中,这一层次差异尤为明显。一份关于国内消费者信用状况的调查研究报告即显示,多数消费者极度反感征信服务机构与网络营销商篡改其个人信息并损害其尊严的做法,却比较宽容它们擅自收集与传输信息进而限制其自由的行为。③

因此,我国宜借鉴美欧成果,以尊严与自由需求为起点衍生出相应规则,并赋予各规则以不同效力,以此体现需求之间的层次差异。美国《隐私法案》§552a、与马里兰州法案§14-3503、§14-3504即规定,公共机关与经营者在向他方传输个人信息时,有义务采取合理措施以确保信息处于真实与可靠状态,从而维护消费者尊严;根据该国在线隐私联盟的行业自律规范,作为联盟成员的网络营销商在收集与传输个人信息前,应征得消费者同意,以此实现其自由。欧盟个人数据保护指令第7、12、14与17条也做了类似规定。而我国《消费者权益保护法》第29条仅笼统保护了消费者在其个人信息之上的利益,而未对其尊严与自由的需求做具体回应。

(二)统分结合规制

按照所起的作用不同,个人信息增值利用者可分为收集方、传输方与接收方。美国立法者着重规制前者的行为。根据该国《隐私法案》§552a、《公平信用报告法》§602、§603与马里兰州法案§14-3502、§14-3503的规定,受约束的主要是收集并向他方传输信息的公共机关和经营者。而对于从前述两者处接收信息的经营者与个体(尤其是信息主体以外的消费者)的行为,该国立法鲜有规制;不

---

① 高富平. "云计算"的法律问题及其对策 [J]. 法学杂志,2012(6):8-9.
② [英] G. 霍奇逊. 现代制度主义经济学宣言 [M]. 向以斌等译,北京:北京大学出版社,1993:95.
③ 白云. 我国公民个人信用信息保护意愿的实证研究 [J]. 情报理论与实践,2012(11):24.

同的是，欧盟及主要成员国对所有利用者的行为，都是通过立法手段加以约束的。德国2003年个人资料保护法第一编即设置了"普遍性和共同性的规定"，以此规制所有利用者的行为，而欧盟指令、法国2004年数据文件处理及个人自由法以及英国1998年数据保护法也做了相同的处理。

在国内，接收个人信息的经营者与个体出于自身偏好，难免通过改变信息内容来阻碍消费者尊严与自由需求的实现；同时，在对这些利用者的治理方式上，我国与美国存在差异，由此，在国内他们的行为同样应得到立法的规制。这是因为，一方面，经营者在接收信息后，经常在向个体传输信息时改变其中的消极内容，以尽量使个体对产品与服务留下积极印象；另一方面，个体需要通过获得消费信息（包括其他消费者的个人信息）来塑造健康的消费心理、价值观和偏好。而根据消费心理学的选择性扭曲原理，该个体往往用符合自己认知的方式来解读信息，并出于其自身的偏好与价值取向扭曲信息，以使信息和自己对产品和服务所预期的相一致。[1] 我国立法者应当拓展消费者权益保护法的约束对象范围，对包括接收者在内所有的增值利用者的行为进行统合规制。当然，不同身份的利用者在利用目的、力量等方面存在着显著差异，这些差异也需要得到立法的体现。

（三）正式立法为主

美国对于接收者（尤其是经营者）的行为，主要是通过其所在行业制定自律规范来规制的。然而，不同于国家与企业代表共同参与交易治理活动的美国，我国是由立法机关所代表的国家主导这一活动的；另外，在我国当下，行业自律机构的组织还不完善，其对经营者与个体的监管职能也难以充分发挥。而根据社会学的新制度主义学派观点，正式法律的权威性、强制性与普遍适用性等优势是自律规范等非正式制度无法企及的，它能够为经营者与个体建立稳定的预期从而更加有效地规制其行为。[2]

三、思路实现：以需求衍生相应规则

（一）维护尊严：安全保障与情况告知

立法者需要对增值利用者设定如下规则，以促使后者维护个人信息的真实性与完整性，进而确保消费者尊严不受侵犯：第一，以适当方式确保信息收集与传输的安全性，并防止该信息被任意删改，以此来保证消费者受到公正的社会评价。经济合作与发展组织（OECD）《关于隐私保护与个人资料跨国流通的指针的建议》第8条将这一点表述为"信息质量"原则（Information Quality）；第二，向消费者

---

[1] 张丽莉. 消费心理学 [M]. 北京：清华大学出版社，2010：36-37.

[2] [美] James G. Match, Johan P. Olen. Rediscovering Institutions: The Organization Basis of Politics [M]. New York: The Free Press, 1989: 178.

告知与增值利用相关的情况（譬如利用者身份、利用方式以及信息现状），以便消费者对利用者的不当行为（如任意删改信息）提出异议。OECD指针第13条将这一点表述为"主体参与"（Subject Participation）原则。

前述体现消费者尊严的规则不得在任何情况下以任何理由被限制。理由是，尊严是消费者的根本需求，其一旦被剥夺尊严即将失去人之为人的根本，这一点得到了联合国《公民权利和政治权利国际公约》第9条的确认，而我国主流学者甚至将人格尊严视为主体的首要伦理价值。① 在比较法上，美国公平信用报告法607(b)与马里兰州法案§14-3502即规定，保持信息真实性、完整性以及向主体告知的规则之适用不受限制，德国宪法法院通过1989年日记证据案判决也做了类似表述。②

（二）保持人格自由：征得同意与目的限定

消费者自由可以细分为保持其人格自由（Freedom of Personality Maintenance）与发展人格自由（Freedom of Personality Development）。为满足前一需求，增值利用者须在征得消费者同意后方能收集其个人信息；同时，利用信息的目的在收集之前就应当明确，除了在特定情形下，不得超出目的范围将信息传输给他人。然而前述规则的适用并非绝对不受限制。因为增值利用所回应的利益诉求是多样的，除了前文叙述的经营者与个体的诉求外，还有公共机关对提高行政与司法效率的诉求。如果立法者绝对禁止这些机构与个体径自利用信息，则难免会阻碍前述利益的实现，进而产生危害信息公平的数字鸿沟问题。在比较法上，根据美国《电话消费者保护法》的责任豁免（Exemption of Duties）部分和德国《联邦个人资料保护法》第二和第三编，在特定情形下，前述机构与个体得以径自利用信息而无须征得消费者同意。

遵循分配正义的尺度，立法者在限制保持人格自由所衍生的规则时，应具体考察不同增值利用者在身份、目的以及能力等方面的差异，进而做出区分式的制度安排。公共机关是出于行政与司法等目的，加之它们在谈判力量以及资源掌握能力等方面相对于消费者而言处于绝对优势地位，故而它们对消费者的自由所构成的威胁远大于经营者与个体。从而根据比例原则（The Principle of Proportionality），它们得以径自利用信息的情形必须被严格地控制在法定范围内。③ 参照欧盟指令第7条以及德国数据法第二编第一章第15节，这些情形包括：实施电子政务与司法活动、维护消费者及他人重大人身或财产利益等。相对于公共机关，经营

---

① 杨立新．人身权法论［M］．北京：人民法院出版社，2006：362．
② 张懿云．日记证据案判决［A］．德国联邦宪法法院裁判选辑（八）[C]．台北：我国台湾"司法院"，1999：205．
③ 于安．德国行政法[M]．北京：清华大学出版社，1999：113．

者与个体利用信息的目的主要是满足私益（如拓展业务、获取产品与服务信息），他们与消费者大致处于平等地位，资源掌握能力与谈判力量也不如公共机关，从而对消费者自由所造成的威胁较小。故而只要他们与消费者通过合作博弈达成了协议，或者他们欲满足的利益明显大于消费者的自由需求时，即得以径自利用信息而无须征得消费者同意。对此，美国《公平信用报告法》§616以及《德国联邦个人资料保护法》第三编第二章都有明确规定。

（三）发展人格自由：分配收益

消费者有权提升自身的社会经济地位，从而实现发展其人格的自由。为满足这一需求，立法者宜规定：经营者出于商业目的而增值利用个人信息的，应向消费者分配由此产生的收益。根据澳大利亚学者胡·贝弗利-史密斯的认识，个人信息具有显著的经济价值，在商事环境下经营者能从个人信息中提取商情，进而通过拓宽销路与优化经营来增加利润。[①] 立法者只有赋予作为个人信息主体的消费者获取收益的权利，方能在公平的尺度下实现利润的合理分配，从而激励消费者进一步将个人信息与经营者等共享。在比较法上，美国《公平信用报告法》第616、617条以及法国2004年修订的《数据处理、数据文件以及个人自由法》第38条都承认了消费者在个人信息之上的经济利益。

收益分配规则的适用将受到以下限制：一方面，公共机关与个体系出于营利以外的目的而增值利用个人信息，它们无须向消费者分配"商业"收益，对此，欧盟数据保护工作组3/2003号意见有所体现；另一方面，消费者虽可请求经营者分配收益，但不得阻止后者取得其应得利益。因为按照德国学者新制度经济学家柯武刚的解说，包括个人信息在内的信息资源具有公共产品的属性。[②] 制度安排者不宜赋予消费者对这一资源的垄断地位，否则将阻止社会整体效益的提高。对此，美国《电话消费者保护法》的责任豁免部分有明确规定。

[①] ［澳］胡·贝弗利-史密斯. 人格的商业利用[M]. 李志刚、缪因知译，北京：北京大学出版社，2007：158.

[②] ［德］柯武刚，史曼飞. 制度经济学——社会秩序与公共政策[M]. 上海：商务印书馆，2000：56.

第六章　Privacy by Design——经规划的隐私

第一节　个人信息保护与企业效益的关系

关于个人信息保护与企业效益之间的关系有两种观点：一种观点认为两者相互排斥；另一种观点认为两者可以共赢。我们认为，企业所采取的适当的个人信息保护措施，能够转变为企业的核心竞争能力，并能为企业带来切实效益。

一、传统观念——"此消彼长"

个人信息保护与企业的经济效益，在很长一段时间一直被认为是一种"此消彼长"的关系。

企业采用个人信息保护措施，一方面意味着会花费更多的生产成本。为开展个人信息保护，企业必定会投入专门的时间、人力资源等，保护技术的购买或开发也需要大量的资金支持。另一方面，投入的成本无法及时地获取利润回报。在中国目前这样一个个人信息保护意识并不高的环境中，企业个人信息保护友好与否并不是用户进行选择时所首要考虑的，用户更多的是将便利性作为重要的参考因素（殊不知便利性是建立在放弃部分信息权利的基础之上）。因此，企业难以将个人信息保护的投入变为现实的利益。企业是以盈利为目的的主体。一般来说，企业（尤其是互联网企业）在面对个人（用户）信息保护问题时的思路是：尽量不触碰保护的底线——法律的强制性规范内容，只需采取最低水平的个人信息保护措施。由于中国目前并没有专门的、强制性的个人信息保护立法或标准，也没有比较全面、成熟的行业自律规范，因此，中国信息技术企业对用户的个人信息保护关注度普遍较低，进行保护的主动性也普遍不足。

二、个人信息保护能为企业带来效益

诚然，企业落实个人信息保护措施会在一定程度上阻碍其经济利益在某一特定阶段的最大化，尤其是在云计算、大数据技术引领发展潮流的背景下。然而，我们认为，为争取眼前利益而忽视用户的权利保护犹如"饮鸩止渴""作茧自缚"。

用户的个人信息权意识正在日益增长,在这种意识达到一定程度之后,用户自然愿意选择个人信息保护级别更高的产品、愿意接受个人信息保护考量更周全的服务。在个人信息保护友好与不友好的应用或软件之间,用户必定会选择前者。对用户个人信息的过度利用只会让企业逐渐失去用户群体,而保护友好的企业却正好相反。从长远发展来看,加强对用户个人信息的保护其实最终是利大于弊的,用户个人信息的保护和企业盈利的目的是可以同时实现的。因此,企业应将个人信息保护作为一项战略性要求进行规定,在事先降低个人信息安全风险的前提下实现用户与企业的共赢。

(一) 提升企业商誉与建立用户信任

商誉和用户信任对企业十分重要,它们是企业"软实力"的重要组成部分之一。2010 年爆发的"3Q 大战"使腾讯与奇虎陷入隐私侵权"漩涡"中,用户对其个人信息安全产生了质疑,两大中国互联网公司的商誉也都受到了一定的影响。CSDN 数据泄露事件也让 CSDN 这一"全球最大中文 IT 社区"品牌遭受无形损失。2011 年,据 Inside Facebook 网站(一个专门分析社交网站的网站)称,"社交之王"Facebook 因个人信息安全问题在一个月内流失了大约 600 万的美国用户。[1] 2012 年年底,美国 CBS 新闻网站也发文称,相关报告显示图片分享应用 Instagram 流失了大约 25%的用户,而导致这一流失的重要原因之一就和 Instagram 修改个人信息保护条款有关。[2] 2013 年,国际知名隐私认证机构 TRUSTe 所做的一项调查显示,91%的消费者表示他们不会同个人信息保护水平欠佳的公司进行交易。[3] 由此可见个人信息保护水平在企业商誉和信用方面的重要性。如果企业从产品应用的开发阶段就采取充分的措施来保护个人信息,制定完善的保护政策对用户个人和其他利益相关者进行告知,时刻以用户为核心、尊重个人信息权利,那么将有利于企业树立良好的企业形象,提升企业的商誉。同时,企业与用户之间的关系也会在这个过程中得到巩固,个人用户会因为自己的权利受到重视而更加信任企业。那么,最终受益的还是企业本身。

(二) 规避个人信息风险,减少成本支出

提升个人信息保护水平给企业带来的效益还包括:减少公司在开发或应用相关信息技术产品、开展商业实践中可能遇到的相关风险;规避企业在信息泄露事

---

[1] Peter Pachal. Why Facebook is losing U. S. Users? [EB/OL]. PCMAG, [2013-07-13] http://www.pcmag.com/article2/0,2817,2386884,00.asp.

[2] Chenda Ngak. Instagram Losing Users after Privacy Blacklash, Report Says [N/OL]. CBS News, (2012-12-28)[2013-07-13] http://www.cbsnews.com/8301-205_162-57561113/instagram-losing-users-after-privacy-backlash-report-says/.

[3] TRUSTe. Helping Companies be Accountable for Collection & Use of Personal Data [R]. 北京: APEC 区域网络数据隐私保护专题研讨会,2013-07-22.

件中可能会承担的法律责任；使个人信息侵权在发生前就被解决，而不是事后弥补，一定程度上也减少了企业为修复技术漏洞而支付的成本。整个企业个人信息保护水平的提升，使企业在进行产品开发或商业实践开展之前，就能够对他们在运行、销毁环节中可能面临的个人信息安全风险进行预测，并采取可替代性的措施尽量消除风险或将影响降到最低。这就为企业规避了来自法律、技术、行业规则等方面潜在的风险。① 同时，企业在已尽到相应的保护义务的前提之下，可减少其在相关个人信息泄露事件中可能会承担的责任。人格权不同于生命权，是可以放弃的权利。因此，在采取高标准保护措施的前提下，对个人信息的收集、使用、公开等获得了信息主体的同意，那么就能够最大限度地避免承担法律责任。此外，如果企业不是事先采取了足够的安全保护措施，而是在信息泄露事件发生之后进行弥补，势必要付诸大量的人力、财力和时间。而企业不仅要花费成本去弥补这些漏洞或改进相关技术，还要考虑如何获取用户的再次信任和良好评价，这些都是"得不偿失"。N-Dimension Solutions 公司 CEO Doug Westlund 就曾指出，"在智能电网建设之后添加隐私和安全保护功能，将比事先预置该功能多花费 3 至 5 倍的成本"。②

（三）构建内部个人信息保护生态系统

个人信息保护问题如今已成为诸多中国互联网公司一个十分敏感的问题。中国长期以来个人信息保护环境的薄弱和保护意识的欠缺，使许多企业在产品设计和商业实践的开展中并没有过多考虑这一问题。在 CSDN 事件、阿里云数据泄露事件发生以后，企业的个人信息保护工作面临新的压力。个人信息保护绝非简单的通过制定保护政策就能够解决。在个人信息权意识日益觉醒的今天，保护政策也已不能满足用户的预期，用户更希望看到的是自己的合法权利被切实地尊重。简而言之，企业应该具备真实、全面的个人信息保护能力，真正实现个人信息在企业内部的生态循环。个人信息保护能力是现代企业不可或缺的一项能力要求，它能防止或减少企业因信息泄露而带来的损失，协助应对信息技术环境中数以万计的相关威胁。在纷繁复杂的国际竞争中，该项能力更是极为重要。而遗憾的是，中国的信息技术企业的这种能力建设还比较不足。从中国到 2012 年才诞生第一位"首席隐私官"这个事实来看，中国企业与欧美等国的企业在个人信息保护能力建设上着实存在不小的差距。如果 CSDN 网站从一开始不是通过"明文"方式来存

---

① AICPA，CICA. Generally Accepted Privacy Principles[R/OL]. (2009-08：2-3)[2013-06-21] http：//www. aicpa. org/interestareas/informationtechnology/resources/privacy/generallyacceptedpriva cyprinciples/downloadabledocuments/gapp _ prac _ ％200909. pdf.

② Ann Cavoukian. Privacy by Design in Law，Policy and Practice：A White Paper for Regulators，Decision-makers and Policy-makers [EB/OL]. (2011-08)[2012-11-02] www. ipc. on. ca/images/Resources/pbd-law-policy. pdf.

储用户的密码,那么泄露事件本身的影响将要小得多。将个人信息保护嵌入到产品的整个生命周期中,使个人信息保护从一开始就是产品、系统功能的一部分,这对于企业能力建设(尤其是个人信息保护能力建设)的作用是不言而喻的。同时,对个人信息从收集、存储、加工、使用、销毁等各个阶段都加以保护,也是个人信息在企业内部实现生态循环的重要保障。个人信息在企业内部从"诞生"到"死亡"的生态循环,是大数据环境下信息技术企业健康发展的必然要求。

(四)发展新型隐私经济,增加企业收益

在充分尊重和保护个人信息的前提下,合理利用个人信息,还能为企业带来现实的经济利益。个人信息的商业化利用已不是新的议题,但我们在此要论述的是一种新的经济形式。在互联网促进个人信息权利意识日益增强的背景下,这种新的经济形式正在"生根发芽"。传统的隐私经济是指贩卖用户个人信息、分析用户网络行为投放定向广告等,它主要是面向企业,个人信息主体并不参与其中,个人并没有获益。也正是这样,这种利用个人信息或贩卖个人信息的行为受到了广泛的批判和质疑。

新型隐私经济则不同,发展该种经济的基础是企业对用户的个人信息给予了足够的尊重和保护。它要求企业、组织采用严格的保护标准、遵循相关法律法规或给予更高级别的保护措施。具体到这种新型隐私经济的内容,有一些隐私专家建议,"与其采取Cookies跟踪消费者的网络行踪,不如让个人对他们的个人信息进行控制,也许还可以通过收费的方式为网络用户提供访问权限"。还有一些专家倡议,"互联网公司可以提供这种服务:让用户发现目前互联网上都有关于他们的哪些个人信息;让用户对错误的信息进行修改;如有必要,甚至可以让用户对这些现存的个人信息进行控制和分享"。[1] 可见,这种经济模式是双赢的,企业能够通过其合法收集到的个人信息获得收益,用户个人也能满足自己的保护需求。我们始终认为,企业采取个人信息保护措施,并非意味着停止收集和使用个人信息,而是促进个人信息的合法、合理收集和利用,促进信息的自由流动,并在这些环节中确保整体的安全,而这正是发展信息隐私经济所需要的。虽然目前不具备发展该种经济的良好外部环境,但对于具有长远战略目光的企业来说,这未尝不是一种新型的盈利点。目前,国际上已有一些比较有名的这类实体,如 Reputation.com,Personal Data Ecosystem Consortium,Singly 等,其中 Reputation.com 的用户已超过100万人。中国目前也存在类似的隐私经济形式,如腾讯QQ空间中黄钻用户有权查看访问空间的记录详情(如图6.1所示),并进行删除操作。这实际上就是一种用户对个人信息的收费控制模式。

---

[1] Ken Anderson. Privacy by Design:What's Been Happening [EB/OL]. (2013-01-03)[2013-03-20] http://www.pcpd.org.hk/privacyconference/files/Anderson_part1.pdf.

图 6.1　腾讯 QQ 空间中黄钻用户的特权

(五) 有利于企业提升国际竞争力

自中国加入 WTO 以后，所有企业都面对着国际竞争国内化、国内竞争国际化的竞争格局。作为市场竞争的主体，所有企业都将直接或间接参与到全球竞争中。而且，企业的国际竞争力也已不仅关系到企业自身的发展，更会影响到整个国家的综合实力。信息技术在全球普及的过程中，个人信息保护逐渐成为一项新的贸易壁垒，个人信息保护水平成为企业竞争力的一个重要方面，它对参与国际市场竞争的主体提出了新的挑战。对中国而言，由于长期缺乏个人信息保护的意识和制度，在应对这些新兴的贸易壁垒时必定会处于劣势。中国企业想要走出中国、走向世界，也会面临重重阻碍。因此，中国企业要想步入国际舞台，增强自身的国际竞争力，在个人信息保护方面必须有所作为。奇虎加入全球最大的隐私保护组织 IAPP（隐私专业人员国际协会），[1] 网秦加入 TRUSTe 认证体系，[2] 都是这些企业走向国际、提升自身国际竞争力的体现。

综上所述，中国网络企业应将个人信息保护作为一项战略性的竞争优势进行培养，积极提升企业自身的个人信息保护水平和个人信息安全风险应对能力。

第二节　Privacy by Design 与 Privacy by ReDesign

"经规划的隐私"（Privacy by Design，PbD）和"再规划的隐私"（Privacy by ReDesign，PbRD）是目前被许多国家和跨国公司广泛采用的隐私和个人信息保护

---

[1] 阳文. 与国际标准接轨，360 加入全球最大隐私保护组织 IAPP [N/OL]. 新华网，（2010-04-22）[2013-07-13] http：//bbs. 360. cn/3229787/36657266. html? recommend=1.

[2] Alex Fencl. NQ Mobile（TM）Earns the TRUSTe Certified Privacy Seal [N/OL]. PR Newswire，（2013-05-02）[2013-07-13] http：//www. prnasia. com/story/78852-0. shtml.

理念。① 采用该两种理念从事隐私和个人信息收集的主体，既能够对来自内部的风险进行防范，又能够抵御来自外部的威胁，并降低自身承担侵权责任的可能性。在信息技术不断发展、个人意识日益增强的今天，PbD 和 PbRD 是能够提升企业自身隐私和个人信息保护能力、实现企业内部隐私和个人信息保护友好环境的有效途径。

一、Privacy by Design——经规划的隐私

"经规划的隐私"是指将隐私和数据保护贯穿于信息技术产品的整个生命周期，从最初的设计到产品的实施、运用直至最终废弃。② 简单来说，就是将隐私和个人信息保护嵌入到各类技术设计规范中去。③ 该理念最早由加拿大安大略省信息和隐私专员安·卡沃琪安（Ann Cavoukian）博士于 20 世纪 90 年代提出，④ 旨在解决信息和通信技术以及大规模的网络数据系统所面临的日益增长的系列问题。该理念认为，单纯的立法规制无法有效保护隐私；相反，隐私权的保障必须在观念上成为一个组织机构运作的预设模式。⑤

具体来说，PbD 理念包含以下各项内容：(1) 积极主动解决隐私利益问题的意识；(2) 将隐私保护领域形成共识的核心原则进行适用；(3) 在开发信息技术和系统前，解决可能存在的隐私问题，并在信息产品的整个生命周期对隐私进行保护；(4) 设置具备资格的隐私事务管理者；(5) 采用并集成隐私增强技术（PETs）；(6) 在保障隐私权的同时，也兼顾产品的全部功能；(7) 尊重用户隐私。⑥

PbD 作为一种先进的隐私保护理念，可以广泛适用于三个领域中的隐私和个人信息保护：（1）信息技术系统。技术本身并不会对隐私权造成威胁，关键在于如何去使用它。例如，通过截断数据中的个人标识符，或者通过加密使信息只能

---

① 隐私与个人信息并非同一概念，两者存在交叉关系。"经规划的隐私"中的"隐私"为"privacy"之直译，结合该理念的具体内容可知，其实际上也包括了个人信息的内容。我们接下来在对相关文献进行翻译和整理时，采用了直译的意思，特此说明。

② 维基百科. Privacy by Design [EB/OL]. [2012-06-20] http://en.wikipedia.org/wiki/Privacy_by_Design.

③ Ann Cavoukian. Privacy by Design [EB/OL]. (2009-01) [2013-01-20] http://www.privacybydesign.ca/content/uploads/2009/01/privacybydesign.pdf.

④ 加拿大隐私专员（the Privacy Commissioner of Canada）是向众议院和参议院报告的国会官员，主要职责包括对公众关于隐私方面的投诉进行调查，对公共和私人部门处理个人信息的状况进行评价和审查，就隐私保护问题开展研究及推动公众对于隐私问题的重视等。(徐睿，蒋玲. 国际大型隐私保护机构综述 [J]. 农业图书情报学刊，2006, 18 (10)：111-113.

⑤ Ann Cavoukian. History of Privacy by Design [EB/OL]. [2013-01-20] http://www.privacybydesign.ca/index.php/about-pbd/applications.

⑥ Ann Cavoukian. Privacy by Design [EB/OL]. (2009-01) [2013-01-20] http://www.privacybydesign.ca/content/uploads/2009/01/privacybydesign.pdf.

被获得授权的个人读取，都能对个人隐私权进行保护。隐私保障技术（PETs）能够减少不断技术创新所带来的隐私威胁。（2）商业实践。隐私权保护应被视为一个商业问题，而不是规制问题。在商业实践中践行 PbD 理念，是机构组织增加竞争优势的一种途径。（3）物理设计和基础设施。在讨论隐私保护时，存储个人信息的物理设计领域往往被忽视。如果存放个人信息的文件柜没有上锁，那么很难说个人的隐私是安全的。因此，机构组织保护隐私的物理设计和基础设施的重要性可想而知。①

PbD 作为一种灵活的隐私保护理念，能够为不同技术环境中的隐私保护提供解决方案。这些技术环境包括云计算、物联网、移动互联网、大数据等。表 6.1 所示为 PbD 官方网站上发布的与前述技术环境相关的部分文章，这些文章对存在的隐私风险和问题进行了分析，并基于 PbD 理念提出了相应的解决方案。

表 6.1　PbD 官方网站发布的与各种技术环境相关的部分文章

技术环境类别	文章
云计算	模拟云计算架构且不向隐私保护妥协：通过 PbD 方法（2010.6.9） （Modelling Cloud Computing Architecture Without Compromising Privacy: A Privacy by Design Approach） 云中隐私保护：隐私和数字身份——对互联网的影响（2008.5.28） （Privacy in the Clouds: Privacy and Digital Identity - Implications for the Internet）
物联网	PbD 与消费者能源使用数据的第三方访问（2013.1.29） （Privacy by Design and Third Party Access to Customer Energy Usage Data） 安大略省智能仪表数据管理系统隐私保护控制框架（2012.5.7） （Building Privacy into Ontario's Smart Meter Data Management System: A Control Framework） PbD 实施：安大略省智能电网案例研究（2011.2.3） （Operationalizing Privacy by Design: The Ontario Smart Grid Case Study） 在智能电网中塑造隐私——你能发挥重要作用：给数据保护专员和隐私监管机构的线路图（2010.10.25） （Shaping Privacy on the Smart Grid — You Can Make a Difference: A Roadmap for Data Protection Commissioners and Privacy Regulators）

---

① Ann Cavoukian. Applications of Privacy by Design[EB/OL]. [2013-01-20]. http://www.privacybydesign.ca/index.php/about-pbd/applications/.

续表

技术环境类别	文章
物联网	寓隐私保护于智能电网（2010.10.25） （Embedding Privacy Into Smart Grid Initiatives）
	通过增加开/关装置来激活增强型驾照中的射频识别：安大略省本土首创的同时保障隐私和安全的革命性技术（2009.5.19） （Adding an On/Off Device to Activate the RFID in Enhanced Driver's Licences: Pioneering a Made-in-Ontario Transformative Technology that Delivers Both Privacy and Security）
	RFID 信息系统的隐私保护指南（2006.6.19） （Privacy Guidelines for RFID Information Systems）
移动互联网	Wi-Fi 定位系统：警惕意想不到的后果（2011.6.14） （Wi-Fi Positioning Systems: Beware of Unintended Consequences）
	移动通信中 PbD 路线图：针对开发者、服务提供商及用户的一种实用工具（2010.10.29） （The Roadmap for Privacy by Design in Mobile Communications: A Practical Tool for Developers, Service Providers, and Users）
	无线通信技术：确保隐私与安全（2007.8.3） （Wireless Communication Technologies: Safeguarding Privacy & Security）
大数据	大数据时代的 PbD（2012.6.8） （Privacy by Design in the Age of Big Data）

而对于企业或组织内部来说，"经规划的隐私"涉及各个层面和环节（如图 6.2 所示）。首先，最高管理层应考虑将隐私保护作为一种内部文化；应设立专门的隐私事务管理部门，制定隐私政策、数据保护战略、隐私保护流程指南等文件。然后，系统或服务开发部门应在具体的项目中，借助隐私影响评估和采用隐私增强技术来实施 PbD 的理念。对具体的业务部门，应加强相关方面知识的沟通和培训，建立良好的隐私保护意识。最后，在系统或产品的具体应用中去进行监督和评估，继续发现问题。

如图 6.3 所示，在具体的项目中采用 PbD 来规划隐私保护，并不意味着需要打破原来既有的项目流程。信息系统、商业实践或物理设计的开发继续按照原有的程序进行，只需要在这些程序中加入隐私保护的需求即可。为提出合理的隐私保护需求，首先需要对拟开发的系统或流程中可能存在的收集、使用、公开或销毁个人信息的行为进行分析，其次应该考虑是否真的需要对这些个人信息进行收集、使用或公开，数据收集最少化原则应该在这个阶段就引起重视。在分析完个人信息流动的各个环节之后,可以 PbD 原则为基础制定出特殊的隐私保护需求,并将这些隐私需求落实到产品的设计和开发过程中去。①

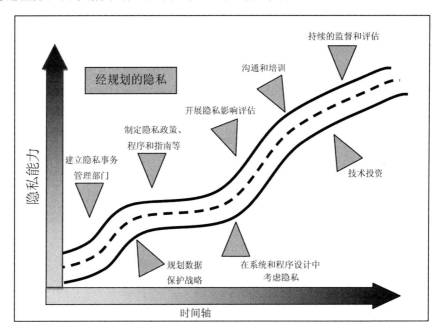

图 6.2　企业、组织通过设计保护隐私②

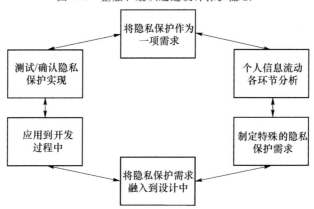

图 6.3　具体项目中的 Privacy by Design

---

① Ann Cavoukian. Privacy by Design：An Introduction[EB/OL]. [2012-11-15] http：//www.privacybydesign.ca/index.php/publications/curriculum/.

② Peter Koo. Privacy by Design：Privacy Smart From the Start[EB/OL]. [2012-11-15] http：//www.pcpd.org.hk/privacyconference/files/PeterKoo.pdf.

二、Privacy by ReDesign——再规划的隐私

Privacy by ReDesign（PbRD）由安·卡沃琪安博士于2011年5月提出，它是基于 Privacy by Design 而衍生的概念，两者间的区别在于适用的对象有所不同。一般认为，PbD 适用的对象是正要开发的信息系统、商业实践、物理设计等；而对已经存在的或正在开发过程中的信息系统、商业实践或物理设计来说，根本不可能从一开始就将隐私保护寓含在流程中。于是，PbRD 的概念应运而生。PbRD 适用于已存在或正在研制的信息系统、商业实践和物理设计等对象，是指通过再次思考、再次设计等行为最终实现目标对象的隐私保护生态化。PbRD 是一个有着革命意义的程序或理念。

PbRD 的主要流程包括：（1）重新思考。首先，分析目标系统的商业和隐私保护需求，寻找商业需求和隐私需求之间的平衡。很多企业会发现，其实收集的个人信息远远超出了它们所需要的范围，因此也使隐私风险增加。其次，对现存系统中违反 PbD 基本原则的隐私措施进行评估，找出缺陷。这样就能找出需要调整和解决的问题所在，同时也为下一步的工作制定了战略。（2）重新设计。这个步骤的关键工作是，设计并开发出新的隐私操作，既满足商业需求，又能实现隐私保护。同时，将原有系统或实践中不利于隐私保护的控制删除，并实施新的隐私操作。（3）隐私保护完善。该环节的重点工作是将新设计的、隐私保护增强的技术系统的组织整合起来。①

三、PbD 理念的国际发展

PbD 理念自20世纪90年代提出以来，受到了国际隐私保护和数据安全领域专家、学者的关注。如英特尔全球隐私官 David Hoffman 曾如此评价："……PbD 将激励创造性的解决方案，以提升技术使用过程中的隐私保护水平。PbD 给公司增加了积极义务，公司需要将隐私保护整合到发展的生命周期中；而对于创新者而言，PbD 给他们提供了更为自由的环境，他们可以有无限的发挥空间，隐私问题将迎刃而解。"② PbD 是一种隐私保护的理念和方法，同时它也正逐渐成为数据保护领域一个基本原则，包括美国通用电气公司、IBM、英特尔等在内的各大公司

---

① Ann Cavoukian. Privacy by ReDesign：A Practical Framework for Implementation ［EB/OL］．（2011-11：5-7）［2012-11-02］http：//www.ipc.on.ca/images/Resources/PbRD-framework.pdf.

② David Hoffman. Inspiring Consumer Confidence Through Data Privacy Legislation ［EB/OL］．［2012-11-02］http：//thehill.com/blogs/congress-blog/technology/156141-inspiring-consumer-confi％20dence-through-data-privacy-legislation-.

正开始着手实施 PbD 所列举的七大基本原则。① 同时，部分国家或地区的立法者和政策制定者也正积极借鉴该理念，试图将 PbD 融入法律法规、政策的制定中去。2010 年在耶路撒冷召开的数据安全与隐私专员国际会议上，国际隐私权威专家和规则制定者就认为 PbD 是"基本隐私保护的重要组成部分"，同时极力敦促各国将其采纳到规则制定和立法过程中去。②

2009 年，欧盟第 29 条数据安全工作组和警察与正义工作组联合发表意见书，建议将 PbD 的各项原则采用到新的欧盟隐私保护框架中。③ 2010 年 5 月，欧盟数据保护监督员推荐将 PbD 的基本原则明确地添加到现存的数据保护规则架构中。④ 同年 11 月，一份欧盟委员会的咨询书中也呼吁尽可能将 PbD 理念实施开来。

从 2009 年开始，美国联邦贸易委员会（FTC）举行了一系列的圆桌会议来讨论数字时代的隐私问题。在这些圆桌会议中，就开始有学者建议采用 PbD 的基本原则。⑤ 2012 年 5 月，FTC 发布报告《快速变化时代中的消费者隐私保护》，该报告中将 PbD 理念作为一项核心的价值进行推荐。该报告采纳了 PbD 提出的一个基本的原则：公司应将隐私保护观念贯穿于企业内部和产品与服务发展的每个环节。⑥ 同时，美国的联邦立法中也采用了 PbD 的部分原则和理念，如 2012 年 2 月颁布的《消费者隐私权利法案》中就涉及了相关的内容，⑦ 该项法案的报告书中提到了应将隐私保护嵌入到联邦政府架构中来，鼓励开展隐私影响评估（PIAs）。

---

① Pamela Jones Harbour. Privacy by Design in Law, Policy and Practice: An White Paper for Regulators, Decision-makers and Policy-makers [EB/OL]. [2012-11-02] www.ipc.on.ca/images/Resources/pbd-law-policy.pdf.

② Ann Cavoukian. Landmark Resolution Passed to Preserve the Future of Privacy [EB/OL]. 2010-10-29 [2012-11-02]. http://www.ipc.on.ca/images/Resources/2010-10-29-Resolution-e_1.pdf.

③ Article 29 Data Protection Working Party and Working Party on Police and Justice. The Future of Privacy: Joint Contribution to the Consultation of the European Commission on the Legal Framework for the Fundamental Right to Protection of Personal Data [R/OL]. (2009-12-01:3) [2012-11-03] http://ec.europa.eu/justice/policies/privacy/docs/wpdocs/2009/wp168_en.pdf.

④ European Data Protection Supervisor. Opinion of the European Data Protection Supervisor on Promoting Trust in the Information Society by Fostering Data Protection and Privacy [R/OL]. (2010-03-19:2) [2012-11-03] http://www.edps.europa.eu/EDPSWEB/

webdav/site/mySite/shared/Documents/Consultation/Opinions/2010/10-03-19_Trust_Information_Society_EN.pdf.

⑤ Center for Democracy and Technology. The Role of Privacy by Design in Protecting Consumer Privacy [EB/OL]. [2012-11-03]. http://www.ftc.gov/os/comments/privacyroundtable/544506-00067.pdf.

⑥ FTC. Protecting Consumer Privacy in an Era of Rapid Change [R/OL]. (2012-03:22-35) [2012-11-03] http://www.ftc.gov/os/2012/03/120326privacyreport.pdf.

⑦ Pamela Jones Harbour. Privacy by Design in Law, Policy and Practice: An White Paper for Regulators, Decision-makers and Policy-makers [EB/OL]. [2012-11-02] www.ipc.on.ca/images/Resources/pbd-law-policy.pdf.

2008 年 11 月，Enterprise Privacy Group（EPG）代表英国信息专员办公室（Information Commissioner's Office，ICO）制定了一份名为《经规划的隐私 PbD：隐私增强技术综述》的报告①，对隐私增强技术（PETs）进行了研究。同年，ICO 发布报告《经规划的隐私》②。该报告从六个方面对 PbD 的实施提出了 ICO 的建议。③

中国目前鲜有关于 PbD 的研究，相关的政策制定、立法和行业标准的设计也很少提及要通过设计去保护隐私。PbD 理念在隐私保护上有着别的标准或方法无法比拟的优势。随着该项理念的逐渐成熟和在各个国家的相继被采纳或参考，其在隐私保护的标准化和国际规则的制定方面势必发挥日益重要的作用。因此，中国应该对 PbD 给予足够的重视和关注，可以考虑将其本土化，将其转化为中国隐私保护的重要原则。

---

① EPG. Privacy by Design：An Overview of Privacy Enhancing Technologies [R/OL]．[2013-03-02] http：//www.ico.org.uk/upload/documents/pdb_report_html/pbd_pets_paper.pdf.
② ICO. Privacy by Design Report [R/OL]．[2012-11-02] http：//www.ico.org.uk/.
③ 这些实施建议包括：(1) 保证行政管理：确保企业的行政管理层知道他们的隐私保护职责，能够清楚地了解隐私需求，且在系列的商业实践中进行隐私影响评估（PIAs）。这其中采取的措施包括：在企业内，将 PbD 理念作为一项命令进行发布；论证缺少隐私措施条件下，企业能够获得利益、所需花费的代价和所面临的风险；采用通俗易懂的语言来讨论隐私概念。(2) 计划实施 PbD：确保所有信息系统基于 PIA 而采用了 PETs，并确保在这些信息系统的整个生命周期都采用了这些 PETs。这其中采取的措施包括：在系统的生命周期中将 PIA 作为一个强制性的管理措施；对于敏感信息系统的 PIA 结果，提交给 ICO 进行审核；对 PIAs 结果进行公示，以保证透明度；确保所有相关的系统都包含自动主题访问请求功能。(3) 关于个人信息的共享：在进行数据共享的同时，告知用户个人其隐私将被完全尊重。措施包括：对隐私数据的收集和管理流程规范化；对企业内部或与外部之间可能容易产生隐私问题的数据共享行为进行 PIA；在个人信息传输过程中设置安全控制以进行保护；推行数据最简化原则。(4) 制定隐私保护标准：对相关的企业制定一致、合理、可行的隐私标准。措施包括：政府、企业和学术机构应加强合作，共同制定可行的隐私保护标准；充分考虑终端用户、组织的隐私保护需求；制定全球范围内的类似项目。(5) 促进隐私增强技术：鼓励企业将 PETs 嵌入到产品中，并帮助人们意识到使用这些采取了 PETs 产品的价值。措施包括：公共机构和私营组织在系统采购中将隐私功能作为一项"Deal Breaker"（交易破坏事项）；系统包含 PETs，尤其是用于简化、撤销或删除数据；专家对系统中的隐私技术和功能进行审计；政府对商用的 PETs 发展和实施进行支持。(6) 遵从和规则：保证个人或组织将为其处理个人信息的行为负责，开发隐私职业。措施包括：规定相应的法律责任；授权 ICO 以调查和强制实施的权力；对使用个人信息的法律定义进行明确；设立专门的隐私机构。

第三节 Privacy by Design 的基本原则①及实施②③

PbD 共有七项基本原则,每一项原则均从不同的层面提出了隐私保护的内容。而"经规划的隐私"基本原则的实施却是一项纷繁复杂的任务,其中不仅涉及企业或组织的高级管理人员,还可能涉及董事会成员、政策或规则的制定者、软件工程师、业务工作者、应用开发人员、系统架构师等。PbD 的实施不只是颁布一项政策如此简单,而是要将隐私保护的理念传达给其中涉及的每一个人,并落实到他们具体的工作中。

一、积极主动防御

(一) 原则内涵

"经规划的隐私"的方法以积极主动为特征,而不是采取传统的消极回应性措施。它能够主动预见并提前阻止隐私侵害事件发生。PbD 不坐待隐私风险成形,也不为解决已发生的隐私侵害提供救济——它以阻止其发生为目标。简而言之,PbD 先于既成侵害事实,而不是事后救济。

(二) 实施措施

在信息技术、商业实践、物理设计或网络生态系统中应用该原则,意味着能够清楚认识到主动采取隐私保护实践所能够带来的价值和效益。实施措施具体包括:(1) 承诺采用高于法律规定的隐私保护标准值要求自己的行为。(2) 不断改进承诺,确保该承诺为用户与其他主体所知晓。(3) 采取措施发觉隐私保护设计不足的地方,在隐私风险发生之前进行修正和解决。(4) 确保隐私保护不是"纸上谈兵",应付诸实际行动,并定期进行指标检查。

二、隐私保护作为默认设置

(一) 原则内涵

PbD 寻求通过确保个人数据在任何既有的信息技术系统或商业实践中受到自

---

① Ann Cavoukian. The 7 Foundational Principles of Privacy by Design[EB/OL]. (2009-08)[2012-11-15] http://www.privacybydesign.ca/content/uploads/2009/08/7foundationalprinciples.pdf.

② Ann Cavoukian. Operationalizating Privacy by Design:A Guide to Implementing Strong Privacy Practices [EB/OL]. (2012-12)[2012-12-10] http://www.ipc.on.ca/images/Resources/operationalizing-pbd-guide.pdf.

③ Ann Cavoukian. Privacy by Design:The 7 Foundational Principles:Implementation and Mapping of Fair Information Practices[EB/OL]. (2010-05)[2012-11-15] http://www.privacybydesign.ca/content/uploads/2010/05/pbd-implement-7found-principles.pdf.

动的保护，来实现最大程度的隐私保护。在这种情况下，即使个人没有做出任何行为，他们的隐私依然不会受到侵害。就个体方面而言，不需要他们为保护自己的隐私采取任何行动——通过默认的隐私保护设置，它已经成为系统的一部分。如微软 IE10 浏览器中默认将隐私保护等级设置为"中"（如图 6.4 所示），这表明用户在通过该浏览器浏览网页时，它将：阻止没有精简隐私策略的第三方 Cookies；阻止没有经用户明确同意就保存用户联系信息的第三方 Cookies 等。① 此外，IE10 中还将"Do Not Track"作为一种默认的隐私设置，② 让网民控制自己的隐私信息被追踪的情况。

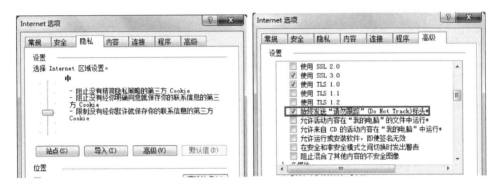

图 6.4　IE 10 中的隐私默认设置

（二）实施措施

实施该项原则具体包括以下内容：（1）个人信息收集、使用、保留和公开的目的应该在从事这些行为之前让个人所知，且收集的目的需具有必要性。（2）对个人信息的收集必须符合法律规定，且信息的收集是为了开展业务之需要。（3）对个人识别信息的收集应该最少化。信息技术、系统在设计时就要考虑将不收集个人识别性信息作为默认设置。只要有可能，尽量少收集与个人身份有关联的个人信息。（4）对个人信息的使用、保留和公开应严格限于对个人进行告知的目的，且在个人的同意基础之上从事，以免遭遇法律风险。（5）在不确定是否需要或使用个人信息的时候，默认不进行收集是最优的隐私保护选择。（6）创造技术、政策和程序上的障碍，以阻止个人信息与个人身份识别信息之间的关联。

---

① 我们认为，IE10 将默认隐私保护等级设置为"中"是一种折中的做法，阻止没有精简隐私策略的第三方 Cookies 并不意味着用户的隐私安全就可以高枕无忧。在隐私保护力度上，按照 PbD 该条原则的要求，还应上升到更高的级别。

② Do Not Track 具有通知用户是否愿意接受网络广告商或网站追踪他们动态的功能。微软在 IE 10 浏览器中将 Do Not Track 作为一种默认的设置引来了不少争议。

三、寓隐私保护于设计中

(一) 原则内涵

PbD 理念寓于信息技术系统、商业实践以及物理硬件的设计和结构中。它并非已形成既定事实之后的一种补救。该原则的最佳结果是隐私权成为正被实现的核心功能的一个基本要素，隐私保护是系统不可或缺的一部分，但该部分功能的实现并不会削弱其他的功能。如电脑主机上的 BIOS 密码设计、手机的防盗功能设计、笔记本电脑上的指纹识别设计等，都是将隐私保护落实到了设计中，并且不会对产品原来的功能造成影响。

(二) 实施措施

践行该项原则意味着：（1）在开发信息系统、开展商业实践等之前，做一项隐私风险评估或隐私影响报告，让该环节成为项目设计的一部分。（2）身份分析系统应符合有关法律的规定，同时遵守国际上具有影响力的个人信息保护原则。（3）在系统的发展生命周期以及组织开发进程中都要考虑隐私保护。应采取相应激励措施，鼓励系统设计和开发人员在隐私保护方面的创新。（4）在"灵活性、常识和实用"原则的指导下，制定隐私保护行业自律规则、部门法、综合性法律或立法框架。

四、全部功能——正和而非零和

(一) 原则内涵

PbD 理念寻求一种正和"双赢"的方式[1]，而不是以会造成不必要的周折过时的零和方式[2]，来调和所有的合法利益和目标。"经规划的隐私"理念避免诸如隐私与安全不相容之类的错误二分法之假象，而认为两者可以兼得。

(二) 实施措施

PbD 的理念不只是要求企业做出隐私保护的承诺和申明，它还包含如何让各企业满足自己合法目的的内容：（1）将隐私保护嵌入到信息技术、流程、系统中，不能使它们的整体功能受到影响，应该实现所有功能的最优化。（2）隐私保护往往与企业的合法利益相冲突，但 PbD 所追求的是双赢，应承认企业所追求的合法利益的正当性。（3）所有的利益和目标都要清楚落实到文件中，需要的功能都应清楚地表达出来，然后去权衡是否必要。（4）寻求创新性解决方案以实现全部功能。

---

[1] 正和博弈，是指博弈双方的利益有所增加，或者至少是一方的利益增加，另一方的利益不受损害，因而整个社会的利益有所增加。

[2] 零和博弈，是指参与博弈的各方，在严格竞争下，一方的收益必然意味着另一方的损失，博弈各方的利益和损失相加总和永远为"零"。

五、遍及全程的保护

（一）原则内涵

在信息采集之前已经寓于系统之中的"经规划的隐私"，贯穿所涉信息的整个存在过程——从开始到结束，有力的安全措施对隐私而言都必不可少。这能确保所有的数据安全保存，并在程序结束时及时销毁。因此，PbD保证从摇篮到坟墓（整个生命周期）的信息安全的全程管理，自始至终。如中国雅虎邮箱于2013年8月停止提供服务，用户可以通过操作彻底删除账户和数据（如图6.5所示）。而同样停止服务的中国的Myspace——聚友网，在用户数据保护方面却引起了网民的广泛争议和质疑。[①]

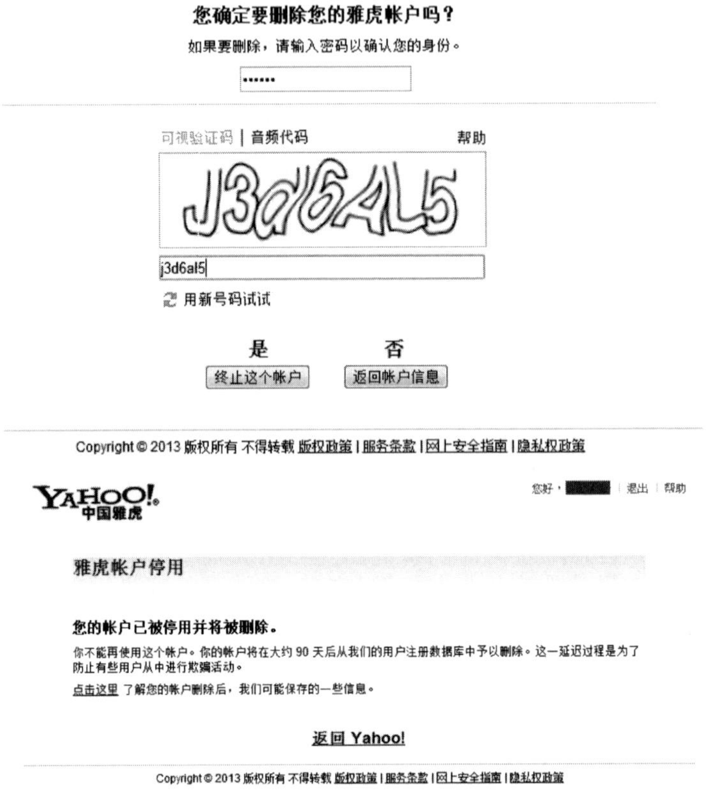

图6.5 雅虎邮箱删除账户和数据

---

① 季弘弨．聚友网 http://www.myspace.cn/无数网友问个人空间里面的内容怎么办?[EB/OL]（2012-05-17）[2012-06-23]http://www.703804.com/thread-14236988-1-1.html.

（二）实施措施

安全在隐私保护中发挥着十分重要的作用，没有信息技术、系统等的安全，也将没有隐私可言。该项原则的实施措施具体包括：(1)默认采用加密技术，以减少相关设备（笔记本、智能手机、U盘等）因丢失、被盗或清理所带来的隐私安全隐患；即使这其中的数据泄露，也应是"不可读"的。(2)让加密自动成为设备和工作流程中无影响的一部分。(3)确保在信息系统生命周期的最后阶段对个人信息进行销毁处理。(4)信息收集者必须为各个环节中个人信息的安全承担责任（与信息敏感程度相适应的责任），必须达到相关的个人信息保护标准的要求。(5)在各个环节中适用安全标准，需确保个人信息的保密性、完整性和可用性。

六、能见及透明——保持开放

（一）原则内涵

PbD理念努力确保实际上根据既定的承诺和目标运作的所有利益相关者，无论涉及何种商业实践或技术，能够受到独立核查的限制。它的组成部分和运作对用户和提供商一视同仁，保持可见和透明。但是不能忘记的是，信任但仍然需要核查。

（二）实施措施

能见和透明对于责任机制和信任机制的建立至关重要。该项原则的实施包括：(1)将企业和组织内部负责隐私和安全事务的人员的身份和联系方式公之于众。(2)要求所有面向公众发布的文件应以"通俗易懂"的形式呈现。(3)有关个人信息处理的政策、进程和控制方式的信息应能够被个人获取。(4)考虑发布隐私影响评估（PETs）报告和盗窃风险评估（TRAs）报告，以及独立的第三方审核结果。(5)制定并发布一份表单，列出掌握个人信息的人员名单。(6)开发审计工具，方便用户决定他们的个人信息是如何存储、保护和使用的。用户还有权判断隐私政策是否得到正确的实施。(7)应建立投诉和赔偿机制。

七、确保以用户为中心

（一）原则内涵

最重要的是，PbD理念要求设计者和操作者通过提供诸如可靠的隐私默认设置、恰当的提示及加强用户友好选项之类的措施，来确保个体利益的至上。必须保证以用户为中心。这意味着，在将隐私保护措施嵌入到信息技术、商业实践以及物理设计中去时，个人的隐私权益应该是至高无上的。[1]

---

[1] Pat Jeselon, Anita Fineberg. A Foundational Framework for a PbD-PIA[EB/OL]. (2011-11:6)[2012-09-15] http://www.privacybydesign.ca/content/uploads/2011/11/PbD-PIA-Foundational-Framework.pdf.

(二)实施措施

尊重用户隐私原则的应用具体可以通过这些措施:(1)提供高级别的隐私默认保护措施。(2)提供适当的通知。(3)考虑设计用户友好的选项。如长时间记住用户的隐私保护偏好设置,提供用户访问自己数据的路径等。

七项原则以尊重用户隐私为核心,但同时兼顾企业、组织产品的功能和合法利益,其余五项原则为实现两者的平衡服务。

第四节 PbD-PIAs 和 PETs

隐私影响评估起着预见性的作用,可以对潜在的隐私风险和威胁进行评估;而隐私增强技术起着实用性的作用,它的采用能够最大限度地减少或消灭这些风险或威胁。隐私影响评估和隐私增强技术都是实施"经规划的隐私"、实现隐私保护生态系统的重要工具。

一、PbD 隐私影响评估

(一)PIAs

隐私影响评估(Privacy Impact Assessments, PIAs),是指对拟研发或已存的系统、技术或项目中存在的现实或潜在的对个人隐私的影响进行评估,它可以在项目开发和应用的各个环节进行开展。PIAs 是实现 PbD 目标不可或缺的工具,它将对隐私问题进行全面系统的分析,为决策的做出提供支撑;同时它也是一种"警报器",在隐私危害发生之前进行预测,可以达到减少企业成本的作用。总之,开展 PIAs 的目的在于:(1)分析个人信息在信息系统、商业实践、物理设计和网络架构中存在的或潜在的泄露途径。(2)分析这些泄露对隐私权的影响。(3)推荐替代性的实践方法来减少隐私侵犯。PIAs 在项目各个环节中的开展情况如图 6.6 所示。

(二)PbD-PIAs

PbD 隐私影响评估(PbD-PIAs)是建立在 PbD 理念上的评估,它充分体现了 PbD 各项基本原则的主要内容要求。PbD-PIAs 开展的范围要比普通的 PIAs 大得多。普通 PIAs 关注的焦点在于企业、组织所实施的行为是否符合了目前已有的隐私法律法规或国际标准(如 FIPs、GAPP 等)的要求。而 PbD-PIAs 所关注的是企业、组织整体的做法,从外部的合法、合规、合标,到内部的政策制定、商业实践开展、流程等。PbD-PIAs 的开展是充分考虑以下内容的结果:(1)隐私专家和企业家都应从全局来整体考虑隐私保护。(2)经规划的隐私 PbD,是企业、组织实现全局掌控的一种途径。(3)隐私法律规则有必要,但远不足以提供充足的隐私保护。(4) PbD-PIAs应考虑行业特殊问题、法律特殊问题以及企业所处的环境。(5) PIAs应该合法、合规等。①

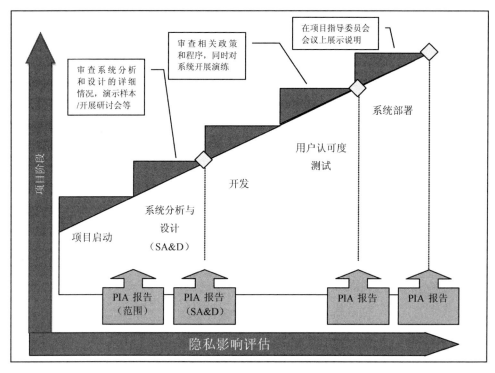

图 6.6　PIAs 在项目各个环节中的开展②

通过PbD-PIAs框架分析，可对企业、组织的隐私和数据保护项目形成全局的把握，并对信息技术、商业实践和物理外观以及网络设施的设计和功能进行全面深入的了解。通过该框架进行隐私影响评估，能在不牺牲产品功能的前提下保证个人的隐私的保护，从而实现企业与个人的"双赢"。

---

① Pat Jeselon, Anita Fineberg. A Foundational Framework for a PbD-PIA[EB/OL]. (2011-11)[2012-09-15] http://www.privacybydesign.ca/content/uploads/2011/11/PbD-PIA-Foundational-Framework.pdf.
② Peter Koo. Privacy by Design: Privacy Smart From the Start[EB/OL]. [2012-12-15] http://www.pcpd.org.hk/privacyconference/files/PeterKoo.pdf.

表 6.2 基于 PbD 的隐私影响评估框架[①]

PbD 基本原则	PIAs 内容		适用范围		
			信息系统	商业实践	物理设计和网络设施
原则一：积极主动、而非消极回应；防患于未然，而非亡羊补牢	责任和义务	• 企业是否设有专人负责隐私和数据保护工作？ • 企业是否设有专人负责信息安全项目？ • 企业是否明确承诺将长期采取高标准的隐私和利益相关者？ • 这些承诺是否明确告知了用户和利益相关者？ • 是否有合适的程序以确保企业行政管理者及董事会定期更新隐私和安全措施，包括政策和程序？ • 是否制定了隐私和安全管理及责任体系，以确保适应已经实施应用的隐私和安全政策与程序？ • 是否要求所有能够接触到个人信息的员工、志愿者及乙方签署保密协议？这种保密协议是否适时重新制定并签署，如一年一签？ • 隐私及安全保护是否纳入到服务适用协议、数据分享协议、第三方协议及其他法律协议中？	• 是否进行了风险与威胁鉴别评估（TRA）？ • 评估所鉴别出来的风险、是否尽可能最大可能进行了缓解和解决？	• 隐私和安全政策及进程是否被视为PIA分析中的一部分？ • 政策是否将TRA制定列为与PIA同等重要地位？TRA的焦点应该在于已经有或应该采取的物理和技术安全措施。	• 是否有个人隐私保护和方针的指南方针，比如信息存储介质的访问控制，个人信息的存储位置、安全层级保护情况（哪一层的安全措施更加严密，个人接触） • 是否对物理和网络设施存在的风险进行评估 • 评估出来的风险，是否最大可能进行了缓解和解决
	政策和程序	• 企业是否设置程序以识别和处理隐私泄露问题？ • 企业是否设置程序以识别和处理信息安全问题？ • 企业是否建立计划，适时地对隐私和安全政策及程序进行审核，以符合适时更新的隐私和安全标准、最优实践及法律规则的要求？			

[①] Pat Jeselon, Anita Fineberg. A Foundational Framework for a PbD-PIA[EB/OL]. 2011-11-12-25[2012-09-15]. http://www.privacybydesign.ca/content/uploads/2011/11/PbD-PIA-Foundational-Framework.pdf.

续表

PbD基本原则		PIAs内容	适用范围		
			信息系统	商业实践	物理设计和网络设施
原则一：积极主动，而非被动回应；防患于未然，而非补牢	隐私和安全风险管理	• 企业是否制定了公司风险管理框架制度？ • 企业的信息技术、商业政策、物理硬件和网络设施设计及发展计划中是否包含"隐私审批网关"（privacy approval gateways）这样一个流程？ • PIAs是否在应用的概念、设计、逻辑、再设计环节中被考虑进来？ • PIAs是否被企业的高级管理人员所评估并通过？ • 是否最大限度地缓解了PIAs所识别出来的所有风险？ • PIAs是否适时更新，以确保其精准及与企业信息实践的一致性，以及明确保护隐私的意识获得了企业的重视？ • 企业是否制定了标准，以主动识别并解决隐私技术不够的技术和实践？			
	隐私和安全培训及意识	• 企业是否有隐私和安全意识及培训项目？ • 所有能够接触个人信息的员工、志愿者及承包方是否事先接受了隐私和安全培训？ • 是否对能够接触个人信息的员工、志愿者及承包方是否分别进行培训，以使其知晓在日常工作中该怎样适用隐私和安全政策及程序？ • 对能够接触个人信息的员工、志愿者及承包方的培训是否要求其定期接受培训（比如一年一次），以适应变化的环境？ • 隐私和安全意识及培训是否适时调整和变化，以适应变化的商业环境及法律要求？			
	审核和遵从	• 企业是否有政策或程序以监督、评估并目识别其隐私政策和程序以及诸项协议以监督其隐私条款是否得以遵从？ • 企业是否制定机制以监督并报告隐私政策程序及诸项协议中涉及的隐私条款的遵从情况？ • 是否有隐私和安全审核项目？ • 是否有雇请独立的第三方机构对企业的隐私和安全政策及程序的实践情况进行审核？ • 对于审核出来的隐私和安全问题建议，企业是否有程序对其进行处理？			

续表

PbD基本原则	PIAs内容		适用范围	
		信息系统	商业实践	物理设计和网络设施
原则二：隐私保护作为默认设置	隐私默认设置	• 在信息技术开发、商业政策和程序制定、物理硬件（环境）和网络设施设计时，是否遵循了尽可能减少个人信息的可识别性、可观察性和可联系性原则？ • 是否确保收集、使用和公开的个人信息是明确的、有限的以及必需的？ • 个人信息的收集、使用和公开是否是建立在其他声明的目的的一致？ • 个人信息的收集、使用和公开和公开和公开所定并实施政策和程序要求使用这些政策或程序不变的情况下，是否制定并实施政策和程序要求使用这些政策或程序是否要求对收集、使用和公开个人信息加密处理？（尤其是与移动设备相关） • 为实现商业目的，是否尽可能最小限度地去收集、使用和公开个人信息？ • 是否考虑对个人信息的公平性和合法性？ • 在使用和公开信息时，是否有前置程序去识别这些信息的可识别性进行评估，以确保这些信息不会识别到特定个人，且一般而言这些信息不能够识别到特定个人？ • 是否在用户"需要知道"以及"最少特权"原则的基础上建立用户对这些信息的控制途径？技术人员是否有权解除和控制这些信息？ • 是否确认即使在个人采取任何行为仍然是否定的前提下，个人的隐私仍然是受到保护的？	• 是否制定了行政程序或政策列出了信息的可接受性技术的使用？	—	—

第六章 Privacy by Design——经规划的隐私 145

续表

PbD基本原则		PIAs内容	适用范围		
			信息系统	商业实践	物理设计和网络设施
原则三：嵌隐私保护于设计中	隐私和安全计划/程序	● 在满足法律性要求之外，是否确认隐私和安全项目，以及其相关的政策、程序等，符合行业标准、框架、最佳实践、指导方案等？ ● 制定和实施的隐私和安全控制是否最大限度地减少个人信息被盗窃、丢失、越权使用或公开的风险？ ● 企业所实施的隐私和安全控制措施是否经得起（或者接受）外部的评审和审计？	—	—	—
	隐私和安全体系	● 企业是否制定并采用了隐私保护体系，以确保个人信息的应用中的： ☆ 嵌人到收集、使用以及公开个人信息的应用中的； ☆ 基于数据的可识别性和敏感性对其进行分类。 ☆ 包含一个术语表，以解释企业在文件中使用的与隐私有关的术语。 ☆ 对个人信息的收集、使用和公开第三人进行限制（不能任意进行）。 ☆ 对个人信息二次使用（或者第三人使用）的限制。 ☆ 只要可能，对于加密的、可识别的、完整的信息使用需要符合一定的要求。 ☆ 应制定相关商业规则、报告和警告，用户通知，个人访问以及变更正等操作，审核记录。 ● 企业是否制定并实施隐私保护体系，以确保建立的安全保障措施（管理的、物理的、技术的）是嵌入到应用中去的？ ● 企业是否实施程序或机制，来证实隐私和安全体系架构是否将"隐私和安全已经正地设计到应用的功能中去？这些程序或机制是否存在于产品的设计、开发和再设计环节中？ ● 是否在"需知"和"最小特权"原则上给予了用户访问控制的权利（给予用户访问其被收集的数据的权利）？	—	—	—

PbD基本原则	PIAs内容	适用范围		
		信息系统	商业实践	物理设计和网络设施
原则三：嵌隐私保护于设计中	应用设计需满足的要求： • 企业是否有明确的程序规定,对于IT系统、商业实践和物理硬件以及网络设施的设计与再设计,在其开始进行前,必须获得企业内专门负责隐私与安全事务的人员的同意,并全程跟随? • 这个程序是否告知了企业内所有设计的个人? • 是否对这种程序的适用情况进行审查? • 这个程序是否包含以下元素： 　☆ 在应用的设计或再设计阶段,与企业内部或外部进行个人信息收集、使用或公开的人进行咨询(磋商)。 　☆ 在应用的概念、物理设想、逻辑形成、再设计阶段,进行PIA和TRA(威胁与风险评估)。 　☆ 在开始实施开发特定应用前,对PIA和TRA评估出来的风险进行处理和解决的程序。 　☆ 确保PIA和TRA包含弥补隐私和安全的选择,以及做出这些选择的理由(反风险应对隐私增强技术,类似于说明书中的常见问题)。 　☆ 与应用相适应的隐私和安全要求,以及公开或使用的相关个人信息之敏感度(如密码加密、可识别)的相关要求,被纳入设计与再设计中。 　☆ 要求信息收集与应用目的相关联,且这应用最小限度地收集、使用或公开个人信息。 　☆ 如果该应用将被第三方所使用,那么任何征求意见书中,应将隐私和安全的要求包括在内。 　☆ 对于能够访问个人信息并对个人身份进行验证和识别的个人,应建立访问控制和最少特权"原则,并采取密码措施的长短和组织成方式等。 　☆ 要建立一套密码强制规则,包括密码的长短和组织成方式等。 　☆ 是否实施隐私和安全政策以通知信息技术功能和组织业务流程的设计?			

续表

PbD基本原则	PIAs内容	适用范围		
		信息系统	商业实践	物理设计和网络设施
原则四：全部功能——正和而非零和	要求： • 企业是否认证、记录并使以下内容始终处于可得的状态： 　☆ 涉及用户个人信息的隐私，保密和安全目标。 　☆ 商业利益、动力和目标。 　☆ 所需的业务功能需求。 　☆ 隐私功能需求。 　☆ 安全功能需求。 • 企业是否建立话机制，以使相关方来就功能和隐私、隐私和安全间没有安全协商这些话题进行讨论和磋商？ • 企业是否制定了一致同意的指标，是否对所有利益和目标都进行了评估？ • 企业是否排斥隐私或安全风险评估建议，指因其会导致功能与隐私、隐私和安全之间的妥协？ • 企业是否应用了PbD的原则来考虑所有的隐私风险修复建议，以确保各方面的一致性？ • 应用是否满足了它应该完成的所有目标和利益？	—		—
原则五：自始至终的安全——及全程的保护	生命周期隐私保护： • 企业是否在使用、披露和销毁阶段对收集到的PI（个人信息）进行了规划？ • 企业是否对数据的敏感程度进行分析？ • 在项目的每一个阶段是否都对物理和技术方面的安全进行了风险评估？ • 是否确定PI所有的"触摸和切换点"，负责降低在物理和技术安全风险方面？ • 是否分配了一个PI的"负责人"，都需要安全保障？ • 企业是否采用了适应于当前环境的行政、技术和物理保护措施？这些措施是否： 　☆ 基于业界公认的关于安全的标准、框架、模型、最佳实践和指导方针，并符合法定要求？ 　☆ 基于为解决已识别的威胁和风险的深度防御战略？ 　☆ 与PI的信息量和敏感性相称，并能够访问到PI的用户数目和特征相匹配？	• 企业是否需要在现有的基础上进行脆弱性评估和渗透测试？		—

PbD基本原则	PIAs内容	适用范围		
		信息系统	商业实践	物理设计和网络设施
原则五：自始至终——遗及全程的保护	**生命周期隐私保护** • 这些行政、技术和物理方面保障能够安全地保留、传输和销毁PI吗？ • 是否确保供应商和第三方协议明确了确保实施保障措施和强制性安全控制的义务和责任？ • 在PI的整个生命周期中，企业是否定期进行安全控制的评估，以确保其保密性、完整性和可用性？ • 是否建立了安全销毁PI的保留期限表和程序？ • 这些期限表是否： 　☆ 明确了描述类的PI必须保留的时间长度； 　☆ 说明了在这些时间段内保留PI的理由； 　☆ 需要根据保管期限定期对保管PI及其保管方式的描述文档？ • 这些销毁程序是否： 　☆ 要求PI必须以不可重新恢复信息的方式被破坏； 　☆ 提供用户已可接受的方式销毁PI，如电子方式、纸质方式？ 　☆ 提醒提出这些请求销毁的个人、销毁存留在电子设备中的PI，如复印机和复印传真机？ 　☆ 包含一份信息销毁者以及当时销毁者以及当时销毁PI的性质、销毁日期、信息销毁者签名和联系方式的记录？	• 企业是否能确保具有审计日志记录功能的信息系统有能力根据业务规则范围生成审计日志警报，并临时常规和审计日志报告？ • 企业是否在现有的基础上，对系统进行监测和报告？		
原则六：能见度及透明度——保持开放	**归责性** • 负责隐私和安全事务的个人和联系信息是否为公众以及企业内部所知？ • 企业是否应用政策要求陈述的隐私文件必须以简单易懂的语言呈现？	—		
	开放性 • 有关隐私和安全政策的政策信息和程序，以及PIA和PI管理控制是否为用户个人所知晓？ • 企业是否发布了所有完成的PIA和TRA的总结？ • 企业是否将立第三方机构对其PI数据实践进行公布？（包括除该企业外的第三方等）			

续 表

PbD基本原则		PIAs内容	适用范围		
			信息系统	商业实践	物理设计和网络设施
原则六：能见度透明——保持开放	遵从	• 企业是否实施政策和程序，以接受、记录、追踪、弥补和回应用户的投诉？是否制定了一种救济程序？ • 企业是否实施政策和程序，以接受、记录、追踪和回应相关的隐私请求？			
原则七：尊重用户隐私——确保以用户为中心	政策和程序	• 企业是否制定了隐私政策及相关程序？制定这些政策和程序的目的如下： ☆ 在信息收集之前，将信息收集、使用、传输和公开的目的对个人进行通知（公共场合规定的其他机制）。 ☆ 在法律规定的环境下，收集、使用、公开个人信息应获得个人的同意。 ☆ 考虑到用户需求和法律要求，对收集、使用、公开个人信息所获得的同意进行记录。 ☆ 让用户个人能够保留或撤回关于信息收集、使用和公开的同意。 ☆ 确保用户拥有渠道接触并修改个人信息。 ☆ 确保用户知道如何进行隐私投诉。 ☆ 确保用户了解赔偿机制，包括如何获得进一步赔偿。 ☆ 确保用户获知如何与公司专门负责隐私的人员取得联系。 • 所有的政策和程序是否都以简单明了、直白易懂的方式呈献给用户个人？ • 程序是否易于操作？ • 企业的隐私政策和程序是否以详略分层的形式对用户进行呈现，以满足需要详细了解用户的个人需求？ • 企业对用户的通知是否包含了足够关于隐私如何保护的信息，以及通知用户个人关于其隐私的权利，包括保留或撤回其呈现关于信息收集、使用和公开之同意的权利？ • 这些通知是否足够引人注目？ • 企业是否制定了政策和程序以确保收集和使用的个人信息足够精确、完整和实时？		—	

续表

PbD基本原则	PIAs内容		适用范围		
			信息系统	商业实践	物理设计和网络设施
原则七：尊重用户隐私——确保以用户为中心	个人隐私预期	• 企业是否对用户个人对信息收集、使用和公开的目的进行隐私预期评估？ • 企业是否对用户个人基于隐私预期而对收集、使用和公开做出不同决定进行隐私预期评估？ • 企业的隐私和安全政策、程序是否与个人隐私预期的最大限度所契合？			
	个人同意	• 用户表示同意与否、保留或撤回同意的程序是否操作简便？ • 是否用户能够采取机制测表达同意与否、保留或撤销同意的决定？			

二、隐私增强技术

（一）PETs①

目前，关于隐私增强技术（Privacy Enhancing Technologies，PETs）并没有统一的定义。英国信息专员办公室 ICO 认为，PETs 是指"任何用以保护个人隐私或增强隐私保护水平的技术，其中包括为个人行使 1998 年数据保护法赋予的数据权利提供便利的技术"。而 Ann Cavoukian 博士则认为，PETs 是指"为加强信息系统中个人隐私保护，通过阻止不必要或违法的个人数据收集、使用和公开，或通过提供工具以加强个人对其个人数据的控制的信息和通信技术"。② 虽然定义不统一，但不难发现，PETs 具有以下内涵：

（1）减少或消除违反隐私保护原则或法律的风险；

（2）尽可能减少对个人数据的收集；

（3）让个人能随时保持对他们个人信息的控制。

PETs 一词最早于 1995 年出现在加拿大安大略省信息和隐私专员和荷兰信息保护机构联合发布的一份报告中。第一项 PETs 被认为是由 David Chaum 开发的"Mix networks"，用于在网络上匿名和不可观察性质的通信。③ 该项技术为匿名通信打下了根基，至今某些邮件系统仍然在使用。而现如今，PETs 早已不是如此简单的概念，它包含各式各类的技术形式。

PETs 对于 PbD 最终目标的实现意义重大。通过对拟进行开发的信息技术、系统、商业实践或物理设计进行隐私影响评估，可以了解到可能存在隐私问题。为解决这些问题，除了在政策、流程或人事设置上采取行动之外，更多时候是从技术层面尽量减小或消除隐私影响，PETs 就是这样一种技术。因此，PETs 是将隐私保护嵌入到产品中的关键部分，是不可或缺的重要组成内容。

（二）PETs 分类④

因国际上目前对 PETs 并无权威定义，所以也没有被广泛接受的分类方法。英国 ICO 通过参考一系列研究对 PETs 进行了大致的分类，⑤ 在此予以引用。

---

① Enterprise Privacy Group. An Overview of Privacy Enhancing Technologies [EB/OL]．［2012-11-03］http：//www. ico. org. uk/upload/documents/pdb _ report _ html/pbd _ pets _ paper. pdf.

② Ann Cavoukian. Privacy by Design：Take the Challenge [EB/OL]．（2010-03：43）［2012-11-03］http：//www. privacybydesign. ca/content/uploads/2010/03/PrivacybyDesignBook. pdf.

③ David L. Chaum. Untraceable Electronic Mail，Return Addresses，and Digital Pseudonyms [J]．Commun. ACM，1981，24（2）：84 - 90.

④ Enterprise Privacy Group. An Overview of Privacy Enhancing Technologies [EB/OL]．［2012-11-03］http：//www. ico. org. uk/upload/documents/pdb _ report _ html/pbd _ pets _ paper. pdf.

⑤ 如 Lothar Fristch 的"State of Art of Privacy Enhancing Technologies"，The META Group 的"Privacy Enhancing Technologies"等。

第一类是隐私管理工具。隐私管理工具也叫"透明工具",它能让用户了解掌控个人信息的人是如何使用他们的个人信息的。隐私管理工具还能为用户提供建议,以决定如何处理相关的隐私问题。比较有名的工具有万维网联盟开发的 P3P 协议(Platform for Privacy Preferences Project),它旨在让浏览器用户更好地控制自己的个人信息。该协议允许 Web 服务商宣布它们关于信息收集的隐私政策,而浏览器用户有权进行协商。但遗憾的是,目前 P3P 基本处于停滞不前的状态。

第二类是隐私保护工具。隐私保护工具通常被称为"不透明工具",旨在掩藏用户身份,减少数据暴露,伪装网络连接以隐藏原来的 IP 地址。如果获取了 IP 地址,怀揣恶意目的者可能会对个人的地理位置进行分析,或定位出计算机的确切位置。隐私保护工具还能对交易进行鉴定。该类工具还可以细分为:(1)匿名化工具。该类软件或应用可以将原始 IP 地址或邮箱地址进行隐藏。(2)匿名支付。匿名支付的概念是直截了当的,它的工作流程是:用户购买一张有唯一识别号码的预付卡;当用户在网络支付时,钱是通过具有唯一识别号码的预付卡给出。(3)信息安全工具。有很多应用和软件可以被划到 PETs 的范围,但事实上,他们也是信息安全工具。这些工具对数据保护和隐私安全至关重要,但它们的最初目的是为了阻止未经授权而进入系统、文件库或网络通信。这类工具包括防火墙、病毒查询软件、垃圾邮件过滤插件等。无论如何,信息安全工具也属于 PETs 的一个类别。

(三) PETs Plus——提升企业积极性

在网络时代,PETs 发挥了不少功能,例如:(1)阻止未经授权而访问通信和存储的文件;(2)自动检索数据收集者的隐私实践信息,并自动替用户做出决定;(3)阻止 Cookies、网页漏洞和流氓软件的自动收集信息;(4)阻止通信被特定个人窃听;(5)尽可能减少公布个人信息以方便交易;(6)过滤不必要的信息等。[①]

然而传统的 PETs 仅以保护用户隐私为中心,而 PbD 理念最终追求的不只是保护个人隐私这么简单。简而言之,PETs 缺少"共赢"考虑。在 PETs 发挥作用的同时,也就意味着受保护个人之外的主体之利益受到了损失。这是一种"非黑即白"的局面,也在某种程度上导致企业不太愿意在其信息系统或物理设计中加入 PETs 技术。正是如此,PbD 理念的提出者 Ann Cavoukian 博士提出了 PETs Plus 的概念,作为 PETs 的升级版本。PETs Plus 充分落实了 PbD 在实施时应遵循的"全部功能——正和而非零和"之基本原则。也就是说,PETs Plus 不只是为个人的隐私利益提供保护,更会将其他主体和利益相关者欲达到的利益考虑进来,并为这些利益目标的实现提供便利。这样就能促进相关企业、组织在实施 PbD 理

---

① Ann Cavoukian. Privacy by Design:Take the Challenge[EB/OL].(2010-03:44)[2012-11-03] http://www.privacybydesign.ca/content/uploads/2010/03/PrivacybyDesignBook.pdf.

念时，积极主动地采用 PETs Plus。

图 6.7 所示即为 PETs Plus 在视频监控系统中的一种应用。① （a）为正常的视频监控画面。而（b）对视频进行了处理，将画面中的人与环境都做了加密，即使系统被黑客入侵也无法解密。（c）只是对画面中的人的身体或脸部进行了加密。②三个比较起来，显然（c）最能符合个人和安装该系统主体的利益需求。（a）有可能侵犯个人隐私，但它对系统安装者的利益是最大化的。（b）对个人的利益最大化，但是却使监控系统的功能受到了影响，偏离了设置该系统时的目的。（c）只对具有识别性的身体和脸部进行加密处理，避开了隐私风险；同时也使视频监控系统的全部功能得到正常实施（在法律允许的必要情况下，还可以对视频画面进行解密），它既符合安装该系统主体的利益，也满足个体的隐私保护需求。

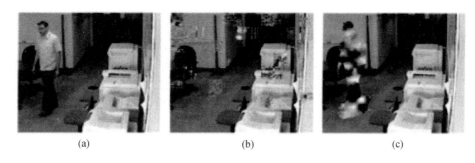

图 6.7　PETs Plus 在视频监控系统中的应用

第五节　Privacy by Design 对中国的启示

"经规划的隐私"（PbD）是一种先进的、全面的、灵活的、共赢的隐私和个人信息保护理念。PbD 基于现有的国际隐私保护标准和原则（如 FIPs 等）进行了拓展，使企业变被动适应为主动应对，变发展限制为竞争优势；同时，它能全面适用于包括云计算、物联网、智能终端和移动互联网、大数据在内的各种信息技术环境的信息系统、物理设计和商业实践中；企业可以通过灵活适用它的基本原则而实现合法利益，个人也能够满足个人隐私和信息的保护。目前，PbD 正在逐渐

---

① 该技术由加拿大多伦多大学的教授 Kostas Plataniotis 和 Karl Martin 开发，名叫"使用安全视觉对象编码的隐私保护监控技术"（Privacy Protected Surveillance Using Secure Visual Object Coding）。（Karl Martin, Konstantinos N. Plataniotis. Privacy Protected Surveillance Using Secure Visual Object coding［EB/OL］. ［2012-11-04］ http：//www.ipsi.utoronto.ca/Assets/News/Technical+report+mass+transit+system+surveillance.pdf.）

② Ann Cavoukian. Privacy by Design：Take the Challenge［EB/OL］.（2010-11-2）［2012-11-03］ http：//www.privacybydesign.ca/content/uploads/2010/03/PrivacybyDesignBook.pdf.

成为一项国际性隐私保护标准被推广。对于中国而言，PbD所带来的启示是巨大的。它不仅能为中国的企业带来效益，更为中国整个隐私和个人信息保护框架的制定和完善带来了崭新的思路。

一、PbD为中国企业带来效益

前文已对个人信息保护与企业效益之间的关系进行了分析，并得出结论：提升个人信息保护水平能为企业带来效益。PbD作为隐私和个人信息保护领域最前沿的理念，它对企业个人信息保护能力提升的作用是巨大的。通过践行PbD的各项基本原则，通过各个环节和流程的设计来保护用户的隐私权和个人信息权，将为企业带来切实的经济效益。PbD的理念要求企业将隐私和个人信息保护嵌入到设计中，使该种保护从一开始就是产品、系统功能的一部分，这本身就是对企业个人信息保护能力的建设。PbD理念还要求企业在信息收集时应明确、透明，要求在收集、使用、存储、销毁各个环节都注意保护，这于企业内部隐私和个人信息保护生态系统的建设也是大有裨益的。同时，PbD的践行还需要企业从人事、制度、政策、员工培训、技术开发等多层面贯彻隐私保护理念，这比单纯的发布个人信息保护政策更能发挥实际的作用。PbD七大基本原则对企业个人信息保护能力和生态体系的建设是全方位的。

在PbD理念的实施上，我们认为可以通过行业协会或地方性立法将该理念在大城市、大公司进行推广。毕竟，并不是所有的信息技术企业都愿意将资金投入到隐私和个人信息保护中；同时，也需要考虑部分小型企业的生存发展问题。中国大型的信息技术企业（尤其是互联网公司）大部分分布在北京、上海、深圳、广州、杭州等地，在前期可将PbD理念集中在这些地区的大型企业中进行示范推广。同时，企业和研究机构、大学等也可以开展合作，共同研究基于PbD理念的最佳实践，实现产学研相结合。如果实践证明PbD确实能为企业带来收益，实现中国信息技术产业的隐私和个人信息友好环境，那么就可以考虑进一步将该理念在全国范围内进行推广。

二、PbD对中国个人信息保护体系建设的启示

虽然PbD的主要目的在于为各个行业提供隐私和个人信息保护的标准，为企业提供基本的原则性指导，但我们认为它的作用不仅仅局限于此。该理念本身及其体现出来的积极性、主动性、全局性能为中国个人信息保护的体系框架设计带来新的思路：个人信息保护不必然以牺牲一方的利益为前提，主动地从各个层面去设计如何保护个人信息能实现各方利益的平衡，最终构建中国良好的个人信息保护生态系统。

我们首先对 PbD 的基本原则与中国个人信息保护的基本原则进行了比较（见表 6.3）。中国个人信息保护基本原则指《信息安全技术公共及商用服务信息系统

表 6.3　PbD 基本原则与中国个人信息保护基本原则比较

PbD 原则	中国 GB/Z28828-2012 标准原则	《中国个人信息保护法》（专家建议稿）中的个人信息保护原则	对比评价
（1）积极主动，而非消极回应；防患于未然，而非亡羊补牢	（6）安全保障原则	（5）信息安全原则	• PbD 该项原则的目的在于防止隐私风险的产生；中国国标中的安全保障原则与专家建议的信息安全原则的作用也在于此。 • 安全保障原则的内容是："采取适当的、与个人信息遭受损害的可能性和严重性相适应的管理措施和技术手段，保护个人信息安全，防止未经个人信息管理者授权的检索、披露及丢失、泄露、损毁和篡改个人信息。"信息安全原则的内容是："政府机关或其他个人信息处理者应采取必要的保护措施，防止个人信息的泄露、丢失、损毁或其他安全事故。" • 虽然两者的目的相同，但在时间上存在细微差别。安全保障原则与信息安全原则强调的是"需要采取措施"，根据国标中的规定，这一原则实施于"处理个人信息时"；而 PbD 原则强调的是主动采取措施，"事前预防，而非事后弥补"，它要求隐私保护工作（如开展 PIAs）必须在开始计划开发系统或产品、开展商业实践的阶段就必须进行
（2）隐私保护作为默认设置	（1）目的明确原则 （2）最少够用原则	（2）目的明确原则 （3）限制利用原则	• 目的明确原则的内容是："处理个人信息具有特定、明确、合理的目的，不扩大使用范围，不在个人信息主体不知情的情况下改变处理个人信息的目的。"最少够用原则指"只处理与处理目的有关的最少信息，达到处理目的后，在最短时间内删除个人信息"。限制利用原则则指"对个人信息的处理和利用与收集目的一致，必要情况下的目的变更应当有法律规定获取得信息主体的同意"。 • PbD 该项原则的主要目的在于使个人信息在任何应用中都可以得到自动保护，不需个人从事特殊的行为。它涵盖的范围十分广泛，既包括要求对个人信息收集的目的明确，也包括要求在利用个人信息之后及时进行删除、收集到的信息要与收集目的一致等。因此，PbD 的该项原则显得更加灵活

续表

PbD原则	中国GB/Z28828-2012标准原则	《中国个人信息保护法》（专家建议稿）中的个人信息保护原则	对比评价
（3）寓隐私保护于设计中	—	—	• 该项原则要求将隐私保护嵌入到信息系统、商业实践、物理硬件和网络设施的设计中去，隐私保护功能是作为一个组成部分存在，而非独立出来的内容。这是中国目前的个人信息保护原则所没有的
（4）全部功能——正和而非零和	—	（8）利益平衡原则	• 利益平衡原则是指"对个人信息的保护，不得妨碍他人的权利与自由，不得损害国家利益与社会公共利益"。这其中的"他人"既可指其他个体，也可代表企业或组织。 • PbD该项原则也是一种利益衡量机制，但它所追求的是隐私与安全、个人与企业的共赢。它强调的是共赢，而利益平衡原则更侧重于对个人信息权利边界的控制
（5）自始至终的安全——遍及全程的保护	—	—	• 该项原则要求在产品或系统的构思、设计、开发、运行、使用、销毁等各个环节，都应将隐私保护考虑进来。虽然中国的安全保障原则和信息安全原则中也有相关的内容，但在中国目前的形式下，企业组织普遍没有对个人信息的销毁等施以更多的关注。因此，此项原则要求在整个"生命周期"都切实保护隐私对中国而言有借鉴意义
（6）能见及透明——保持开放	（3）公开告知原则 （7）诚信履行原则 （8）责任明确原则	—	• 公开告知原则是指"对个人信息主体要尽到告知、说明和警示的义务。以明确、易懂和适宜的方式如实向个人信息主体告知处理个人信息的目的、个人信息的收集和使用范围、个人信息保护措施等信息"。诚信履行原则指"按照收集时的承诺，或基于法定事由处理个人信息，在达到既定目的后不再继续处理个人信息"。责任明确原则指"明确个人信息处理过程中的责任，采取相应的措施落实相关责任，并对个人信息处理过程进行记录以便于追溯"。 • PbD该项原则要求企业必须依照其申明的承诺和目标运行，且企业须将与个人隐私相关的政策、评估报告、技术措施等对所有人可见和透明。公开告知原则、诚信履行原则和责任明确原则基本上满足PbD该项原则的要求。但相比而言，后者更为灵活

续表

PbD 原则	中国 GB/Z28828-2012 标准原则	《中国个人信息保护法》（专家建议稿）中的个人信息保护原则	对比评价
（7）尊重用户隐私——确保以用户为中心	（4）个人同意原则 （5）质量保证原则	（1）知情同意原则 （4）完整正确原则（信息质量原则） （7）权利保护原则 （10）救济原则	• 个人同意原则（知情同意原则）指"处理个人信息前要征得个人信息主体的同意"。质量保证原则、完整正确原则、信息质量原则都是要求个人信息应具准确性、完整性和及时性。权利保护原则指"信息主体有权要求政府机关或其他个人信息处理者公开其所掌握的关于本人的个人信息。信息主体发现个人信息记录的内容有错误或不准确的，可以要求政府机关或其他个人信息处理者予以更正或者停止使用"。救济原则提出了一些救济的途径。 • PbD 该项原则是整个 PbD 理念的核心，它要求将用户的利益置于最高的位置。中国目前存在的这些原则基本上与 PbD 该项原则的内容一致，只是通过具体化的形式进行了表达
		（6）合法原则 （9）职业义务原则	• 合法原则是指"政府机关或其他个人信息处理者对个人信息的处理，应符合本法（个人信息保护法）的规定，法律另有明确规定的除外"。 • 职业义务原则是指"政府机关或其他个人信息处理者的工作人员对任职期间因处理个人信息所获知的内容，负有保守秘密的职业义务，不得擅自告知他人或者以其他方式加以披露或使用"。 • 合法原则是一项最基本的原则，我们认为其提出的原始目的在于对公权力机构的信息收集行为进行限制。而职业义务原则，我们认为这是一项最基本的业务操守，作为基本原则进行规定不太合适

个人信息保护指南》（标准号：GB/Z28828-2012）中规定的八大原则（包括目的明确原则、最少够用原则、公开告知原则、个人同意原则、质量保证原则、安全保障原则、诚信履行原则和责任明确原则），以及中国《个人信息保护法》（专家建议稿）[1]中学者提到的原则（包括合法原则、权利保护原则、利益平衡原则、信息质量原则、信息安全原则、职业义务原则、救济原则、知情同意原则、限制利用原则、完整正确原则、安全原则）。

通过对各项原则的内容进行梳理发现：首先，PbD 的各大基本原则具有灵活性。这几项原则的要求十分具体，但通过 Ann Cavoukian 博士及其团队发布的具

---

[1] 在此采用周汉华教授的著作《中华人民共和国个人信息保护法（专家建议稿）及立法研究报告》（法律出版社，2006 年版）和齐爱民教授的论文《中华人民共和国个人信息保护法示范法草案学者建议稿》（载《河北法学》，2005 年第 6 期）中提出的原则。

体实施框架来看，PbD各项原则的实施可以通过各种各样的方式灵活进行。如"积极主动"原则和"寓隐私保护于设计中"原则，目的很明确，不同企业可能会采取不同的方式来实现。其次，PbD的原则兼容并包，是对目前已比较成熟的个人信息保护原则进行的拓展性发展。PbD原则是对FIPs原则的发展，而FIPs原则在此之前已是一项比较成熟的国际性个人信息保护标准。通过分析可以看出，PbD理念基本上把国际上主流的个人信息保护原则都涵盖了进来。最后，PbD原则具有广泛的适用性。它能够适用到不同技术环境的不同场景中。而据中国的标准制定者发布的论文显示，中国个人信息保护国家标准（推荐）的制定参考了美国《隐私权法》、瑞典《数据法》、法国《数据处理、档案与自由法》、欧盟的个人数据保护指令、加拿大《隐私保护法》等。从内容上看，中国所采纳的这些原则并没有太多的变化。而问题也正在于，这些法律颁布的时间都已较久远，其当时所提出的原则并非能够满足当今的个人信息或隐私保护环境。

经过仔细的分析和思考，鉴于PbD在隐私和个人信息保护理念以及方法上的先进性和全面性，我们建议在开展中国个人信息保护立法和个人信息保护国家标准制定工作时，可以充分考虑和参考其中的主动保护原则（第一项基本原则）、隐私默认保护原则（第二项基本原则）、隐私设计保护原则（第三项基本原则）、双赢原则（第四项基本原则）和全程保护原则（第五项基本原则）等。

三、PbD理念对中国个人信息保护框架设计的启示

"经规划的隐私"理念给中国个人信息保护框架设计带来的启示就是：积极主动地去设计保护个人信息。这种思路包括两个方面的内容。

（一）积极主动地解决隐私和个人信息问题

传统的保护思路总是被动的。首先，立法保护本身就有滞后性的特点。中国从新世纪初开始制定个人信息保护法，却至今仍未出台；隐私权在中国到2009年才正式成为一种独立的权利等。这些问题都体现了传统思路的被动性。其次，技术标准和行业规范的颁布也具有被动性。中国个人信息保护的国家标准《信息安全技术公共及商用服务信息系统个人信息保护指南》到2012年11月才发布，而在此之前个人信息泄露和互联网隐私侵害事件频繁发生；至今中国仍未形成专门的个人信息保护行业自律规范。此外，企业在法律环境、自律环境十分宽松的条件下，自然也不愿意增加生产成本，这就使企业在对待个人信息问题时采取的是"来一个解决一个"的方式。而个人——个人信息的主体，往往也只有在经受泄露事件之后才开始意识到自我保护的重要性。中国不同层面在对待隐私或个人信息保护问题上都显示出了被动的态度。个人信息权是一种极易受侵犯的权利，事实证明，只有积极主动地去进行保护才能取得好的效果。消极被动的应对只会产生

更多的"牺牲品",足够多的个人信息泄露事件已为中国敲响了警钟。"先污染,后治理"的落后模式绝不应该出现在个人信息保护工作中。当然,这种主动解决并非要求去预测未知的威胁,而是对能够预测到的个人信息安全风险和威胁进行分析和解决。事实是,在云计算、物联网、移动互联网、智能终端、大数据等大规模发展起来的背景下,诸多的威胁和风险是可以预见的。

(二) 通过设计去保护隐私和个人信息

PbD 理念中提到,应将隐私和个人信息保护嵌入到产品、系统或物理硬件的设计中去,并在信息产品或系统的整个生命周期内进行保护,同时还对企业内部的隐私文化建设、隐私人事设置、隐私政策制定等提出了体系化的建议。这种思路是目前中国所没有的。我们认为,这种设计思路不仅适用于企业内部,更能扩展到个人信息保护框架中的各个层面。对于国家层面而言,就是要制定出一套完善的个人信息保护法律体系,并设立一个独立的监管机构对法律进行执行和监管,同时配套出台相应的技术标准等。而对于行业层面来说,自律规范和行业指引的内容也应该是有针对性和体系性的,应通过缜密的设计来使这些规范更易被采纳和接受。至于个人层面,在目前中国个人权利保护意识不强的现实情况下,可以通过精密的设计将隐私和个人信息保护意识提升巧妙地体现在各个方面,而不应只是简单而单调地进行宣传教育。

四、PbD 促使中国个人信息保护同国际接轨

前面已经提到,PbD 理念正在逐渐成为一项国际性隐私和个人信息保护标准。欧盟委员会、欧盟数据保护监督员、美国联邦贸易委员会、英国信息专员办公室、欧盟第 29 条数据安全工作组等均发布了相关的文件建议采纳 PbD 的相应原则;Intel、微软、IBM、保洁等国际性企业也纷纷加入到践行 PbD 原则的实践中,并已采取了切实的保护措施。在隐私和个人信息保护标准日益成为一种新型的贸易壁垒的情况下,借鉴该理念并将其有益成分吸收、本土化,不单对中国的隐私和个人信息保护工作有利,更可为中国在国际交往和贸易中争取到有利的话语权。在跨国数据流动日益频繁的当下,与国际接轨的标准体系和原则理念也有利于不同国别间个人信息保护冲突问题的妥善解决。

五、PbD 可提升中国公民的权利意识

践行 PbD 理念意味着企业需制定详细的个人信息保护政策,对商业实践和信息系统中可能涉及的个人信息收集、存储、利用、共享等行为,以及采用的安全保护措施等都进行说明,并将该保护政策以通俗易懂的方式对用户进行告知。这在某种程度上也起到了教育的功能。通过阅读个人信息保护政策的条款(或是简

单地意识到该政策的存在），用户能对个人信息及个人信息权形成基本概念上的认识。同时，企业通过采用隐私增强技术（PETs）来规划隐私和个人信息保护，也能够实现这一作用，因许多PETs是需要与用户互动交流的。故可以说，PbD理念的推广，也能为中国公民个人信息权意识的提升起到积极的作用。

总之，"经规划的隐私"为中国隐私和个人信息保护带来了新鲜的血液和鲜活的动力，它能为企业带来效益，也能为中国个人信息保护框架体系的建立和完善提供有益的借鉴。但同时也应看到，它在国际上逐渐被采纳也为隐私和个人信息保护水平尚处于起步阶段的中国带来了严峻的考验，它越发凸显了中国在该方面的不足。立足于中国国情制定具有中国特色的个人信息保护标准固然重要，但目前中国更需要学习国际上已有的先进经验，而非"闭门造车"。

第七章 侵害个人信息的民事责任

个人信息在大数据时代已成为一种重要的经济资源，在利益的驱动下，各种非法收集、买卖、窃取等滥用个人信息的行为屡禁不绝，这不仅给网民造成了财产损失，甚至威胁着网民的生命安全。我国现行个人信息保护立法尚不足以有效保障权利人的个人信息安全。本章拟从损害赔偿的视角出发，对我国现行法律中侵害个人信息的损害赔偿额、举证责任和诉讼方式等做一番检讨并提出完善建议。

第一节 大数据时代的个人信息安全危机

个人信息安全问题并非网络出现后产生的新问题，但这一问题确因网络的广泛应用而被无限放大。今天，世界上90%以上的信息是数字形式的，国家、企业或个人借助计算机网络能够迅速地搜集、储存、传送有关个人的各种数据，以不同的方式加以组合或呈现，可以用来预测个人的行为模式、政治态度、消费习惯，而作为一种资源或商品加以利用。大数据虽然赋予了我们洞察未来的能力，但分散和分布式网络环境给个人信息保护带来了新的挑战，大量的个人信息不仅可能在今天被滥用，在几年甚至几十年后仍然可能被滥用，网民随时都生活在"信息阴影"之下。

一、个人信息安全危机

虽然我国处于大数据应用的初级阶段，但信息安全事件频发：2011年12月，CSDN网站的安全系统遭到黑客攻击，超过600万用户的登录名、密码被泄露，涉及个人网上银行账户、身份证信息等众多隐私数据。苹果公司曾被曝在没有告知用户并获得许可的情况下，私自通过iPad和iPhone手机收集用户的行踪信息，经过处理后默认存储在一个未经加密的数据包中，每隔几个小时通过电信网或互联网成批发回苹果公司总部。2013年央视"3·15"晚会曝光了网易公司允许第三方公司通过加放代码窃取用户Cookies事件，网易公司通过收集分析用户信息来精准投放广告，这种手段不易察觉，也比较难以防范和控制，其范围几乎涉及中国的所有网民。中国互联网络信息中心（CNNIC）发布的《2013年中国网民信息安全状况研究报告》显示,仅 2013 年 3 月至 9 月半年内,有 4.38 亿网民遇到过信息安全事件,占网民总数的 74.1%,经济损失总额为 196.3 亿元。① 大数据时代,因个人信息不当利用引发的个人信息危机,将使正常的社会秩序面临严峻的考验。

二、个人信息保护的困境

为保护个人在网络时代的基本权利,我国《刑法修正案(七)》、2011 年修订的《居民身份证法》和 2013 年修订的《消费者权益保护法》,构筑了包括民事责任、行政责任和刑事责任三位一体的个人信息保护法律框架。但是,我们不得不面临这样一个尴尬事实:刑事责任和行政责任不断强化,个人信息安全的环境却不断恶化。究其原因,主要是民事保护手段特别是损害赔偿责任未能发挥其应有的作用。

首先,损害赔偿数额难以计算。《居民身份证法》和《全国人大常委会关于加强网络信息保护的决定》规定个人信息受到侵害后,权利人可以请求损害赔偿,②但未明确损害赔偿的性质(精神损害赔偿还是财产损害赔偿)及赔偿数额。德国司法实践采用实际损害赔偿的方式,③但在侵害个人信息控制权案件中权利人证明和计算实际损害的难度非常大。法律不仅仅是解决问题的一套制度安排,而且是一套据以决定行动的行为准则,不仅影响法律主体的交易、经营、社交等行为,也影响受害人是否请求公力救济的决定。依照实际损害计算赔偿数额,权利人获得赔偿的几率很小,这势必影响权利人维权的积极性。

其次,举证责任制度不利于网民维权。网络环境下,信息收集主体众多,且诸多收集行为是在网民不知情的情况下进行。信息被他人收集后,权利人失去了对信息的物理控制。个人信息被侵害后,权利人难以确定信息泄露源和恰当的诉讼对象,④受害人败诉的几率很大。损害及因果关系举证上的困难足以让多数受害者望而却步:依照现行民事诉讼"谁主张,谁举证"的原则,网民很难证明侵权主体是谁。即使能够确定侵权人,也难以证明具体的侵权行为(出卖、过失泄露等)以及损害事实与个人信息滥用行为存在因果关系。现行的举证责任规则成为网民通过诉讼手段维权的"拦路虎",国内至今未有受害人通过诉讼手段获得赔偿的公开案例。

---

① 数据来源:http://www.cnnic.cn/hlwfzyj/hlwxzbg/mtbg/201312/P020131219359905417826.pdf,2014 年 2 月 3 日访问。

② 《居民身份证法》第 19 条:"国家机关或者金融、电信、交通、教育、医疗等单位的工作人员泄露……有前两款行为,对他人造成损害的,依法承担民事责任。"《决定》第 11 条:"对有违反本决定行为的,……侵害他人民事权益的,依法承担民事责任。"

③ [英]迈尔-舍恩伯格. 删除:大数据取舍之道[M]. 袁杰译,杭州:浙江人民出版社,2013:174.

④ [英]迈尔-舍恩伯格. 删除:大数据取舍之道[M]. 袁杰译,杭州:浙江人民出版社,2013:170.

最后，缺乏集体诉讼机制。在个人权利意识较强的欧洲，因个人信息受到侵害而提起诉讼的案件也很少，一个主要原因是个人似乎不愿投入足够的时间和精力来维护自己的信息隐私权。① 个人维权不仅要面临上述损害赔偿额难以计算、举证不能的风险，诉讼程序的旷日持久更使得"远水解不了近渴"，受害人难以及时获得救济。可以预见，如果网民的个人信息被非法利用后没有造成其他人身或财产损失，即使胜诉，权利人获得的赔偿也会远远小于其耗费的时间和金钱成本。基于上述因素考虑，权利人单独起诉的可能性很小，最终只能求助于集体诉讼。而我国民事诉讼实践在法律没有明确规定的前提下，法院不受理集体诉讼，这又成为个人信息维权的制度障碍。

个人信息控制权为私权已被学界认可。既然个人信息控制权是一种私权，那么在权利遭受侵害的情况下，应当首先通过民事责任的方式对权利人进行保护。② 但现行立法中无论是实体法还是程序法，均无法满足网民维权的需要。为调动网民维护自身权益的积极性，应在厘清个人信息控制权性质的基础上，"扫清"网民通过诉讼手段维权的实体法和程序法障碍。

第二节　个人信息损害赔偿立法及其理论

一、现行立法及其缺陷

(一) 现行立法

如前所述，我国现行个人信息保护立法未明确侵害个人信息控制权的损害赔偿额，个人信息控制权的法律属性为人格权，因此在个人信息遭受侵害后只能依照《侵权责任法》第 20 条和第 22 条的规定确定损害赔偿额。

依照《侵权责任法》第 20 条的规定，在侵权人的获益无法确定且当事人之间无法就损害赔偿额协商一致时，由人民法院根据实际情况确定赔偿数额。从技术层面分析，法律规则被认为是具有法律要件和法律效果的逻辑结构，只有这样，法律规范才能适用于个案并且借此调整社会生活。黄茂荣先生因此认为，盖法律只有当其已能对人类之共同生活给予规整性的影响时，才具有法律的性质，即对人类之生活一般地加以规范。③ 在本书看来，法律规范不仅要有法律要件和法律效果，而且要明确，唯有此，才能对人类社会生活加以规范和调整。就《侵权责任

---

① [英] 迈尔-舍恩伯格. 删除：大数据取舍之道 [M]. 袁杰译. 杭州：浙江人民出版社，2013：174.
② 王利明. 论个人信息权的法律保护——以个人信息权与隐私权的界分为中心 [J]. 现代法学，2013 (4)：62-72.
③ 黄茂荣. 法学方法与现代民法 [M]. 北京：中国政法大学出版社，2001：128.

法》第 20 条"由人民法院根据实际情况确定赔偿数额"的规定而言，虽称不上是"毫无作为行为规范或者裁判规范之可能性的无头型僵尸法条"，但法律条文必须创造"可司法的权利义务内涵"，"实际情况"是一个抽象的概念，不能为受害人请求损害赔偿提供明确的预期，无法为法官裁判提供明确的指引，给法官滥用自由裁量权"留足了空间"。

《侵权责任法》第 22 条规定："侵害他人人身权益，造成他人严重精神损害的，被侵权人可以请求精神损害赔偿。"依照该规定，权利人的人格权受到侵害后未造成严重精神损害时无权请求精神损害赔偿。

（二）评述

但就社会现实观察，由于损害几乎无时不在，如损害赔偿亦无时不存，则人类社会必将面对终日忙碌而为诉讼之"盛况"。果如此，则人人动辄得咎，行为自由与经济自由将受到极大之限制，而从社会观之，如此一来，社会自由亦恐丧失殆尽，社会发展难以为继，人类社会也终将无法存在。于是，从人类社会建立规则之初，便不曾选择对所有损害加以救济，而是在众多的损害之中撷取若干重要者，予受害人法律上之救济权利，而将大量的损害，经由法律之网加以过滤，使其成为人类共同生活所必须忍受之损害而由受害人自行承受，"任何一个法律制度都需要一个过滤器，以将可赔偿性损害从不可赔偿性损害中区分出来"。① 德国、丹麦、芬兰、瑞典和意大利均对精神损害赔偿有一定的限制。②

实践中，侵害个人信息控制权的损害后果往往比较轻微，因此依照《侵权责任法》第 22 条的规定，权利人无法获得损害赔偿。

本书认为，只要人格权受到侵犯，均产生精神损害，只不过是严重程度不同。《侵权责任法》第 22 条"忽略轻微损害规则"最大限度地保障了行为人的自由，但造成部分权利人的个人信息控制权得不到任何尊重和救济而沦为"裸权"。在上述规定之下，权利侵害与权利救济发生根本性断裂，并事实上造成了权利人之间的不平等。一刀切的禁止对轻微精神损害赔偿是立法懒惰的表现。同样是精神损害，在损害严重的情况下可以请求赔偿，在损害轻微的情形下却无权主张赔偿，在受害人之间形成明显的不公。个人信息滥用行为往往涉及众多受害人，对个体而言损害后果可能是轻微的，但就整体而言，损害后果是非常严重的。立法懒惰的结果一方面导致权利人无法获得有效救济，另一方面无法发挥侵权法的遏制损害再次发生的功能。

有权利侵害就存在损害，有损害就应该有救济，因此要求"严重"毫无必要。严重程度只影响赔偿数额，不能决定权利人损害赔偿请求权的有无。

---

① ［德］冯·巴尔．欧洲比较侵权行为法（下卷）．焦美华译，北京：法律出版社，2004：31．
② 鲁晓明．论纯粹精神损害赔偿［J］．法学家，2010（1）：122-135．

二、学者观点及其评述

侵害个人信息的损害赔偿因其具有较强的技术性而被我国学者"冷落",本书能查找到的国内文献主要有以下观点:有学者认为,对于侵犯个人信息行为所造成的精神损害赔偿,可以考虑规定一个相对固定的赔偿数额或者赔偿限额,以保证公平和提高效率。① 另有学者认为,由法律事先规定一个最低数额的赔偿金,允许原告在法定赔偿数额和实际遭受损失之间进行选择。② 刘德良教授认为可以采用法定赔偿和实际赔偿相结合的做法,即由立法规定一次侵权行为的法定赔偿数额。如果受害人能够证明自己的实际损害或侵权人的违法所得,可以按照实际损害赔偿;如果不能证明实际损害,则应采取法定赔偿数额。③ 王利明教授认为,除采用精神损害赔偿的方式外,也可以采用财产救济的方法。在受害人难以证明自己所遭受的损失时,也可根据侵权人所获得的利益确定损害赔偿的数额。④

本书认为,"定额说"虽然便于法官裁判,但过于僵化,忽视了侵权人的过错、违法所得以及受害人遭受损害的程度等因素,从而牺牲了个案公平。此外,人的伦理价值不具有交换性,因此不存在评估这些价值的市场。一旦受到侵犯,损害无法进行客观估计。仅就个人信息本身遭受的侵害而言,是无法准确计算数额的。上述学者提到的"实际损害"或"实际损失"实际上是因个人信息控制权被侵害而附带的其他财产损失,个人信息的直接损害与附带损害的赔偿额应单独计算,因此不存在由受害人选择的问题。

三、域外立法、司法实践及启示

(一) 域外立法、司法实践

我国台湾地区"个人资料保护法"第 27 条规定:"损害赔偿总额,以每人每一事件新台币二万元以上十万元以下计算。但能证明其所受之损害额高于该金额者,不在此限。基于同一原因事实应对当事人负损害赔偿责任者,其合计最高总额以新台币二千万元为限。"德国法上,间接个人信息属于一般人格权,⑤ 其受侵害可以请求非财产损害赔偿。⑥ 在日本,对间接个人信息之侵权可以请求精神损害赔

---

① 尹伟民、王晓婷. 侵犯个人信息行为的民事责任承担 [J]. 中国海洋大学学报(社会科学版), 2011 (1): 89-93.
② 刘永祥. 论个人信息侵权责任制度之构建 [J]. 商品与质量, 2011 (10): 1-2.
③ 刘德良. 构建个人信息保护的双重模式 [N]. 中国社会科学报, 2012-4-2 (A7).
④ 王利明. 论个人信息权的法律保护——以个人信息与隐私权的界分为中心 [J]. 现代法学, 2013 (4): 62.
⑤ 间接个人信息是指除个人姓名、肖像、特殊身体形象、声音等直接个人信息以外的个人信息。
⑥ [德] 马克西米利安·福克斯. 侵权行为法 [M]. 齐晓琨译, 北京: 法律出版社, 2006: 62.

偿，加害人的获利成为计算赔偿数额的考量因素。① 俄罗斯《个人信息保护法》第17条规定，权利人的个人信息受到侵害后，有要求损害赔偿和（或）要求精神损害赔偿的权利。2013年1月生效的新加坡《个人信息保护法》第31条（1）规定，遭受损失或非财产损害的权利人，有权依照民事诉讼程序获得救济。

（二）启示

侵害个人信息控制权的直接损害后果就是权利人人格尊严受到侵犯。我国台湾地区"个人资料保护法"虽然提到了财产损害赔偿，但对个人信息本身的损害实际采用的是非财产损害（精神损害）的救济模式，理由是：如果为财产损害赔偿方式，应依照实际损失的数额确定赔偿额，不必规定赔偿额的区间。财产权与人身权、财产损害与精神损害并非一一对应的关系，对人格权的侵害既可以产生财产损害（医疗费、误工费、死亡与残疾赔偿金等），还可以产生精神损害。② 依照可以证明的损害确定的赔偿额绝不是对个人信息控制权受侵害的救济，而是对个人信息控制权遭受侵害引发的财产损失（误工费、律师费等）以及其他纯粹经济利益被侵害（如账号、密码被盗后导致的网上银行账户资金被盗）的救济。由此可见，德国、日本以及我国台湾地区均采用精神损害赔偿的方式计算个人信息遭受侵犯后的赔偿额，只不过是计算标准不同。

依侵权法的基本原理，损害赔偿责任对应着侵权行为引发的财产性损害，精神损害赔偿对应着非财产性损害。俄罗斯《个人信息保护法》第17条并列使用了"损害赔偿"与"精神损害赔偿"，意味着该法从民事责任的角度明确区分了侵害个人信息引发的财产损害与非财产损害。新加坡《个人信息保护法》与俄罗斯的立法不同，从损害结果的角度界分了个人信息侵权的财产损害和非财产损害。虽然角度不同，但有异曲同工之妙。尽管无法从俄罗斯和新加坡的现行立法中推断侵害个人信息引发的直接损害后果是财产损害还是非财产损害，但结合个人信息控制权的法律属性，仍可以确定直接损害后果为非财产损害。

第三节 个人信息损害赔偿额及其程序机制

一、个人信息损害赔偿额

（一）确定个人信息损害赔偿额的考量因素

个人信息控制权的人格权属性决定了个人信息损害赔偿的性质为精神损害赔偿。司法实践中，确定精神损害赔偿额是一个让法官头痛的问题，这一难题源于精神损害与金钱之间的不可通约性：一方面由于欠缺客观标准测量受害人精神损

---

① ［日］五十岚清. 人格权法［M］. 铃木贤，葛敏译，北京：北京大学出版社，2009：170-193.
② 郭明龙. 论精神损害赔偿中的"侵权人获利"因素［J］. 法商研究，2009（1）：53-61.

害的严重程度;另一方面是因为缺乏清晰的方法将无形的非金钱损害转换为金钱赔偿。① 就损害的界定而言,当事人权益所遭受的某种改变,能不能看作是损害,看作是多大程度上的损害,是受一定的社会价值观念和一定的法律秩序影响的。② 既然是否构成损害以及损害的程度是价值判断,那么损害赔偿额的确定也应该是价值判断。因此,精神损害赔偿额应在确定损害事实的基础上,经弹性价值体系的过滤,得出应赔偿的损害,再经由损害的金钱评价而最终确定赔偿的数额。

侵权行为法的内容与其所要达成的机能或目的具有密切的关系。③ 前述确定精神损害赔偿额的"弹性价值体系"的重要内容是精神损害赔偿的功能。侵害个人信息的损害后果往往具有不可逆转性,④ 导致一个人现在以及将来永远是该侵权行为的受害人。个人信息遭受侵害后无法准确地计算损失,所以损害赔偿只是在一定程度上慰藉受害人,其主要功能在于遏制类似侵权行为再次发生。因此,个人信息损害赔偿在舒缓受害人精神痛苦的同时,其更多的"精力"是聚焦于惩罚和遏制功能。此外,损害赔偿制度在合理分配损害、使其符合人类文明的发展方向方面扮演着关键的角色。民法中的损害赔偿是经过裁剪的有限范围的救济,民法所谓"全部损害赔偿",实并非损害之全部,而只是其一部而已。⑤ 侵权责任法往往通过过错、违法性和因果关系等技术过滤工具,实现最大限度地保障经济自由、行为自由和最低限度地救济受害人的法律政策。综上所述,作为侵权责任法中重要内容的损害赔偿制度,应兼具救济受害人和保障法律主体行为自由的功能。

(二)侵害个人信息的损害赔偿额

个人信息损害赔偿制度尤其是损害赔偿范围的合理确定,不仅关乎加害人和受害人利益的调整,而且关乎网络产业的发展。在确定侵害个人信息的具体赔偿标准时,既有赖于对隐含于人格尊严中的精神利益"价值"的把握与权衡,又须在受害人的权利保护与加害人的行为自由的冲突间寻求合理的平衡点。为实现上述目标,侵害个人信息损害赔偿的数额,除包括权利人为制止侵权行为所支付的合理开支以及因诉讼支付的相关费用,还应根据侵权人的过错性质及其程度,侵权行为的动机、手段或方式以及是否反复实施,损害程度及其侵权人对损害的知悉或预见程度,侵权行为的责任几率,侵权人因不法行为所获得的利益等因素,确定相应数额的赔偿。为实现损害赔偿救济受害人和遏制侵权行为再次发生的目的,赔偿额不设上限,但应设下限,如不低于5000元人民币。

---

① 叶金强. 精神损害赔偿制度的解释论框架[J]. 法学家,2011(5):87-98.
② 李承亮. 损害赔偿与民事责任[J]. 法学研究,2009(3):135-149.
③ 王泽鉴. 侵权行为法(第一册)[M]. 北京:中国政法大学出版社,2001:7.
④ 无论是在侵害财产案件还是在侵害人身权的案件中,无论是在"以牙还牙"的报复时代还是在当今所有损害原则上只能请求金钱赔偿的时代,"回复到损害发生前的状态"是几乎不可能做到的。
⑤ 曾世雄. 损害赔偿法原理[M]. 北京:中国政法大学出版社,2001:25.

在现代社会，以受害人损害为基础的侵权责任评价体系面临着功能性失效的制度风险，此时行为人获益则成为损害赔偿法的重要替代选择。如前所述，个人信息滥用行为往往具有获利的动机，侵权人通过买卖、不当利用个人信息等行为可以获得巨大的利益。为实现损害赔偿制度的遏制功能，侵权人的获利是确定个人信息损害赔偿额的一项重要考量因素。尽管行为人获利作为确定损害赔偿额的参照因素日渐深入人心，但获益是否仅限于侵权行为直接产生的收益，是确定精神损害赔偿额的又一个难题。有学者认为，只有那些在侵权行为直接作用下产生的行为人获利才能被视作受益，只要受益是行为人的技巧、努力、财产和资源以及投入的资金与本不属于其财产应承担的风险共同作用的结果，那这些受益就应当被法律所许可。[①] 并非所有发生于侵害行为之后的行为人收益均可确认为非法获益，非法获益应是依赖于侵权行为的收益而非行为人独立的收益，如买卖个人信息所获取的差价。在违法利用个人信息的场合，如将合法收集的个人信息打包出售给他人，或将违法收集（未经权利人明示或默示同意）的个人信息加工成信息产品供他人有偿使用，此时，确定损害赔偿额时是否扣除侵权行为人付出的"劳动"？本书认为，上述情形侵权人获得的收益并非完全基于侵权行为产生，但确实是依赖于侵权行为，在无法明确区分合法与非法收益时，此时的"风险"应该由侵权行为人承担，即全部收益应作为损害赔偿判决给原告，这也符合"旨在剥除被告因不法行为而获得的利益"的目的。

二、损害赔偿实现的程序机制

（一）举证责任配置

依侵权责任法的基本原理，过错责任的构成要件为损害事实、违法行为、过错和因果关系。个人信息之所以在网络时代危机四伏，主要原因在于权利人难以控制经计算机存储和处理的个人信息。失控导致权利人难以查找侵权主体。非法收集、泄露、买卖等滥用个人信息的行为记录均由侵权人控制，并且上述证据很容易被销毁。如果仍以正置的方式分配举证责任，就会影响侵权行为法功能的实现，造成侵害个人信息诉讼中公平正义的失落。

举证责任的配置应当有利于真实地再现有争议的案件事实，因此，在分配举证责任时，应将当事人与证据的远近、获取证据的可能性以及举证的难易等作为考量因素，在综合考察当事人的举证能力基础上分配举证责任。[②] 鉴于个人信息侵

---

① James Edelman, Gain-based Damages. Contract, Tort, Equity and Intellectual Property [M]. Oxford: Hart Publishing, 2002: 104-105.

② 程春华. 举证责任分配、举证责任倒置与举证责任转移——以民事诉讼为考察范围 [J]. 现代法学, 2008 (2): 99-107.

权诉讼中受害人和侵权人举证能力的差异，应采取举证责任倒置的方式。举证责任倒置实质上是免除了主张方对特定要件事实的证明责任，转由主张方的相对方从反方向证明此要件事实不存在，如果主张方的相对方不能以相反的证据推翻此免证事实，法官就要推定此免证事实存在从而适用以此免证事实为前提条件的法规范。①

实行举证责任倒置，只要受害人能够提出初步的证据证明侵权事实存在，且证据大致能够推断出侵权人是谁，则由"侵权人"举证证明其未实施侵权行为，否则应承担侵权责任。如受害人上午在银行开户并留存手机号码，下午收到基金公司的垃圾短信或推销电话，只要受害人能够提出证明上述事实的证据，即可推定银行非法将受害人的联系方式披露给基金公司。如果银行无法证明其未非法披露受害人的联系方式，则承担侵权责任。

（二）集体诉讼的引入

个人信息滥用通常是一种"大规模的微型侵害"，② 即涉及大量的网络用户，但个体的损害可能是轻微的。[2]举证能力不对等、损害结果的微小性和诉讼成本等因素制约了受害人要求加害人承担责任的积极性。损害补偿制度必须随着社会经济发展重新评估，创设更合理的救济程序，有效配置社会资源，使被害人获得更合理公平的保障。③ 对于此种诉讼动力不足的情况，尤其是鉴于侵害个人信息具有大规模轻微损害的特点，应当通过集体诉讼制度来救济受害人。我国台湾地区"个人资料保护法"在 2010 年修订时增设了损害赔偿的集体诉讼制度。④ 集体诉讼使得难以获得赔偿的小额请求得以实现，也避免了审判结果的相互冲突，同时剥夺了侵权人的不当收益，对违法行为人产生震慑，可以有效地防范个人信息滥用行为的发生。

受害人加入集体诉讼的程序有选择退出和选择进入两种模式：前者除受害人明确表示退出外，判决结果可以约束处于相同处境下所有受害的消费者；后者只包括那些已明确加入索赔，并同意要受到最终判决所约束的消费者。⑤ "选择退出"式的集体诉讼模式，由于与大陆法系传统的当事人适格理论及相关程序机制存在较大的差异乃至冲突，因而除了葡萄牙等少数国家外，绝大多数国家并未采纳。⑥

---

① 汤维建. 论民事诉讼中的举证责任倒置 [J]. 法律适用, 2002 (6): 4-11.
② "大规模侵权"并非严格的法律概念，通常指涉及大量受害人的权利和法益的损害事实的发生。
③ 王泽鉴. 侵权行为 [M]. 北京: 北京大学出版社, 2009: 36.
④ 我国台湾"个人资料保护法"第 34 条："对于同一原因事实造成多数当事人权利受侵害之事件，财团法人或公益社团法人经受有损害之当事人二十人以上以书面授与诉讼实施权者，得以自己之名义，提起损害赔偿诉讼。当事人得于言辞辩论终结前以书面撤回诉讼实施权之授与，并通知法院……"
⑤ 郭雪慧. 欧盟消费者集体诉讼制度及其对中国的启示 [J]. 云南社会科学, 2013 (4): 131-135.
⑥ 刘学在. 请求损害赔偿之团体诉讼制度研究 [J]. 法学家, 2011 (6): 137-156.

集体诉讼是受害人实现诉权的有效机制，但是否追究侵权人的责任，仍属权利人意思自治的范畴。选择进入模式不仅尊重了受害人的意思自由，而且实现了集体诉讼的目的，应为我国立法采纳。

　　承载着个人信息的数据如潮水般向我们涌来时，对现行立法和法学理论提出了挑战。大数据时代，个人信息保护的程度是一国法治文明乃至信息文明的体现。个人信息安全与商业利用似乎是一对不可调和的矛盾，个人信息保护立法必须直面这种紧张关系并做出决断。权利人本人较之公共机构更关心自己的权利。因此，保障个人信息安全，民事救济手段远比行政责任和刑事责任有效。从民事实体法和程序法两个层面完善个人信息保护的法律规定，强化了对网民个人信息安全的保障，在节约司法资源的同时提高了诉讼效率，最终有利于遏制个人信息滥用行为。